全国教育科学规划教育部重点课题：
新时代老年教育服务供给体系建构研究（DKA180428）成果

新时代老年教育服务供给研究

/ 张鹤 著 /

人民出版社

责任编辑：侯俊智
助理编辑：潘　萍
封面设计：王春峥
责任校对：秦　婵

图书在版编目(CIP)数据

新时代老年教育服务供给研究 / 张鹤 著 . —北京：人民出版社，
2023.5
ISBN 978-7-01-025308-4

Ⅰ. ①新…　Ⅱ. ①张…　Ⅲ. ①老年教育—研究—中国
Ⅳ. ①G777

中国版本图书馆 CIP 数据核字(2022)第 231852 号

新时代老年教育服务供给研究
XINSHIDAI LAONIAN JIAOYU FUWU GONGJI YANJIU

张　鹤　著

人民出版社 出版发行
（100706　北京市东城区隆福寺街 99 号）

涿州市旭峰德源印刷有限公司印刷　新华书店经销

2023 年 5 月第 1 版　2023 年 5 月北京第 1 次印刷
开本：710 毫米 × 1000 毫米　1/16　印张：17.75
字数：245 千字

ISBN 978-7-01-025308-4　定价：75.00 元

邮购地址 100706　北京市东城区隆福寺街 99 号
人民东方图书销售中心　电话(010)65250042　65289539

序

“老吾老，以及人之老”是中华民族的传统美德，它以“欲己及人”的朴素理念，将中华民族的尊老传统千年传承。伴随我国计划生育政策调整与国民生育观的转变，我国进入了未富先老的老龄化社会。有调查显示，2014 年以来，中国 60 周岁及以上人口呈增长趋势；2021 年，60 周岁及以上人口达 26736 万人，其中 65 岁及以上人口为 20056 万人，较 2020 年增加 992 万人，占 14.2%，分别比 2020 年上升 0.2 个百分点和 0.7 个百分点，老龄化程度进一步加深。有专家指出，如果按 65 岁作为标准的话，我国在 2021 年已经进入了中度老龄化社会。

受教育权是我国宪法规定的公民的基本权利，也是国家法通则。我国宪法第 46 条规定，“中华人民共和国公民有受教育的权利和义务”；《世界人权宣言》第 26 条规定，“人人都有受教育的权利”。受教育既是基本权利，也是人们实现政治权利、经济文化权利的基础。对于老年人而言，他们既需要“老有所依、老有所养”，也需要“老有所学、老有所为、老有所乐”，满足其精神需要。放下经年的劳累，拾起少年时对知识的渴望，是当代老年人圆学梦的初心，也是生命生活走向升华的境界。面对老年人强烈的学习需求，各级政府十分重视。2021 年 11 月发布的《中共中央　国务院关于加强新时代老龄工作的意见》提出，搭建全国老年教育资源共享和公共服务平台，将老年教育纳入终身教育体系,推动部门、行业企业、高校举办的老年大学面向社会开放办学。各地政府也积极开拓创新,打破常规,积极扩大入学机会。然而,老年教育在我国仍然处于刚刚起步阶段,制度设计和资源保障水平还远远不能满足社会的需求。据央视网报道,根据全国老龄办统计,全国现有各类老年大学7.6万余所,在校注册老年学员及远程教育注册学员共1400余万人,而第七次全国人口普查数据显示,我国60岁及以上人口约为2.6亿人。也就是说,能够接受到老年教育的人数占比仅为5%左右。

张鹤博士在终身教育理论、受教育权理论、人力资本理论和公共治理理论的指导下,综合运用文献研究法、问卷调查法、专家访谈法和比较研究法,紧紧围绕"如何解决老年群体日益增长的个性化、多元化、可选择的教育需求与老年教育服务供给之间的矛盾,进而提升老年教育服务供给水平和质量"这一问题,通过理论研究,对老年教育服务供给进行理论解构,确定以老年教育服务供给的主体、内容、方式和保障机制四个构成要素为分析框架,通过科学的调查研究,对我国老年教育服务供给的现状进行了实证分析,科学诊断和剖析当前老年教育服务供给中存在的问题与原因,并在借鉴境内外的先进理念和优秀经验的基础上,提出了提升新时代老年教育服务供给的对策建议,并为国家制定老年教育服务供给政策提出参考建议,以期促进老年教育服务供给问题的有效解决。整个研究设计科学,具有较强的时代意义和现实指向,是我国老年教育研究的重要成果。

我相信,这一研究在为我国老年教育的相关政策制定提供科学建议的同时,也会成为老年教育研究的重要参考和新的起点。希望张鹤博士能够以本书为基础,在老年研究方面拿出更多更好的研究成果。

陈　鹏

(陕西师范大学教授、博士生导师)

目　　录

第一章 绪 论

一、老年教育研究背景和意义

党的十八大以来,在以习近平同志为核心的党中央坚强领导下,全党全国各族人民共同奋斗,推动党和国家事业取得历史性成就、发生历史性变革。党的十九大报告提出了中国发展新的历史方位——中国特色社会主义进入了新时代。进入新时代,我国社会主要矛盾已经转化为人民日益增长的美好生活需要和不平衡不充分的发展之间的矛盾。随着我国老龄化程度的不断加剧,老年人群体问题越来越受到社会各界的关注。在积极老龄化和终身教育思想的影响下,老年人对教育服务的需求日益广泛和强烈。为了保护老年人的受教育权益,推动终身教育建设,开发老年人力资本,满足老年人的教育诉求,维护社会和谐稳定,积极构建老年教育服务供给体系就显得十分重要,势在必行。

自 20 世纪 60 年代联合国教科文组织提出终身教育理念以来,我国政府积极践行终身学习理念,通过颁布《老年人权益保障法》,保障老年人的受教育权利。此外,国家"十三五"规划纲要以及专项性政策《老年教育发展规划(2016—2020 年)》等一系列政策文件,都致力于构建一个"老有所学、老有所教、老有所乐、老有所为”的养老服务体系。但由于人口结构问题，我国从21世纪初开始逐步进入老龄化社会，“未富先老”特征显著，养老保障与养老服务质量有待进一步提高，特别是养老教育方面，由于经济水平与发达国家有一定差距，因此无论是资金投入、人才培养还是相关社会组织的建设和发展等方面都存在一定的不足，老年教育开展处于起步期，有较大的提升空间，尚不能为老年人提供完善的教育服务。“空巢”感、失落感、孤独感不仅对老年人的身体、心理健康造成极大损害，而且给诈骗、迷信等不法活动提供了机会。基于这一背景，有必要从终身教育的角度出发，立足我国实际国情，研讨建设符合我国经济水平和养老实际的老年教育服务供给体系，以实现老年人受教育权的保护，破解老年人受教育难题，创新养老方式，完善教育养老保障制度，是我国当前必须研究的重要问题。

（一）研究背景

1. 老龄化社会的现实需求

当前我国已经进入老龄化社会，2021年，全国60岁及以上的老年人口总量为2.67亿人，已占到总人口的18.9%。[①] 而且，我国是发展中国家，人均经济总量在全世界排名中等，因此呈现非常显著的“未富先老”特征。老年人的精神文化需求又与日俱增，因此加快发展老年教育成为不可回避的社会问题。

（1）我国老龄化社会发展态势分析

人口老龄化是我国未来相当长一段时期内将面临的社会问题，即老年人人口在总人口中的比重已经超过一定的比例，且这一比例将持续提高。目前国际通用的“人口老龄化”的判断标准是：在一个国家或地区，年龄超过60岁的人口数量占该国家或地区总人口数量的10%，或年龄超过65岁的人口数

① 王萍萍：《人口总量保持增长　城镇化水平稳步提升》，2022年1月18日，见 http://www.ce.cn/xwzx/gnsz/gdxw/202201/18/t20220118_37264987.shtml。

量占总人口比重超过 7%,二者择一适用。当 65 岁及以上的老年人口数占总人口数的 14% 时,则表明该国家和地区进入深度老龄化社会[①]。随着经济的迅速发展,全球许多发达国家已经进入老龄化阶段,中国人口老龄化也呈逐年加速态势。人口老龄化的迅速发展,主要与人口生育率和出生率下降,以及死亡率下降、预期寿命有密切关系。

(2)我国老龄化原因分析

①人口寿命在延长

人口平均预期寿命是指假若当前的人口出生率和死亡率保持在一个稳定的水平,在同样年份出生的人的预期寿命。随着经济的快速发展以及医疗卫生服务的不断提高,中国人口的平均预期寿命呈直线上升趋势。人均预期寿命和社会经济发展、医疗卫生条件、公共事业投入以及家庭的生活条件与方式紧密相关。从 1981 年到 2010 年中国人均预期寿命提高了 7.06 岁,2010 年到 2021 年底,我国居民人均寿命进一步提高,从 74.83 岁提升至 78.20 岁,与发达国家差距进一步缩小,如图 1-1 所示。人均平均预期寿命延长导致老年人口越来越多,在总人口中的占比也越来越大。

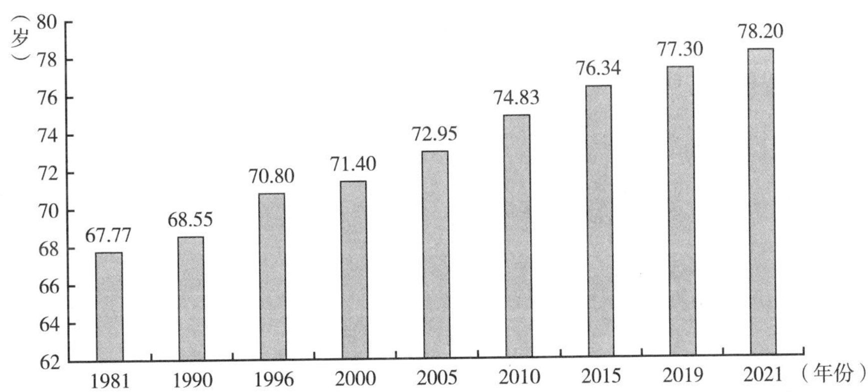

图 1-1　我国平均预期寿命

资料来源:国家统计局门户网站。

① 庞国防、胡才友、杨泽:《中国人口老龄化趋势与对策》,《中国老年保健医学》2021 年第 1 期。

②人口生育率和出生率下降

生育率不仅受到经济发展的影响，还会因观念的转变而不同。20 世纪 80 年代，为了减轻人口过多对经济发展造成的负担，我国实行计划生育政策，大大降低了生育率。目前，我国实行了全面放开二胎的政策，生育率却没有增加，反而在显著下滑，新生儿数量越来越少，老年人口占总人口的比重持续增长，导致了人口结构的巨大转变。我国的人口年龄逐步进入老年化。根据国家统计局数据，2021 年中国大陆（包括 31 个省、自治区、直辖市和中国人民解放军现役军人，不包括香港、澳门特别行政区和台湾同胞以及海外华侨人数）总人口 141260 万人，比上年末增加 48 万人。全年出生人口 1062 万人，人口出生率为 7.52‰，人口自然增长率为 0.34‰。[①] 纵观 1978 年以来人口死亡率和出生率的变化情况，出生率降低了 2.42 倍，人口增长率降低了 35 倍。在出生率下降的趋势下，15—60 岁人口将转移到老年阶段。人口结构的不平衡，使得老龄化趋势愈加明显。

(3)我国老龄化的发展趋势

①老龄人口比例在加速上升

我国是世界上人口最多的国家，也是目前世界老年人口规模最大的国家。根据最新的统计数据，到 2020 年底，我国总人口约为 14.1 亿，其中老龄人口，即 60 岁以上人口数量达到 2.64 亿，位居全世界第一，老龄比重 18.7%，在发展中国家排名前列，其中 65 周岁以上的老龄人口占比已经超过 7% 的国际通行标准，达到 13.5%，0—14 岁人口从 1953 年的 36.28% 下降到 2020 年的 17.95%，15—64 岁人口 2020 年底占人口总数 68.55% 的比例。从 1953 年到 2020 年，65 岁人口比例从 4.41% 增加到 13.5%，[②] 以 3 倍的速度在增长。

---

① 王萍萍：《人口总量保持增长　城镇化水平稳步提升》，2022 年 1 月 18 日，见 http://www.ce.cn/xwzx/gnsz/gdxw/202201/18/t20220118_37264987.shtml。

② 国家统计局、国务院第七次全国人口普查领导小组办公室：《第七次全国人口普查公报（第五号）》，2021 年 5 月 11 日，见 http://www.stats.gov.cn/xxgk/sjfb/zxfb2020/202105/t20210511_1817200.html。

当前老龄比例呈加速趋势、出生比例呈下降趋势，人口结构严重失衡，老龄人口增长速度过快，到 2030 年将进入加速期。预计到 2040 年，65 岁及以上老年人口占总人口的比例将超过 20%，其中 80 岁及以上的“超高龄老年人”的占比速度每年在 5% 左右，到 21 世纪中叶，将累积至 0.74 亿人。老龄化趋势显著，压力重大。

表 1-1 七次全国人口普查结果中的我国居民的总体年龄结构变化

人口普查年份	1953	1964	1982	1990	2000	2010	2020
0—14 岁(%)	36.28	40.69	33.59	27.69	22.89	16.60	17.95
15—64 岁(%)	59.31	55.75	61.50	66.74	70.15	74.53	68.55
65 岁及以上(%)	4.41	3.56	4.91	5.57	6.96	8.87	13.5

资料来源:国家统计局门户网站。

②老龄人口数量急剧增加

老龄人口数量增长快是我国人口老龄化的一个重要特点。我国 65 岁及以上老年人口数量在 1953—2020 年间由 2569 万增加到 19059 万，人口净增 16490 万，增长了 6.4 倍，大大超过同期总人口增长幅度。仅与 2019 年相比，2020 年全国总人口增加 1173 万，而 65 岁及以上老年人增加了 1456 万。[①] 按照这一趋势，未来我国老龄人口将持续增长，2050 年将达到峰值，预期不低于 3 亿人。

表 1-2 七次全国人口普查结果中的人口总数和 65 岁及以上人口数量

人口普查年份	1953	1964	1982	1990	2000	2010	2020
全国总人口(万人)	58260	69458	100818	113368	126583	133972	141178
65 岁及以上人口(万人)	2569	2473	4950	6314	8810	11883	19059

资料来源:国家统计局门户网站。

① 央视网、新闻调查:《2019 年底我国 65 岁及以上人口约 1.76 亿，谁帮我们养老?》，2021 年 1 月 10 日，见 https://news.cctv.com/2021/01/10/ARTIOIm4APpWS4ulw3DzRaPx210110.shtml。

(4)我国老龄化的发展特点

①人口规模大。根据统计,截至2021年底,我国老龄人口数量达到2.67亿,位居全世界第一,比日本的总人口还多。按照这一趋势,到21世纪中叶,全世界老年人口将至少在20亿以上,其中我国老年人口不低于3亿人,比重约为15%。

②未富先老。人口老龄化的进程对社会经济发展带来了巨大影响。中国的经济虽然取得了显著的成绩,但整体水平还不高,基础薄弱,与发达国家相比差距很大,同时老龄化的速度发展过快。"未富先老"的社会特征非常明显,即社会财富尚未积累到位,人口就已经老龄化,劳动人口减少,社会保障压力重大。①

③地区失衡、城乡差异大。经济发展水平差异、人口差别增长、劳动人口的大量迁移导致中国的老龄化在地域、城乡的失衡。在地域上,越发达的地区老龄化进程越快。改革开放以来,东部地区的自然条件优越,经济发展速度比中西部地区发展快,中西部地区青年劳动力大量迁移到东部地区,使东部地区的老龄化得到一定程度的缓解,但同时又加剧了中西部地区的老龄化进程。在城乡差异上,我国农村老龄化发展趋势比城市更迅猛。

2. 终身教育体系构建的内在要求

自20世纪60年代联合国教科文组织提出现代社会的教育应当面向全体民众、应当覆盖全生命周期,即"终身教育"的倡议以来,全世界部分国家已经开始完善教育体系,落实终身教育、终身学习理念,我国也提出在新时期要建设"学习型社会"的规划。世界各国基于自己的国情和理解持续推进实践探索。我国在20世纪90年代初提出构建终身教育体系的战略目标,发展老年教育,是新时期我国发展养老保障事业,提高老年人生活水平和精神文化

① 张欣悦:《我国人口老龄化的现状特点和发展趋势及其对策研究》,《中国管理信息化》2020年第5期。

水平的重要举措，对老年人健康养老、幸福养老，意义重大。

3. 党和国家政策制度的积极推动

党和国家高度重视老龄工作，积极推动老年教育事业发展。2012年党的十八大报告就提出要关注老年人的养老问题。《老年人权益保障法》也有类似规定。《老年教育发展规划（2016—2020年）》也提出要重视老年教育，完善教育服务供给体系，切实把老年人养老教育纳入国家发展规划当中。2017年国务院《关于印发国家教育事业发展“十三五”规划的通知》也提出，地方公共服务体系要增加老年服务教育内容，并不断采取措施完善这一体系，增强教育供给的多样性、保障性，将老年教育开展落到实处。[①] 2019年中共中央、国务院印发了《中国教育现代化2035》构建服务全民的终身学习体系，扩大社区教育资源供给，加快发展城乡社区老年教育，推动各类学习型组织建设。[②] 总之，进入新时代以来，党和国家出台了一系列政策文件，要求进一步加强建设老年教育服务保障体系，这也是发展养老保障体系的基石，意义重大，任务迫切。

（二）研究意义

1. 理论意义

（1）丰富终身教育理论研究。本书通过国际比较，从教育法学、政策学、经济学、社会保障学等角度研究老年教育，吸纳国外先进理论和经验，可以为终身教育理论的研究提供适当的参考。另外，当前学术界对于老年教育的研究已经有一定的成果，但是往往都是建立在其他社会科学理论，例如法律、经

① 国务院：《关于印发国家教育事业发展“十三五”规划的通知》，2017年1月10日，见 http://www.moe.gov.cn/jyb_xxgk/moe_1777/moe_1778/201701/t20170119_295319.html。

② 中共中央、国务院：《中国教育现代化2035》，2019年2月23日，见 http://www.gov.cn/zhengce/2019-02/23/content_5367987.htm。

济学、心理学和社会学等的研究成果基础之上,对于老年教育本身的研究稍显不足,因此本书着力加强对老年教育本身的理论研究。

(2)拓展老年教育研究内涵。本书围绕教育服务供给问题,剖析老年教育服务的供给主体、供给内容、供给方式和供给保障四大构成要素的具体内容及其彼此关系,以期构建一整套我国老年教育服务供给体系,拓展老年教育研究内涵,完善终身教育理论体系。

2. 实践意义

(1)满足老龄化社会发展的迫切需要。当前我国已进入老龄化社会,根据相关预测,到 21 世纪中叶,我国老龄人口占总人口的比重将达到峰值,预计将不低于 30%,届时养老保障、老年教育供给问题将会非常突出。防患于未然,现在就有必要开展对老年教育服务供给的思考和讨论,并采取措施开展试点,总结经验,推广全国。形势和任务十分紧迫将对我国社会主义现代化进程产生全面而深远影响。

(2)满足终身教育体系构建的内在需求。我国在 20 世纪 90 年代初提出构建终身教育体系的战略目标,发展老年教育对于提高老年人养老生活质量,特别是精神文化享受具有重要意义。当前我国正处于全面建成社会主义现代化强国的关键时期,发展老年教育,是我国积极建设终身教育体系的应有之义,也是促进社会和谐发展,践行以人为本的发展理念的必然要求。

(3)保障老年人受教育权利,就是让全体老年人都能够接受社会教育,平等接受教育。充分利用各种资源,统筹加强组织管理,实现资源共享和协调发展,提高老年教育的可及性,最大限度满足各类老年群体学习需求,推动我国学习型社会和终身教育体系的构建。

(4)积极开发老年人力资源。挖掘老年人力资源,帮助其完成“再社会化”的角色转变,继续发挥余热,用好老年人这一宝贵财富,充分发挥老年人的智力优势、经验优势、技能优势,为其参与经济社会活动搭建平台、提供教育支持。发挥老年人在传承中华优秀传统文化、引导全社会特别是青少年培育和践行社会主义核心价值观等方面的积极作用。鼓励老年人利用所学所长,在科学普及、环境保护、社区服务、治安维稳等方面积极服务社会、奉献社会。

(5)贯彻落实党和国家政策制度的要求。党和国家高度重视老龄工作,积极推动老年教育事业发展。为贯彻落实好党的十八大、十九大和国家"十四五"规划以及二〇三五年远景规划目标等文件中提出的,关于进一步建立健全养老保障和老年教育供给服务体系,提高老年教育开展水平和质量,完善相关措施等,需要从理论和实践两个角度深入探讨,结合我国实际国情,走出一条具有中国特色的老年教育服务供给道路。

二、老年教育研究综述

在20世纪60年代终身教育思想提出后,老年人的教育逐渐成为社会关注的重要问题,也出现了大量的研究成果。对这一主题,国内外学术界和实务界主要聚焦在两个方面,对老年教育的研究和对教育服务供给的研究。目前国内外研究对老年教育的关注度在上升,但是老年教育服务供给的研究仍处于空白。根据中国期刊全文数据库(中国知网)搜索到的国内现有相关研究文献情况(截至2021年12月31日),如表1-3所示。

表1-3 国内现有相关研究文献情况(截至2021年12月31日)

	老年教育		教育服务供给		
关键词	老年教育	老年教育服务	老年教育服务供给	教育服务供给	教育养老
文献(篇)	8596	346	14	395	460

在中国知网上利用关键词(精确)搜索"老年教育服务"文献为346篇,采用关键词(精确)搜索"老年教育服务供给"文献为14篇,同时按照关键词(精

确)搜索“教育养老”也仅有460篇。根据研究主题,编写布尔逻辑公式进行文献检索,公式是“KY=‘老年教育’*‘服务’and FT=‘供给’”搜索到文献10篇,其中硕士论文2篇,期刊论文8篇。根据文献检索结果可知老年教育研究较多,但老年教育服务供给研究较少;同时老年教育研究多集中在教育学、心理学等领域,从法理学、社会保障学出发研究老年教育的较欠缺。总的来说,主要体现在以下几个方面。

(一)国外研究现状

1. 关于老年教育理论基础的研究

国外老年教育的理论渊源最早可以追溯到社会学理论,随着时代的发展,又涌现出不少研究理论。社会学理论主要包括三个流派,一是马斯洛社会需求理论,提出个体的需求从低到高分为五个阶段,包括满足基本生存的生理性需求、满足个人发展的社会性需求和满足个人价值实现的人格需求等。二是庇古提出的古典福利经济理论,代表专著为《福利经济学》,围绕增加社会福利这个主题,分别从“福利与国民收入”“国民收入的数量和资源在不同用途间的分配”“国民收入与劳动”以及“国民收入的分配”四个部分,主张通过税收等手段,调节经济活动的外部性,不断提高经济运行效率,为全社会成员带来福利。三是凯恩斯主义,代表人物是英国经济学家凯恩斯,其在专著《利息、就业和货币通论》中提出,传统的自由主义经济思想存在“市场失灵”的问题,市场会带来供给和需求的严重不平衡,进而导致生产过剩,酿成20世纪30年代资本主义世界经济大萧条,因此凯恩斯提出政府不能仅仅满足于做“守夜人”的角色,要适当发挥“看得见的手”的作用,对经济进行调节。另外,政府还要关注社会福利,而这一点是仅凭市场机制无法做到的。[①] 福利经济是现代西方经济理论的一个重要组成部分,福利又可称为社会福利。它

① 谢立中:《探寻社会学理论发展的非经验主义道路》,《学术月刊》2021年第1期。

是由国家以及各种社会团体通过各种公共福利设施、津贴、补助、社会服务以及举办各种集体福利事业来增进群体福利，以提高社会成员生活水平和生活质量的社会保险、社会救助和社会保障形成的。社会冲突和调适理论起源于20世纪中叶在西方风靡一时的社会学派，该学派重视对社会公平问题的讨论，认为社会矛盾的产生根源是社会不平等，而不平等的原因除了经济差异以外，还包括教育差异，且教育差异将会带来经济地位差异，并在代与代之间固化这个差异。因此从维护资本主义经济的立场出发，社会学派认为应当发展社会福利，关注低收入群体等社会弱势群体，并切实通过加强教育、提高就业机会等措施，减少社会矛盾和不同群体之间的对立冲突，进而推动社会经济的发展。社会学派认为，老年教育需要被重视起来，因为老年人也是社会的一个重要群体，虽然身体和精神不如年轻人，但是不代表老年人是社会的负担，不能被"现实边缘化"，而且老年群体对于社会的认知、新科技的应用能力以及新鲜事物的接受能力都与年轻群体之间存在现实的差异，因此需要额外关注老年人的教育问题，因此社会学派提出应当设立老年教育供给体系，专门为老年人提供适应现代社会生活的教育。[①]社会群体理论主张，不同群体之间需要加强沟通，增进彼此之间的理解，这种沟通和理解的关系外化为社会关系，特别是社会成员之间的交往，通过增进理解，能够提高彼此的认同感和归属感，共同分享社会经济发展的成果。因此老年人在学习的过程中，可以通过相互沟通、交流，进一步提高相互理解，同时老年大学等教育服务机构为老年人提供社会交往的机遇和平台，让老年人能够融入社会，发挥余热、老有所为。社会互动理论提出，社会个体，无论是什么群体或者阶层，都在不断与外界进行"交换"，这种交换可能是精神层面，也可能是物质层面，参与教育就是社会个体与外界开展"情绪互动"的一个重要途径。再有，社会心理学理论也是老年教育供给服务体系建设的重要理论支撑，社会心理学理论提出，

① S. Gibson, *Critical Theory and Education*, London: Hodder and Stoughton, 1986, p.6.

参与教育是老年人与外界接触的重要方式,对于老年人提升精神层面的享受、减缓身心衰老过程都具有不可替代的重要作用。社会心理学研究了老年人的个性,认为青年和中年期的生活经历以及心境际遇会对老年时期的身心状态产生较大程度的影响,因此每个老年人的内心世界和情感需求都是不同的,这个不同要比基础教育和高等教育阶段的受教育个体之间的差异更为显著,因此需要先对老年人的精神世界与情感需求进行必要的"教育前了解",然后按照不同的个性特点和内心情感特征,分类别地对老年人开展针对性的教育。而且老年人会出现"社交撤退"的问题,主要是晚年期间老年人参与社会群体活动的意愿越来越少,这一方面和老年人的体力与精力已经不如年轻人,多喜欢安静、独处有关;另一方面也和社会为老年人提供的教育、活动形式与场所有限有很重要的关系。为解决这一问题,社会心理学提出要鼓励老年人参与社会教育,鼓励他们多与外界沟通,获得更丰富多彩的晚年生活。[①]

目前学术界对老龄化的理论探讨主要形成了三个理论成果。第一个理论成果是"第三龄理论",第三龄名称来源于英国学者彼得·拉彻斯特,他在其著作《新的生命图》中,将人的一生划分为四个"年龄阶段":第一龄是指从出生到结婚,这部分是一个人单身的时光,大约持续20—30年,以成长、学习为主要内容;第二龄是指工作和照顾家庭阶段,大约在25—45岁,这个阶段主要是承担起家庭责任,而且要赡养父母和养育下一代,是一个人最年富力强的时候,但也是压力最大的年龄段,既需要照顾家庭,又面临工作压力,往往疲于应付,"失去自我";第三龄是指退休至身体各项机能衰退为止;第四龄是人老珠黄、行动不便、濒临死亡的阶段。[②]在第三龄理论的指导下,部分国家成立了第三年龄大学,最具代表性的是澳大利亚墨尔本第三年龄大学。第二个

① 董之鹰著:《老年教育学》,中国社会出版社2009年版,第46页。

② C. Browning, "Psychological Aspects of Ageing", in V.Minichiello et al, eds. *Gerontology: A Multidisciplinary Approach*, Sydney: Prentice Hall, 1992, pp.75-117.

理论成果是“健康老龄化”，是世界卫生组织在20世纪90年代提出的，认为老龄化是一个社会现象，有宏观老龄化和微观老龄化两个方面。宏观老龄化是指全社会老年人口占比超过一定数量，具有定量的考核标准，但是对于个体来说，老龄化不能以到达某个年龄为划分，而是对个体的精神状况、身体素质等的综合情况的分析评价。因此这一理论认为，个体老龄化需要尽可能地做到“健康老龄化”，即在生理、心理以及社会适应、参与能力方面都保持“健康”的良好状态，保持较高的生活品质，健康养老、快乐养老、舒心养老、高质量养老。宏观角度的人口健康老龄化参照了“国民健康水平”这一概念，认为老年人的身体状况和健康水平也是需要考虑的重要因素，从定量角度，可以认为是“健康老年人”占总人口的比重，这一比例通常一定会低于老龄化人口的比重，但二者的差距越小，说明老年人的身体状况和精神状况越健康，说明养老的水平和质量越高。宏观和微观层面的老龄化之间存在一定的逻辑关系，微观层面的健康老龄化是宏观层面的健康老龄化的基础和前提，只有微观层面健康老龄化得到实现，才能进一步实现宏观层面的老龄化。但无论是宏观层面的老龄化还是微观层面的老龄化，都强调“健康”，而不仅仅是预期寿命这一数字的增长。同时，实现健康老龄化，需要社会更多地关注老年人的身心健康，搭建完善的社会保障体系和养老服务体系，真正地为老年人提供符合他们身心健康所需的社会保障和服务。而搭建这一社会保障和养老服务体系，也不能仅仅针对老年人开展，还需要将各个层面的人口都纳入体系中，实现有梯度的、有层次的养老服务体系，不分年龄，实现人人共建、不同年龄段的社会群体共享的良好局面。20世纪末，世卫组织进一步提出了“积极老龄化”这一理念，是在之前的“健康老龄化”的基础上，进一步提出，老年人不仅仅是社会的“索取者”，也是很重要的参与者和贡献者，老年人也有自己的社会价值，也有意愿和能力参与到社会发展中来，因此老年保障和老年教育应当立足于让老年人参与到社会生活，而不仅仅是将老年人作为“扶助”

的对象。[①] 以此为基础,西方国家通过长期的社会实践发展,进一步提出了新的理论分支,包括权利理论、自我完善理论以及终身学习理论等。

2. 关于老年教育供给模式的研究

1926 年,美国学者林德曼在专著《成人教育的意义》中提出,对不同年龄段的群体开展相适应的教育,是政府和相关主体承担社会责任的义务要求,成人教育和学龄教育的区别在于,成人教育的主体可以自主选择是否接受教育以及接受何种教育,主要目标是习得一种技能或提升自身素质,是发展型需求。1928 年,美国哥伦比亚大学教授桑代克出版了《成人的学习》,提出学习主体不分年龄大小,也无关乎知识背景,相较于儿童,成人的学习积极性以及目标性显然更足。桑代克在 1951 年又出版了《成人的兴趣》,讨论了成人教育体系建立的一些制度性和结构性问题。虽然桑代克的理论有一定的不足,实操性一般,很多设想在当时无法实现,但是他的实验在西方学术界被奉为成人教育理论研究的基石,对后世影响非常深远。桑代克提出,老年教育因为投资方式的差异,供给主体分为政府投资型模式,老年学校的各项开支列入政府财政预算,由国家买单;自治自助型模式,由老年人自发组织成立,有专长的老年人都可以执教,一个班的教师很可能是另一个班的学员;社区型模式,是由学员进行自我管理,依托社区,各个老年大学连成网络。老年教育主要由普通大学中的老年教育、各类老年大学、社区开办的老年教育机构和老年活动服务中心等三大类教育机构提供。例如香港地区的老年教育供给与英美有一定的共性,特别是受经济治理领域传统自由放任与不干预的影响,香港建立起以政府、市场、社会多元合作为特征的养老服务体系。政府对教育服务持积极不干预的态度,在老年教育服务中起主导作用,提供制度制定和财政支持,根据老年人的实际需求实施不同的支持方案。私营部门也是

① 岳瑛:《国外老年教育发展动态》,2011 年 9 月 8 日,见 http//www.fjlndx.cn/zazhi/default.aspx?id=25.2013-05-30。

老年教育服务不可或缺的主体力量,这种市场调控的模式受到政府的支持和社会的认可。非政府组织在养老服务中不可忽视,他们在倡导服务政策、创新服务计划、提供服务方面作用重大。

20 世纪 30 年代,美国心理学家洛基编写了《成人教育手册》,提出了“学习能力比学习速度更重要”的主张,认为个体学习需要兼顾学习能力和学习速度两个方面的培养,对成年人,特别是老年人来说,个体学习能力要好于中小学生,但是学习速度相对较慢,因此需要开展必要的教育规划,让老年人接受系统化的教育,同时兼顾老年人的身体状况,合理规划学习内容。我国香港地区的实践比较符合这一理论,一是以社会福利机构为平台开展老年社区教育,是香港老年社区教育服务的重要路径。香港的长者学习计划始于 20 世纪 80 年代后期,绝大部分由非政府机构开办。老年社区教育作为安老服务的重要内容与服务手法,依托长者社区支援服务机构和院舍服务机构分布在香港各地。目前,香港长者社区支援服务有长者中心服务、长者社区照顾服务。长者中心服务主要为长者及其护老者提供地区和邻舍层面的社区支援服务,包括长者邻舍中心、长者活动中心、长者地区中心和长者支援服务队。截至 2020 年底,香港共有长者邻舍中心超过 200 家,长者活动中心超过 80 间,能够为超过 30 万名长者提供教育服务。近年来,香港劳工及福利局秉承“以人为本、社区照顾”的服务理念,积极寻求跨界别合作,主动连接社区资源,努力开发教育服务项目,其中以学校为平台开展的社区教育尤受长者欢迎,成为香港老年社区教育服务的新路径。劳工及福利局和安老事务委员会推出了一个以学校作为平台并独具香港特色的“长者学苑”计划,采取跨界别合作和跨代共融的模式运作。由学校及非政府机构合办不同教学程度的长者学苑,委员会将分发种子基金给各参与机构,机构则利用已有的资源和场地等,为长者提供学习课程,满足老年人上学读书的愿望。与其他地方推行的长者学习模式相比,香港的长者学苑尤其看重“跨代共融”。开办长者学苑,可让长者善用时间,掌握新事物和新技能,推广终身学习;也可提供渠道,让长者把自己的知识传授他人,发挥创意,服务社群,实现老有所为。年轻学生可通过参与长者学苑的活动,增进与长者的沟通和了解。长者学苑不单可扩阔长者和年青学生的社交圈子,亦可促进跨代共融、长幼同心的风气,促进长幼共融。2013—2014 学年,全港各区大专院校及中、小学共设立 108 间长者学苑。香港政府施政报告指出,2014 年将向长者学苑发展基金注 5000 万元,促进长者学苑的持续发展。

3. 关于老年教育的供给内容的研究

老年教育供给内容是由 1954 年美国学者霍尔在《心灵的探索》中提出的,主张成人教育需要以目标为导向,供给内容上需要广泛、结合实际、易于理解和操作。常晶等学者研究了老年教育的供给内容,以澳大利亚为例分析西方老年教育供给内容,并选取了澳大利亚具有代表性的第三年龄大学作为研究对象。[①] 研究发现第三年龄大学在教育供给方面具有几个特点:第一,授课地点灵活。如前所述,墨尔本第三年龄大学有九处授课地点。每一处都位于墨尔本市中心的街区,便于学员们找到授课地点。第二,授课时间灵活。在墨尔本第三年龄大学的课程中,既有为期一年的长期课程,又有时间相对较短的课程。便于学员们合理安排自己的时间,根据自身的闲暇时间选择课程。第三,课程内容广泛。既有语言、文学、历史类提高知识水平的课程,又有游戏、音乐等娱乐性课程。既满足老年人提升知识储备的愿望,又能充分享受课程带来的乐趣。第四,课外活动种类丰富。墨尔本第三年龄大学为老年学员提供了种类丰富的课外活动,既有陶冶身心的音乐合唱团,又有增长见识的旅行活动;既有满足兴趣的社会实践活动,又有丰富多彩的纪念活动。所有这些课外活动都为提高老年人晚年生活的充实性、福祉性发挥了积极作用。第五,课程反馈政策的实施。这项政策有助于教师掌握课程实施的情

① 常晶:《澳大利亚第三龄大学实施状况案例研究》,硕士学位论文,哈尔滨师范大学,2016 年。

况，及时进行调整，以便更能满足老年学员的需求。虽然墨尔本第三年龄大学的课程有许多优点，但廖紫琳、张妙华提出，墨尔本第三年龄大学为老年人提供教育服务方面也存在一定的问题，如缺少生理保健、自助自救类的医学常识课程。由于在墨尔本第三年龄大学中接受教育的对象均为老年人，老年人不再有升学求职方面的要求，他们参与课程或者学习活动通常是出于个人兴趣或者分享知识等原因，因此，墨尔本第三年龄大学不仅入学没有任何限制，课程结束也没有任何考试。[①]

在墨尔本大学在校大学生的帮助与支持下，墨尔本第三年龄大学的网站建设得十分完备，内容丰富，涉及学校概况、教师与志愿者、课程、课外活动、学员注册、相关链接、学校新闻、通知等。有助于墨尔本第三年龄大学学员了解相关信息的变化，更有助于提高墨尔本第三年龄大学的知名度，有益于第三年龄大学运动的蓬勃发展。为切合香港老年人的教育需要和教育期望，满足教育服务的质量和数量，致力于谋求教育服务多元化和选择多元化，香港教育服务的资金来源渠道多元化，不仅包括政府财政资助，也有来自慈善募捐、服务收费的资金补充。有了充足资金支持，社会各界加大从衣、食、住、行多方面关注老年人的需要，积极探索老年人养生、医疗、休闲等教育服务产品，依据老年人的生存居住条件，提供多样的教育服务内容。

4. 关于老年教育的供给形式的研究

从已有的实践看，老年教育的服务供给内容和形式都不宜太过单一，而是应该结合老年人的兴趣爱好，提供多元化的教育内容，体现教育服务的多样性和动态化。[②]

---

① 廖紫琳、张妙华：《提高老年远程学习支持服务的策略研究》，《中国成人教育》2019 年第 12 期。

② Silvestro, R. Frank, "Continuing Higher Education and Older Adults: A Growing Challenge and Golden Opportunity", in *New Directions for Adult & Continuing Education*, winter 2013, pp.79–87.

国外老年教育内容相对比较多样,开办教育的机构包括普通高等院校、独立的第三年龄大学、社区老年教育以及其他等,不同的教育主体开办的老年教育内容各有侧重。在具体形式上,包括组织旅行,让老年人走出家门,感受不一样的风土人情,开拓视野,愉悦身心。休闲旅游教育是重要的形式,主要是为了让老年人能够获得新的人生体验,感受不一样的人文情怀,滋润生活。社会实践教育按照教育场所,又可以分为室内实践教育和室外实践教育,室内实践教育包括身体护理、老年瑜伽以及简易医疗等内容,让老年人提高自我护理的能力;室外实践教育包括组织老年活动,社区服务、文娱活动等。随着信息技术的发展,当前老年教育又增加了信息技术教育,让老年人接触互联网,跟上时代的节奏。例如美国部分州建立了"迷你老年大学",利用假期时间开展老年人信息技术教育,包括使用智能手机进行通信,"玩转社交软件",以及网络购物等,丰富老年人的精神世界,也缩小了他们与时代的鸿沟,让他们享受到社会科技发展的红利。

在具体的课程选择上,国外通常立足于为老年人提供他们切身所需,迎合他们身心健康发展的课程内容,例如日本的老年人教育,按照老年人的意愿,分为"住读"和"走读"两种形式,开展了包括健康、生活等贴近老年人生活的课程,也有一些现代科技、国际视野等具有发展性的课程供老年人选择。

(二)国内研究现状

1. 关于老年教育理论基础的研究

在国内,随着老年教育供给体系的建设,理论研究也在不断深入,目前基本上形成了具有中国特色的老年教育理论,具体包括康复理论和社会适应理论两个分支。康复理论认为,老年人生活应当以身体健康为主导,辅之以精神世界的陶冶情操,只有拥有比较健康的身体,才能谈到后面的精神教育。我国的老年教育涵盖的面较国外更广,除了必要的生活扶助以外,还关注老年人身体健康与精神世界的享受，不仅让老年人有所养，而且要有所乐，享受老年生活，这一点是西方实践中明显欠缺的。[①]从国外引进的较有影响的老年教育理论主要有需求理论、终身教育理论、权利理论和社会参与理论等，基于我国老年教育实际情况也存在不足之处。这四大主流老年教育理论，前者侧重个人发展，后者侧重立法，但都与我国老年人口数量大、分布广，文化结构和收入结构等方面差异大，传统的养老观念重物质轻精神，老年人对老年教育认识不足、学习需求不明显等国情不符，不能完成借鉴指导我国老年教育的发展实际。[②]因此，构建完善的、具有中国特色的、符合中国老年人需求的老年教育理论和学习指导纲要就显得尤为重要。早期研究者们认为老年教育研究应该集中在学科和专业提升上。进入 2000 年之后，研究者对老年教育理论追溯和创新途径有了一定关注，如对中国传统"孝"文化视角下的老年教育模式重构研究，以及从西方古代西塞罗的思想来探讨老年教育。[③]

但目前国内的理论研究还存在一定的不足，有些方面未能跟得上老年教育实践的发展。在法律建设上，我国《教育法》关于保障公民受教育权利的相关规定，只是原则性的框架规定，对于保障老年人教育尚缺乏明确的条文；而《老年人权益保障法》虽然规定了老年人拥有受教育权利，但是在教育主体、教育内容、教育形式以及教育保障等方面则还有所欠缺，可以说是法律空白。虽然国家已经大力推进老年大学的建设，但是从实施效果来看，无论是影响力还是覆盖面都和现实需要有一定的差距。一些实践所依据的理论基础还是西方的理论基础，例如第三年龄大学理论指导我国 20 世纪末开始建立老年大学等。我国理论界虽然也在大力开展相关研究，例如中国老龄协会 2020

① 周巧、刘浩：《终身教育视域下社区老年教育的发展对策》，《吉林广播电视大学学报》2020 年第 12 期。

② 孙立新、刘兰兰：《教育会影响老年人主观幸福感吗？——基于教育回报率的实证研究》，《开放教育研究》2020 年第 5 期。

③ 江颖、夏海鹰：《改革开放以来中国老年教育发展研究：脉络分析、理论样态和学术支撑》，《成人教育》2021 年第 1 期。

年度老龄政策理论研究等,但是从理论的成果和体系化建设来看,还有一定的差距,需要久久为功。

我国人力资源和老龄事业的研究者在极力推介国外的涉老理论,很多理念得到认可,但没有得到很好落实。如终身学习理论尽管受到学者们的特别推崇,相关法律也明确规定"建立和完善终身教育体系",但老年教育仍未真正受到重视,各地老年大学课程内容缺乏专业化设计,教育组织形式也多为老年人的各种"活动"。

2. 关于老年教育供给模式的研究

董之鹰、叶忠海等知名学者依照老年教育的不同实施机构,普遍认为老年教育模式应主要划分为"学校老年教育模式""社区老年教育模式"以及"远程老年教育模式",这样看来,老年教育模式研究的热点就主要集中在典型的老年教育模式上。部分学者认为,老年大学是我国目前最重要的老年教育模式,主要以1995年成立的西藏老年大学为标志,截至2020年底,全国各省、自治区、直辖市基本都有建立老年大学的相关探索和实践。这一研究提出,政策导向对于老年教育的开展具有重要方向性引领作用,老年教育内容和形式日益丰富,老年人的受教育权利和享受社会文化生活的权利也得到了有效的保障。社区教育的发展也成为老年教育发展的抓手,甚至在一些地区是非常重要的形式。21世纪以来,社区承担了老年教育开展的相关工作,政府也提供了老年教育的资金保障,而且有条件的地区建立了老年教育活动中心,由政府、社区以及老年人自己形成合力,共建共享老年教育服务。例如贵州省社区老年教育已经具有典型的多主体化发展趋势,既有政府力量又有社区参与,还有当地企事业单位的支持,而且网络技术也被应用到老年教育中,开展了包括远程教育在内的多形式教育,进一步深入开展老年教育,提高养老水平。

除了上述三种老年教育模式,我国还有其他的老年教育模式:有依托大学开办的老年教育，如天津美术老年大学，其依靠天津美术学院的师资支持；也有依托图书馆、博物馆等机构进行的老年教育，如1982年上海黄浦区广东街道图书馆成立了上海第一个老年读书会；等等。老年教育模式的多样化发展对我国老年教育的发展起着重要的推动作用。[①] 上海在1985年以后创办了"空中老年大学"，至2020年底为止，共开设了15门课程，为当地老年人提供多样化的教育服务。除了政府、社会力量以外，老年人群体自身也在加强自我教育、自我管理和自我服务，一些老年人自发组织的课程开始投入运营，开展活动包括文娱、体育以及旅游等，老年人乐在其中、享受其中。民间组织开展的老年教育，也在不断丰富老年教育形式和内容。

3. 关于老年教育的供给内容的研究

在我国，老年教育内容也在不断丰富发展，课程设置逐渐摆脱混乱无序状态，转向规范发展。课程内容主要有瑜伽、击剑、健身操、太极拳等健身休闲类；此外还包括满足老年人好奇心、开拓新领域、户外实践活动，以及一些时事新闻类和老年生活常识的课程；还有丰富生活情趣类的课程，如书法、文艺、游泳、集邮、合唱、舞蹈等。就形式而言，我国老年教育的课程主要是以"康乐""颐养天年"为主题，如老年人自发组织的各种晨练、公益性质的文艺会演，各种传统文化作品交流与展览（如集邮等），以及集体政治学习等课堂教育。已有研究对"最感兴趣课程"的调查发现，身体健康和家庭生活实用知识是老年人最感兴趣课程，其次是休闲娱乐类课程。[②] 进入21世纪以来，我国老年教育课程无论是在内容还是形式上都有很大提升。例如，上海大学教务处提供近200门选修课，向老年学员开放，根据老年人的特点，重点选择文化、文学艺术、体育、养生保健系列课程，让老年学员自主选择听课。四平市老年

---

① 王中华、王娟、贾颖：《我国老年教育的回顾、反思与展望》，《现代教育管理》2020年第12期。

② 岳瑛：《国内老年教育发展动态》，2011年9月8日，见http//www.fjlndx.cn/zazhi/default.aspx?id=25.2013-05-30。

开放大学发挥资源优势,积极探索了美育课程设置经验。①国家鼓励各类主体举办老年大学,完善课程设置。尤其是随着互联网的普及,衍生出的一系列专业和课程体现了老年学员对渗透现代科技知识课程的需求在增加,毕竟老年学员在物质需求得到满足的前提下,对那些高品位、高附加值以及时尚健身和颐养方法等追求也越来越高。但同时我们也能发现,由于时代的变迁、人们思维方式的变革,一些不适应现代生活需要的课程越来越受到冷遇,甚至因为参与人数的下降而逐渐被淘汰,如缝纫、裁剪等;还有一些课程,如钩编、布雕等因不适应老年学员的生命体征,也逐渐由热变冷。

整体来说,我国老年教育课程发展速度较慢,且主要以健身、保健、休闲类的为主,如健身操、绘画舞蹈以及生活知识和时事新闻等,而退休前的准备教育、老年人不得不面对的死亡教育以及社会参与课程空缺,这与我国老年学员异质性强、需求多样化形成鲜明对比。课程形式主要是组织老年人开展各种各样"活动课",这些活动在客观上有助于改善老年学员身心健康,但也反映了我国老年教育课程体系缺乏专业化、科学化和系统化的现实。与国外内容丰富和形式多样课程相比,还有很大提升空间。

(三)国内外研究述评

综上所述不难看出,我国老年教育理论和西方老年教育理论的关注重点存在一定的差异。首先,我国老年教育理论从"老有所养""老有所乐"的传统思想出发,强调为老年人创造丰富多彩的文化生活,体现尊老、爱老的社会价值导向;西方的老年教育理论强调老年人的"价值",更多的是从经济、价值角度而不是人文、伦理道德角度分析老年教育服务供给的必要性和积极意义。西方老年教育理论缺乏对老年教育的人文关注,可能会导致老年人成为被动的"接受者",会导致老年教育的开展情况受到外界的影响而波动,而且教育

① 吕崇文:《老年开放大学美育课程探索——以四平老年开放大学为例》,《吉林广播电视大学学报》2020年第12期。

的功能也被狭隘化,不利于老年教育的持续开展。[①]

另外,国内外相关理论研究所建立的实践基础也有不同。整体而言,国外老年教育供给体系建设起步早,相对比较完善,课程内容和形式都比较多样,但是我国老年教育供给起步较晚,形式上相对比较单一,而且尚未全面铺开,仅仅是经济较为发达的地方才开展起老年教育。另外,在教育内容上,西方国家老年教育强调老年人发挥自身价值,但是我国对这方面的研究稍微薄弱,更强调"健康""保障"。

最后,我国老年教育内容以健身娱乐为重要内容,老年人力资源开发等内容和形式被忽略,这与我国老年教育需求多元化以及异质性特点形成对照,非专业性和短视发展等现象还很严重。

三、本书核心概念界定和基本内容

(一)本书核心概念界定

1. 老年教育

1965 年,保罗·朗格朗提出"终身教育"概念,伴随着民众对终身教育的普遍接受,1973 年法国学者皮埃尔·维勒斯首次提出"第三年龄大学"的设想,并建立图卢兹第三年龄大学,"老年教育"这一概念应运而生。这实则是西方国家对于人口老龄化发展的一种被动选择,相比之下,我国老年教育最早产生于改革开放背景和干部终身制度的废除,是时代发展的产物。1996 年 8 月,《中华人民共和国老年人权益保障法》规定"老年人有继续受教育的权利",这一法规的出台是我国老年教育步入正轨的里程碑,随即国内知名学者们对老年教育的研究如火如荼。早期,熊必俊、郑亚丽从老年学与老龄问题角度界定"老年教育在于满足老年人的学习需求,使老年人通过提高身心健

① 郑令德主编:《和谐社会与老年教育》,上海教育出版社 2007 年版,第 118 页。

康水平、更新知识,从而达到健康长寿,发挥余热,为经济社会的发展继续做贡献”。[①] 福建省老年教育理论研究会会长施祖美在《老年教育策论》一书中提出:“老年教育是指以退休期的老年人口为教育对象,以满足老年人求知、进取、康乐、有为的需求为教育目的,增进老年社会参与,实现老年价值,提高生活质量与生命质量的教育过程。”[②] 这一概念被多数学者引用。

在本书中笔者对老年教育的概念界定为:老年教育是针对退休期的不同年龄阶段、不同需要层次的老年人的生理与心理特点所开展的一种特殊继续教育,其目的是增进老年社会参与,实现老年价值,促进全面发展,是终身教育的后期阶段。

2. 老年教育服务

要理解“老年教育服务”,首先我们要明白“服务”的含义。1960 年,美国市场营销协会(AMA)最先给服务下定义:“用于出售或者是同产品连在一起进行出售的活动、利益或满足感。”《辞海》对“服务”解释为:为集体或为别人工作。[③] 由此可知,老年教育服务属于一类“产品”。

萨缪尔森在《公共支出的纯理论》中的定义,纯粹的公共物品是指每个人都能消费的物品。萨缪尔森认为,公共物品有两大特征,即消费的非竞争性与消费的非排他性。准公共物品介于公共物品与私人物品之间。因此,准公共物品具有不完全的非排他性、不完全的非竞争性以及外部性。

不完全的非竞争性是指,消费准公共物品的人数达到某一临界点时,产生拥挤效应,人与人之间形成竞争关系,而准公共物品中每个人得到的效用会逐渐减少。以老年大学为例,老年大学的服务对象是所有老年人。在申请人数不超过学校拥有的位置的情况下,每一位老年人都能接受知识,学习感

① 熊必俊等编著:《老年学与老龄问题》,社会科学文献出版社 1990 年版,第 75 页。
② 施祖美主编:《老年教育策论》,社会科学文献出版社 2011 年版,第 11 页。
③ 舒新城等主编:《辞海》,上海辞书出版社 1999 年版,第 274 页。

兴趣的技能,获得愉快而美好的体验。当人数超出限制时,就会出现“一座难求”,无法满足老年人学习需求的情境。

不完全的非排他性是指对于消费准公共物品的内部成员来说是不会互相排斥的,但通过收费或设置限定条件方式,可排除不愿意付费或不符合条件的人群,对外有一定的排他性。[①] 例如,收费性质的老年教育市场组织,如果实行义务性质的教育,那这一组织会出现明显的拥挤现象,但实行收费之后,一些老年人就不愿花钱去学习,那这一部分老年人就被排除在外,愿意花钱学习的老年人就能获得良好的情感体验。

外部性是指,老年人接受教育,能够对提升整个社会的素质起到正向作用,推动社会向良好健康态势发展。

教育产品是准公共物品,同样,老年教育具有准公共物品的特性。老年教育的非竞争性体现在法律层面,依据《宪法》,“人人都有接受教育的权利”,每个老年人都有接受教育的权利与机会。老年教育的排他性体现在因地域、场所、户口等因素,一些老年人不能接受老年教育。老年大学因场所设施、经费来源等问题不能满足所有老年人接受教育的需求,因而具有一定的竞争性。

公共产品这一概念最早是亚当·斯密和斯图亚特·穆勒在他们的经济学著作中提出的。按照经济学理论分析,产品按经济属性可以分为纯公共产品、准公共产品和私人产品三大类。西方经济学者对纯公共产品的物品属性论述较多,得出准公共产品的非竞争性和非排他性两大特征是区分公共产品和私人产品的主要维度,如基础(义务)教育、国防、法律秩序、城市绿化等都属于纯公共产品范围。但对于“准公共产品”的属性却没有做更多的论述,根据一些学者对准公共产品的研究可以看出,准公共产品具有不完全竞争性和

---

① 蔡晓喆:《晋江市老年教育的现状及发展对策研究——基于准公共物品多元供给的视角》,硕士学位论文,华侨大学,2015 年。

不完全排他性、正外部性、时空相对性的具体特征。[①] 公共教育(普通基础教育)、医疗保健、博物馆、公共图书馆等属于准公共产品。不同类型产品供给主体不同,公共产品的供给主体是公共部门;准公共产品的供给主体一般是公共部门和私人部门;私人产品由私人供给。

由此分析可知,老年教育服务属于准公共产品类型,它从服务目的、服务对象、服务形式、服务内容等方面都与普通教育有很大区别。首先,相比于普通教育“培养德智体美劳全面发展的社会主义事业的建设者和接班人”而言,老年教育服务的目的是丰富和满足老年人文化生活需求;服务对象都是年龄较高的老年人,一般指步入60岁阶段的人群;同时老年教育服务的形式,老年大学是最基础的,除此之外各种类型的活动都属于老年教育服务的范畴,如兴趣班、社区活动、图书馆讲座等;这表明老年教育服务的内容也是丰富多样的,包括学历教育、技能培训、家庭教育、心理健康教育、法律教育、卫生保健教育、文体娱乐休闲活动、职业教育、人际合作教育、科普教育……总而言之,老年教育服务的作用不仅是有目的有计划地培养符合社会质量和规格要求的人的一种社会活动,而且是为老年群体提供某项特殊的帮助,丰富老年人文化生活,满足他们的精神需求,促进其身心全面发展的终身教育的后期阶段。

3. 老年教育服务供给

对于“老年教育服务供给”这一概念的界定,学术界尚未形成统一的认识,但根据现有研究成果来看,我们可以从以下几个方面来对老年教育服务供给进行理解和阐释。首先,老年教育服务供给是一个系统体系,包含供给主体、供给对象、供给内容、供给方式、供给手段等诸多要素。其中供给主体包括政府、社会公益组织、企事业单位、家庭、社区、个人等,供给内容包括学

① 李盼道、徐芙蓉:《公共产品供给的理论逻辑与实践》,《西安石油大学学报(社会科学版)》2019年第4期。

历教育、卫生保健教育、职业教育、文体娱乐休闲活动、法律教育、技能培训、科普教育、心理健康教育、人际合作教育等,供给方式主要有政府购买服务、委托授权、合同外包、特许经营等。其次,我国老年教育服务供给的目的是满足老年群体日益增加的多样化、高质量教育需求,通过不同的教育服务供给方式和途径,以更好地丰富和满足老年人的文化生活需求,促进老年人的全面和个性化发展,使其能够充分实现相应的社会价值和个人价值。最后,老年教育服务供给是一个双向互动、有机循环的发展过程,这一方面体现在供给主体要根据老年教育需求来提供与之相适应的服务和产品,同时所提供的多元化服务内容又能够在一定程度上激发和提高老年人的教育需求,从而双向互动,相互促进,不断完善提升供需之间的匹配程度。另一方面,在供给过程中,供给的方式和内容也随着供给能力的提升和社会时代需求的发展而得以更新升级,以更好地适应供需双方的多样化要求。

综上所述,我们认为,老年教育服务供给就是供给主体为满足老年群体终身教育诉求,采取多元化供给方式,提供内容丰富多样的教育服务,以充分促进老年人全面、个性化发展,丰富老年人精神文化生活的一种双向互动、有机循环的动态过程。

(二)本书基本内容

本书在终身教育理论、受教育权理论、人力资本理论和公共治理理论的指导下,综合运用文献研究法、问卷调查法、专家访谈法和比较研究法,紧紧围绕"如何解决老年群体日益增长的个性化、多元化、可选择的教育需求与老年教育服务供给之间的矛盾,进而提升老年教育服务供给水平和质量"这一问题,通过理论研究,对老年教育服务供给进行理论解构。确定以老年教育服务供给的主体、内容、方式和保障机制四个构成要素为分析框架,向全国公开发放问卷,共回收来自 23 个省(自治区、直辖市)有效问卷 2776 份,访谈 105 名老年人和 25 名从事老年教育服务管理和研究工作的专家学者,对我国老年教育服务供给的现状进行实证分析,科学诊断和剖析当前老年教育服务供给中存在的问题及其原因。并基于以上分析,借鉴境内外的先进理念和优秀经验,在供给侧理论与公共政策评估理论的指导下,提出提升新时代老年教育服务供给的对策建议,并为国家制定老年教育服务供给政策提出参考建议,以期促进老年教育服务供给问题的有效解决。

本书在深切地观照我国老年群体日益增长的多元化、多样性、个性化的终身教育诉求满足的前提下,主要围绕如何建构我国老年教育服务供给体系理想模型展开,从供需关系和供给侧改革的视角,从国内现状和国际对比等方面,剖析老年教育服务供给的主要构成要素,对每一个要素进行逐一解析、解构与建构,建立一套相对完善的具有较强操作性的服务供给模型;讨论政府、社会组织、市场组织及个人等多元主体提供老年教育服务供给的合法性和合理性;研究完善和丰富老年教育服务供给的内容,改善和创新老年教育服务供给的方式;构建全方位的老年教育服务供给的保障体系,提出相应的对策意见,以期促进老年教育服务供给问题的有效解决。具体来说包括以下几个方面:

第一,建构老年教育服务供给分析框架。一是要找寻建构老年教育服务供给分析框架的依据;二是要搞清楚老年教育服务供给基本构成要素及其关系。包括:明确老年教育服务供给的多元主体及其相互关系;明确老年教育服务供给的内容;了解和掌握老年教育服务供给的方式;明晰老年教育服务供给的保障机制的内涵。

第二,我国老年教育服务供给现状分析。通过问卷调查法和专家访谈法对现阶段我国老年教育服务供给现状做一个全面客观的了解和掌握。

第三,我国老年教育服务供给存在的问题及原因分析。基于对老年教育服务供给的现实状况分析,发现当前我国老年教育服务供给出现的主要问题,并针对这些问题分别进行因素探讨,进一步明确制约我国老年教育服务供给困境的深层次原因,从而为对策建议的科学提出提供依据和基础。

第四，提升新时代老年教育服务供给的对策建议。基于供给侧结构性改革，结合我国老年教育事业的发展现状，从老年教育服务供给主体、供给内容、供给方式、供给机制四个维度，针对日益突出的老年教育结构性供求失衡矛盾，就如何着力推进老年教育服务供给侧改革，提质增效，补齐老年教育服务供给的短板，创新老年教育服务供给的内容与方式，以新的供给不断提升老年教育服务供给的管理制度水平，加快老年教育的内涵式建设，推动老年教育服务的发展壮大等方面提出对策建议。

第二章　老年教育服务供给研究的基本理论与政策依据

关于老年教育服务供给这个问题研究,我们会思考很多更具体的子问题。例如:为什么要开展老年教育,老年教育服务应该由谁来提供,如何来提供,如何来保障等一系列问题。其实,现有的相关理论已经为我们回答这些问题提供了良好的理论基础和科学指导。本书主要采用了以下四个相关基本理论作为研究的理论基础。

一、老年教育服务供给研究的基本理论依据

(一)受教育是老年人的宪法权利

受教育权作为我国宪法确认的基本权利,权利主体是所有公民,义务主体是国家。我国教育法确认并保障的受教育基本权包括免费义务教育、教育机会平等和教育选择自由,权利内容具有法律确定性且有待不断发展。[①]关于受教育基本权概念的理解,大致包括以下方面:

一是从法律的权利和义务角度考虑,提出受教育权需要国家承担保障其

① 龙洋:《我国教育法学理论体系研究——基于"受教育权"逻辑起点论》,博士学位论文,西南大学,2011 年,第 13–25 页。

实现的基本义务。这类义务是国家保障公民基本权利所应当承担的公共服务责任，也是现代社会公民“天然”应当享有的权利，所以往往被归类为自由权。[①] 对任何事物的解释及其妥当性必须依赖于解释进行的语境。一旦脱离了解释的语境，解释就会不被认可，甚至会引起人们的误解。受教育基本权的此类解释适应于古典自由主义语境。[②] 这个方面有一定的优势，即提出了公民受教育权的权利和义务相统一的基本理念，同时也让国家承担起责任，但又避免了国家过度干涉公民的教育需求，避免国家通过教育对公民进行价值观的强行灌输，确保了现代公民教育的自由。[③] 但其弊端也非常明显，由于过分地突出国家的不干涉义务，在某种程度上会非常直接地导致受教育基本权无法真正在社会实践中“落地”实施，特别是经济状况会对受教育权的实现产生根本的影响，例如在西方国家，受教育基本权其实只能是为富裕阶层所拥有和实现。

第三类解释认为，受教育基本权需要充分考虑国家义务内涵，但是和前述观点几乎截然相反，这一观点认为国家应当积极履行教育主体责任义务，需要“强制地”要求民众接受教育，受教育既是权利又是义务，二者是内在统一的。这个观点产生的背景是 20 世纪中期以来西方世界开始了福利国家的实践探索，认为公民拥有受教育的基本权利。如我国教育法学家劳凯声认为：“在法学理论中，尽管对权利的分类和表述存在不同看法和做法，但受教育基本权都属于公民的基本人权这一范畴，是公民为自身利益，要求国家一定行为的权利，是公民从国家那里获得均等的受教育条件和机会的权利。”

作为一项基本权利，受教育基本权从自由权到社会权的转变，与近现代的平等观念转变有关。平等是现代公民社会最基础、最核心的理念之一，是

① 夏志文：《受教育权救济问题研究——政府责任与司法保障》，博士学位论文，苏州大学，2008 年，第 28–37 页。

② 范履冰：《受教育权法律救济制度研究》，博士学位论文，西南大学，2006 年，第 32–46 页。

③ 高淑贞：《论受教育权》，博士学位论文，吉林大学，2007 年，第 29–46 页。

在长期的反封建抗争中所形成的,与西方文艺复兴中所产生的人文主义思想和近代启蒙思想一脉相承,正因为强调人人生而平等,所以受教育权作为一项权利,也应当人人平等地享有。如果平等的内涵仅限于形式上的平等,而不考虑社会中所存在的不平等状态,进而容许在此不平等基础上的完全自由竞争,其结果非但不能解决社会中存在的不平等问题,而且会使拥有财产、资本、能力和机会等资源的强者凭借自身的优势,轻易侵害普通民众的基本权利。[①] 在人们对这种平等观念的弊端有了充分的认识之后,这种平等观念发生了变化,即在平等观念中又加入了"实质平等的内涵"。故现代法律及其观念中的"平等"是"实质上的平等",它既是"法律适用上的平等",也是"法律制定上的平等"。这种平等观念不仅要求行政和司法机关对当事人一律公平待之,而且也要求立法机关必须依照"平等者平等待之,不平等者不平等待之"的原则,以公正的差别待遇方式,保障工人、老人、残疾人、妇女和儿童,以及少数族群等弱势群体,使他们获得维持生存尊严、发展自我和公平竞争的条件和机会。

法律上的"实质平等"的理念,预示着现代宪政下基本权利的功能转变。基本权利的功能分为防御权、给付请求权、保护请求权及程序权等四个层面。宪法上的"实质平等"理念恰恰体现了作为基本权利平等权的功能由"防御权"向"请求权"转变,这里的请求权包括"给付请求权"和"保护请求权"两个方面。基本权利功能由单纯的"防御权"向"请求权"尤其是"保护请求权"的转化,是近代宪法向现代宪法转变一个基本标志。[②]"保护请求权"的根本意义在于,当公民认为自己的某项权利因为他人的行为或者某种社会生活上的障碍而无法实现时,得请求国家的积极干预以排除此妨碍。这就必然会使基本权利的效力及于私法的领域,因为国家应公民的请求介入私人间的关系的理

① 苟人民:《高等教育领域的平等权问题研究》,博士学位论文,吉林大学,2006年,第15-18页。

② 孙霄兵:《受教育权主体范式论——关于教育法理的哲学和历史发展的研究》,博士学位论文,华中师范大学,2003年,第8-16页。

由是保障公民权利，也就是公民基本权利对私人间关系发生了效力。[①]

现代宪法不仅未在确认基本权利的社会权属性的同时而放弃了其传统自由权属性，[②] 甚至仍然将基本权利的自由属性置于基本权利属性的中心地位。[③] 即社会权根本没有湮没自由权，自由权仍然是现代社会中已经制度化、法律化的权利体系的核心，是社会权存在的目的。[④]

受教育权理论对本书的启示在于：第一，保障老年人受教育基本权利，努力让不同年龄层次、文化程度、收入水平、健康状况的老年人均有接受教育的机会；第二，受教育权理论从法律权利和义务角度分析老年教育的可行性和必要性，给予老年教育法律层面的保障。

（二）受教育是老年人的教育诉求

终身教育理论提出于 20 世纪 60 年代，是标志着现代教育理论发展的重要里程碑。终身教育理论的倡导者、联合国教科文组织专家保罗·朗格朗主张，人的发展和教育是一体的，教育应当覆盖一个人的生命全周期，而不仅仅是某一特定的时间段，这一点与中国人所主张的“活到老，学到老”具有内在一致性。保罗·朗格朗反对用年龄来划分一个人是否应当接受教育，认为应当真正落实现代法律提出的“公民享受受教育权”的相关规定，保障所有成员，当然包括老年人的受教育权。

终身教育理论得到了大多数学者的一致认同，但是在一些具体方面有一些非原则性的分歧，但是核心的理念是一致的，就是认为教育应该覆盖一个人的生命全程，从婴儿期到老年期都要接受教育，纵向上是时间，横向上是不

---

① 郑爽：《人权教育权的法治保障研究》，硕士学位论文，广州大学，2019 年，第 24–28 页。

② 刁伶俐：《受教育权的人格权法保护研究》，硕士学位论文，中南财经政法大学，2019 年，第 16–26 页。

③ 张玉龙、尹奎杰：《受教育权能的多维面向及其实现》，《东北师大学报（哲学社会科学版）》2021 年第 2 期。

④ 申素平：《重申受教育人权：意义、内涵与国家义务》，《清华大学教育研究》2020 年第 6 期。

同的场合。终身教育理论认为,接受教育渠道应当是公平和全开放的,既要有传统的高等院校的参与,也要有社区、企业单位等的助力。这些教育场所面向的受教育者,不仅仅是学生,也需要把老年人纳入进来,真正实现不同社会群体都能够享受到终身教育,具体的措施上,包括以下两个方面的内容:

首先,教育需要强调统一性和连续性,教育包括学校教育、成人教育以及老人教育三个方面,从学历的角度,包括小学直至博士的不同层次,老年人的教育也需要引入学历考核机制,但是未必要直接套用现有的学历等级,而是围绕老年教育的实际情况,设置多层次的学历体系。[①] 终身教育理论认为,学习是持续的过程、一贯的过程,与是否在学校接受教育不产生直接的联系,教育的目标是提升人的能力和综合素质,不仅仅在学校能够实现,在社会上也可以实现,更重要的是能够给受教育者学习的意愿和能力,这亦应是终身教育的出发点和落脚点。

其次,终身教育需要建设学习型社会,让教育面向全社会普及开来。学习型社会的意思是,社会为受教育者提供丰富而多元的教育环境和教育体系,能够让每一个社会成员都有获得学习理论知识和自我培养实践能力的机会,这个学习机会对于全社会成员来说,是不存在差异的,是平等的,是人人可以得到、享受和发展的。教育社会化和学习型社会内在统一,二者之间的差异只是在于从教育和社会的角度出发,来提供教育形式和内容,但是在核心理念上是高度一致的。[②] 教育社会化包括教育主体责任和教育方式要全社会共同承担。传统教育理论认为教育由学校开展,但是在现代社会,人们可以获取知识的场合和途径都比以前要更丰富,所以再片面强调学校的主体责任,显然已经不符合实际。终身教育理论认为,教育需要多方合力,提供全面的教育机会、多元的教育手段,不能仅仅依靠教师,也不能仅仅是学校

① 米海敏、郭胜:《终身教育视阈下社区教育的社会功能探析》,《经济研究导刊》2021年第6期。

② 查有梁:《从大教育观看生涯教育》,《教育与教学研究》2021年第2期。

时间。

在我国,建立普及全体适龄儿童的义务教育体系、发展高等教育和职业教育、建设老年大学等举措,都符合人力资本理论和终身学习理论的内涵。改革开放以来,我国通过恢复高考、普及九年义务教育、开展高等教育"985/211"工程建设以及支持有条件的地区开办老年大学等方式,搭建起基础、高等教育体系,并选派公费留学生,到国外攻读学位、做研究访问学者等,在短短的三十几年内就实现教育普及,让全民都有机会接受教育,特别是"科教兴国"战略实施、"再穷不能穷教育"的理念导向,让发展教育成为全社会共识。随着我国逐渐进入老龄化社会,养老问题日益成为社会关注的热点,老年人养老也不仅仅局限于获得最基本的医疗,也需要"更有尊严地养老",学习一项技能,与同龄人沟通交流,甚至还能够为社会提供力所能及的服务,充分体现"有尊严地养老"。①

终身教育理论对于本书的启示在于:第一,终身教育理论为老年教育服务供给主体多元、平等参与提供理论依据。第二,客观上提出了老年教育服务供给内容和形式的多样化要求。

(三)受教育是老年人人力资本提升的有效途径

人力资本理论(HCM-Human Capital Management)是西方近代管理理论的重要分支,在20世纪60年代由美国学者舒尔茨和贝克尔提出。舒尔茨认为,组织用以运作和发展的资源包括两个方面,一是自然资源,二是人力资源,自然资源主要是组织的固定资产、生产设备以及货币现金、银行存款和各种有价证券等,与此相对应的则是人力资源。② 人力资本理论的核心观点是,作

① 吴雨桐、何红、周晨:《基于终身教育的老年开放教育体系构建研究》,《黑龙江教师发展学院学报》2021年第2期。

② 曾建权、郑丕谔:《我国人力资本发展战略研究》,《天津大学学报(社会科学版)》2001年第2期。

为劳动者的人,本身也是一项经济要素,管理者要将人力资源统筹到企业的生产能力之中,并通过招聘、职业培训以及激励惩罚机制等,不断整合优化组织的人力资源,提高组织的运作效率。[①]舒尔茨的人力资本理论吸取和借鉴了现代西方经济学发展的理论成果,即人力资本是促进经济发展的全要素生产率的有机组成这一核心观点,并提出以下基本观点:

第一,就组织全部资源来看,人力资源是居于核心地位的,没有人力资源,组织无法成为组织,人力资源可以将各项物质资源进行整合,赋予其管理意义和经济意义。这一点的实质,是将人力资本理论按照经济学思想进行研究,即以“有用性”来评价资源的价值和效用。[②]舒尔茨借鉴经济学和教育学对人力资本理论的研究成果认为影响组织发展的经济要素包括资本、人力和土地三个方面,其中人力是构成资本的重要因素。[③]这一理论又叫作库柏–道格拉斯产出函数理论,提出于 20 世纪 50 年代,在西方经济学、管理学和人力资本理论中具有非常重要的地位。其公式为:

$$Y = K\alpha A\beta L\gamma$$

其中,Y 是国内生产总值(GDP),K 是用于产出国内生产总值所投入的资本,A 代表投入的土地要素,L 代表投入的人力资源要素,α、β 和 γ 分别是三个要素的调节指数。[④]

第二,就对组织发展的促进作用来看,人力资本的作用要大于物质资本的作用,特别是随着科学技术的发展,物质资本对组织运作的重要性已经有所削弱,科技可以在某种程度上代替物质,而科技的进步和发展需要人才推

---

① 田应奎:《资本理论的历史演进》,《理论探索》2001 年第 4 期。

② Jiusheng Li, “A tribute to Bart Schultz's career dedicated to ICID”, in *Irrigation and Drainage*, 2020, p.3.

③ Carvalho Sindoval C., Junior Paulo A. S., Pereira Poliana S., Sarmento Renato A., Farias Elizeu S., Lima Carlos H. O., Santos Gil R., Picanço Marcelo C., “Spatial Distribution of Frankliniella schultzei (Thysanoptera: Thripidae) in Open-Field Yellow Melon, With Emphasis on the Role of Surrounding Vegetation as a Source of Initial Infestation”, in *Journal of Economic Entomology*, 2020, pp.2997-3003.

④ 李妍菲:《唐 · E. 舒尔茨的理论回顾》,《企业管理》2020 年第 10 期。

动，因此人力资本的重要性日益凸显。舒尔茨提出，人力资本的发展带动现代社会生产力产生历史性飞跃，特别是二战以后许多殖民地、半殖民地国家取得独立，加强了国民教育，提高国民素质，整体上提高了人力资本水平，促进社会经济发展。[①] 在一些国家，人力资本的发展速度要显著快于物质资本，说明了单位投入下，人力资本带来的社会经济发展收益要大于物质资本。舒尔茨对此总结为："只有通过对人的大量投资，全社会的科学技术才能发展，经济效率才能提高，现代社会的人们才能进一步享受社会经济发展的硕果，才能拥有现代化经济的繁荣。社会经济中最突出的特征就是人力资本的形成问题。"

第三，提高人力资本，归根结底是要采取措施，提高人口质量，主要途径是加强国民教育，包括基础教育和高等教育两个层次。舒尔茨认为，基础教育应当重视普及性，通过立法规定适龄人口拥有无条件的受教育基本权。[②]但这只是一种理想化的情况，现实中即便是发达国家，也会有相当部分的人口因贫困等无法得到必要的教育。有条件的地区可以加大对受教育者资金支持的力度，避免中低收入群体及其子女"因贫困失去受教育的权利"。基础教育的重点是"普及性"，开展基础学科的教育，让国民具有在现代社会生活中必备的知识技能，为后续个人成长和在社会中发挥人生价值打好基础，同时提高国民素质。[③] 高等教育是在基础教育基础上建立的教育体系，重点是"专业性"，即高等教育阶段要让受教育者按照社会经济发展需求、自己的职业规划、性格兴趣等要素，选择自己进修的专业。[④]

第四，提高人力资本水平，开展国民教育，要遵循市场经济的基本规律，

---

① 李舟、周超：《对舒尔茨人力资本理论的理解与思考》，《江南论坛》2019 年第 6 期。

② 姜猛：《舒尔茨人力资本投资理论对我国的启示》，《现代经济信息》2016 年第 10 期。

③ 李现刚：《从马克思的劳动力——资本理论审视舒尔茨的人力资本理论》，《中共成都市委党校学报》2013 年第 1 期。

④ 江涛：《舒尔茨人力资本理论的核心思想及其启示》，《扬州大学学报（人文社会科学版）》2008 年第 6 期。

即坚持市场为资源配置的决定性因素，具体体现在人力资源成本上，人力资源成本可以简化理解为工资，是价格变动符号。舒尔茨进一步提出，当前世界风云变幻，各国国情不同，一国内部不同地区、不同行业的发展有较大的差异，因此不存在放之四海而皆准的教育服务体系，而是需要结合市场需求，制定有针对性的教育政策，提供教育服务供给。舒尔茨进一步提出了"人力投资收益率"公式，用于统计人力投资对国民收入增长的贡献，具体使用工资、教育费用和收入三个指标。舒尔茨的核心观点认为，在市场经济条件下，教育也需要考虑成本费用原则，平衡好成本和效益两个方面的关系。但问题的复杂性在于，教育不是一项单纯的经济行为，而是关系到人力资本的发展，也是政府提供社会公共服务职能的一部分，因此不能一味追求经济效益最大化。政府需要在成本和效益中取得一种平衡，取得更大层次和意义上的效益"最优化"。

贝克尔认为，人力资本可以简化地理解为"人"作为资本所包含的价值量，具体包括一个人所掌握的各种理论知识、实践技能和综合素质三个方面。贝克尔认同舒尔茨的基本观点，同时也认为，人力资本也包含诸多要素，包括知识、技能和素质三个方面，其中最基础的是知识。对于个体而言，获取知识的途径主要是接受教育。[①] 贝克尔进一步提出，个体是否接受教育、接受什么样的教育，与个体的先天能力有关，不同人之间确实存在智力水平和接受知识能力的差异，但是受教育的权利是平等的。而且不同年龄段的个体，在知识理解能力、理论记忆能力方面存在差异，年龄小的个体，记忆力强但理解力有限，年龄大的个体，记忆力有所减退但理解力强。特别是老年人，作为现代社会资深公民，他们已经积累了数十年的知识积淀和人生经验，是人生最成熟的阶段，看待事物的角度和深度都不是年轻人可以轻易企及的。从整个社会的发展角度看，老年人也是潜在的人力资本，可以通过有组织、有计划地开

① 车卉淳、周学勤：《加里·贝克尔的人力资本理论述评——微观基础的构建及其对发展中国家教育政策的经验分析》，《外国经济学说与中国研究报告（2011）》2010 年 9 月，第 62–66 页。

展教育,让老年人“发光发热”。贝克尔提出,对人力资源内在要素——质的管理,主要是指采用现代化的科学方法,对人的思想、心理和行为进行有效的管理(包括对个体和群体的思想、心理和行为的协调、控制和管理),充分发挥人的主观能动性,以达到组织目标。[①]贝克尔在舒尔茨的研究成果上进一步提出,从世界各国发展一般规律来看,经济强国往往是教育强国,教育和经济发展之间存在非常显著的相关性。由于西方发达国家普遍进入“低生育率”时代,人口增长速度放缓非常明显,社会人口老龄化问题日益严重,如果只是把老年人作为社会保障的对象,是整个社会财富的“支出端”,整个社会将会面临非常大的社会保障负担。因此从现实的角度,有必要挖掘老年人的人力资本价值,让老年人也能够成为社会生产力的一部分,进而抑制老年人对社会保障体系带来的压力,减轻社会养老压力。贝克尔从西方国家老年人生活较为孤寂的状况出发,从人力资本的角度提出给予老年人接受教育的权利,可以让老年人得到更有尊严的养老,但在研究的思想和方法上仍然是为西方资本主义经济服务,即把是否能够带来经济效益的“经济有用性”作为判断人力资本的标准,这一点和我国以人为本、追求老有所养的传统文化思想根本不同,在借鉴和参考时需要尤为注意。

近年来,人力资本理论在西方得到新的发展。一是随着科学技术的发展,社会分工越来越精细化,人力资本也要顺应这种趋势,对人员的专业要求将会成为人力资本的重点,掌握专业能力将会成为个体区分于其他个体的特征。二是教育将会进一步普及,并以受教育者的年龄段为划分,“上下延展”,例如当今为人们所追捧的“胎教”,就是教育“下沉”的体现,未来教育将会“上延”,大学毕业后的成年人,甚至退休后的老年人都将继续有机会接受教育,跟上时代的发展和社会生活习惯的转变,否则很容易与社会发展脱节。这一

① Jiapeng Zhang, Qi Meng, Jingzi Zhong, Min Zhang, Xiao Qin, Xiaohua Ni, Jiawen Ma, Yangwen He, Dan Zeng, Dan Lan. “Corrigendum: Serum MyomiRs as Biomarkers for Female Carriers of Duchenne/Becker Muscular Dystrophy”, *Frontiers in Neurology*, 2020.

点和“终身学习”理论不谋而合,内在一致。[①]

人力资本理论对于本书研究的启示在于:第一,确定了老年人力资本存在的现实性和可开发性;第二,说明了教育和培训在人力资本开发和管理中的重要性和可行性,教育不仅是提高社会生产的一种方法,而且是造就全面发展的人的可行方法。

(四)政府是老年教育服务供给的责任主体

供给侧理论是西方经济学的重要理论,其提出和发展伴随整个西方经济学的发展。18 世纪后半叶,重农学派提出社会经济运行的重点是“恢复自然秩序”,重点是土地要素供给和农产品供给的重要性。重农学派产生于西方工业革命前夜,农业是社会经济的支柱,农业的稳定事关国家政局稳定,因此重农学派提出以农业为根本的观点。即便后来工业革命大幕徐徐拉开,重农学派依然坚持农业是“社会经济之本”的观点。现代西方经济学之父——亚当·斯密认为,最好的经济体制是市场经济,政府这只“看不见的手”不要参与到社会经济生活中去,而是做好“守夜人”的角色。亚当·斯密提出,市场经济的基本原理是供给、需求的矛盾运动,二者共同决定商品和劳务的“价格”,供给侧的经济要素包括土地、资本、劳动力等,还有社会分工可以提高劳动生产率。亚当·斯密的观点是西方经济学的理论基础,劳动力第一次成为一项经济要素,作为供给侧的一部分为经济学理论所重视。19 世纪初,英国经济学家萨伊论证了供给侧发展对国民经济发展的作用,同时提出供给与需求之间存在内在联系,即供给本身会带来一部分需求,而不仅仅是被动地迎合需求。萨伊的观点认为,社会需求的产生归根结底是通过供给,如果社会没有供给,何来需求。所以社会经济发展的重点是要在供给侧发力,具体包括提高企业的生产效率,加快科技发展,强调创新的重要性。萨伊的观点认

① 袁瑞雪:《基于人力资本理论的终身职业技能培训制度研究》,《中国成人教育》2019 年第 17 期。

识到供给侧在市场经济中的重要意义，而且认识到供给侧对于创造社会需求的重要意义。但是萨伊的观点存在片面性，即弱化了需求侧的作用，对需求侧对供给侧生产的推动作用认识不足。大卫·李嘉图提出边际递减理论，强调供给侧要素中，土地是有限的，而且随着土地越来越多地投入，其对经济的促进作用呈现边际递减，最终无限趋于零。大卫·李嘉图的观点体现了资本主义经济发展初期，土地等经济要素开始大量投入生产，供给速度过快，超过了市场的需求水平，对经济的推动作用确实有所减缓，加强其他生产要素，例如劳动力、技术等在短期内没有跟得上，单靠土地投入是无法拉动经济在较长时期内稳定发展的。罗雪尔在 19 世纪上半叶提出人力资本体现为人的劳动，但劳动不是简单的体力劳动，包括“生产性劳动”和“非生产性劳动”，生产性劳动中一个重要内容是人力资本。19 世纪中叶，马克思主义政治经济学横空出世，批判地吸收了前人的研究成果，提出劳动对创造社会价值具有核心作用，强调所有经济要素中，“人”是最重要、最根本的。马克思认为，劳动推动社会发展，劳动的主体是“人”，技术、资本等生产要素，归根结底是要“为人所用”，人是社会生产力中最活跃的因素。①

20 世纪以来，供给侧理论得到进一步发展，并衍生出许多理论，例如发展经济学、制度经济学和改革经济学。发展经济学学者柯林·克拉克主张，经济发展的根本动力是知识技术发展带来的规模报酬递增，哈罗德·多玛通过大量实证分析，提出资本积累对经济发展具有决定性作用。这两位学者论证了生产要素对经济发展的推动作用，具有一定的学术价值，但对于人力资本与知识技术、资本积累之间的互动关系没有深究，存在一定的局限性。特别是发展经济学所研究的对象是发展中国家，每个国家的国情差异较大，因此发展经济学的实证效果有限。到了 20 世纪中期，经济学家索洛通过大量实证，提出了索洛公式，论证了技术进步对经济发展的决定性作用，但同时也提

① 陈景华：《马克思的供求理论及其当代价值研究》，博士学位论文，福建师范大学，2019 年，第 34–47 页。

出人力资本是全要素生产的重要组成部分。20世纪80年代,舒尔茨从人力资本理论角度出发,提出了人力资本对于社会经济发展具有关键性意义,政府应当提升人力资本在经济政策中的比重。舒尔茨的观点认识到了"人"对于经济发展的重要作用,但是还是建立在人作为一个生产要素的角度,并没有认识到劳动、资本、技术都是借助于人力资本才能够切实发挥作用的事实。直到1988年,经济学家卢卡斯才将人力资本作为内生变量,明确指出人力资本是经济增长的发动机,其作用不仅是不可替代的,而且是要位居各生产要素之首,其重要性不言而喻。[①]制度经济学和改革经济学也以供给侧为研究对象,提出市场经济机制体现在供需关系的变化上,但对于供给侧和需求侧本身,政府有必要各自加以引导,使国民经济的运行和发展整体上处于"可控而合理"的区间。

供给侧理论认为,市场经济具有"自发性",不需要政府或其他力量的人为干预,这一点受到很多经济学学派批评;供给侧理论自身也是伴随着西方资本主义经济的发展而不断修正的,同时受到其他理论的批评;供给侧理论也在与其他理论相互吸纳,不断发展。自18世纪初萨伊提出供给创造需求的观点以后,便受到很多不同学派的经济学家的批评,最激烈的就是英国经济学家凯恩斯。在20世纪20—30年代的经济大萧条期间,凯恩斯提出了政府需要有限参与经济活动,发挥"看得见的手"的作用,克服市场经济盲目性的主张,同时批评萨伊的观点,认为需求并不都是供给带来的,一味追求供给,不顾需求的实际能力,会导致供大于求,最终酿成蔓延整个资本主义世界的经济危机,严重冲击人们的生活和经济运行秩序。凯恩斯提出,只考虑供给侧,是"片面的经济理论",长期忽视需求侧,忽视改善民众特别是底层中低收入民众的生活,需求侧没有随着社会经济的发展得到有效的提升,最终供需矛盾日益尖锐,导致经济危机的爆发。凯恩斯主义对供给侧理论主张的市场

---

① 杜育红、赵冉:《教育对经济增长的贡献——理论与方法的演变及其启示》,《北京师范大学学报(社会科学版)》2020年第4期。

“自发性”进行猛烈批评，提出政府可以通过财政政策和货币政策适度干预经济，引导经济发展，避免供需关系“失序”，最终导致经济危机。针对凯恩斯的批评，供给侧理论学者也进行了反思，一定程度上认可了凯恩斯关于政府要适度干预经济的观点，提出了一些修正性观点。一是支持减税，调动生产者的积极性；二是低限度地允许政府出台经济政策，尽可能减少对企业自主性的影响；三是支持政府提供关于劳动力技能培训方面的公共服务，提高人力资本优势。

改革开放以来，我国的经济政策也适度吸收了供给侧改革的某些观点，并立足于我国改革开放实践，进行了理论发展与创新。首先，党的十一届三中全会以来，我国经济政策方面的改革大多数都是从供给侧开始的，从最初的家庭联产承包责任制、建立乡镇企业，到完全放开市场价格，肯定非公有制经济是社会主义市场经济的重要组成部分等，都是从供给侧角度放开对生产要素的限制，鼓励生产要素自由流动，不断发挥市场的作用，减少并优化政府干预。20 世纪 90 年代，在亚洲金融风暴过后，我国经济依然保持较高速的增长，与彼时实行较为积极的财政政策不无关系。通过改革开放，加强对供给侧的改革，我国社会经济连续多年保持较高速增长。当前，我国再次提出要推进供给侧改革，并已经实行近五年，在降低宏观经济风险、提高经济活力和促进经济长远可持续发展方面起到非常重要的作用。我国新时期的供给侧改革是全面、系统性的，不仅仅是经济领域，在政治、文化等多领域都进行了供给侧改革。[①] 在人力资本方面，我国提出了进一步推进教育普惠性，切实减少贫困，确保义务教育落到实处，让每一名适龄儿童都能够上得起学。对老年人群体，我国政府重视老年人的养老保障，支持有条件的地区开办老年大学，改善老年人养老环境，让他们能够在退休以后继续“发挥余热”，体现属于他们的价值。从宏观角度，这实际上是在优化社会人力资本结构，避免由于

① 旷毓君、纪建强：《深入推进供给侧结构性改革的意义和成效》，《科教文汇（中旬刊）》2021 年第 3 期。

人口老龄化速度过快，导致劳动力人口红利迅速减退，影响社会经济发展的问题，这也属于供给侧改革。

供给侧理论对于本书研究的启示在于：一方面，供给侧理论认识到通过人力资本供给侧改革，例如为老年人提供教育，提高职业技能，能够发挥老年人的人力资本优势，作为经济增长的全要素之一，减缓社会养老压力、促进经济增长；另一方面，供给侧理论也认同政府应当提供包括举办老年大学、为老年人提供职业培训等在内的公共服务，这一点也正是我国政府未来需要不断推进的。

二、老年教育服务供给研究的政策依据

现行老年教育服务政策分析主要基于我国颁发的老年教育政策文本，从目前执行政策中关于老年教育服务供给主体、供给内容、供给方式、供给保障机制四个方面来分析我国现行老年教育供给服务政策的整体现状。

（一）老年教育服务供给主体方面有关政策

从1999年至今的政策文件中，老年教育服务部门以文化部为主，老龄委、民政部等相关部门配合，供给主体不明确。1999年《关于印发全国老龄工作委员会成员单位职责的通知》中规定“今后文化部将全面负责全国老年非学历教育的工作，指导各级各类老年大学的工作”。1999年10月20日《国务院关于成立全国老龄工作委员会的通知》，为了加强对老龄工作的领导，经中共中央、国务院批准，决定成立“全国老龄工作委员会”。2001年《关于做好老年教育工作的通知》中要求“各级文化部门要在当地党委和政府的领导下，积极开创老年教育事业新局面，促进老年教育事业的全面繁荣”。2001年6月22日中组部、文化部、教育部、民政部、全国老龄工作委员会办公室联合发布《关于做好老年教育工作的通知》，各级党委组织部门、老干部工作部门

和政府文化、教育、民政部门及老龄工作部门要以邓小平理论为指针，深入学习、贯彻江泽民同志“三个代表”重要思想，从全局性、战略性的高度，充分认识老年教育工作的重要性和做好老年教育工作的紧迫性。遵循老年教育事业发展的规律，以“老有所教”“老有所学”“老有所乐”“老有所为”为目标，推动老年教育事业的健康发展。2004年教育部《关于推进社区教育工作的若干意见》中，将老年人群社会文化培训归为社区教育培训。2012年全国老龄委《关于进一步加强老年文化建设的意见》中指出由文化教育部门对老年教育进行统一规划。2015年6月22日，《中共中央、国务院关于加强老龄工作的决定》建立以家庭养老为基础、社区服务为依托、社会养老为补充的养老机制；逐步建立比较完善的以老年福利、生活照料、医疗保健、体育健身、文化教育和法律服务为主要内容的老年服务体系，切实提高老年人的物质和精神文化生活水平，基本实现老有所养、老有所医、老有所教、老有所学、老有所为、老有所乐。2016年国务院办公厅印发的《老年教育发展规划（2016—2020年）》指出，要“建立健全党委领导、政府统筹，教育、组织、民政、文化、老龄部门密切配合，其他相关部门共同参与的老年教育管理体制”。这些文件中并未明确提及老年教育服务的供给部门，在老年教育服务供给中以政府供给为主。

（二）老年教育服务供给内容方面有关政策

《中国老龄工作七年发展纲要（1994—2001年）》指出：要实现老有所学，保障老年人受教育的权利，不断提高老年人的素质。要因地制宜，多渠道、多层次、多形式地开展颐养康乐和进取有为相结合的老年教育。要充分发挥各类成人学校和广播电视等现代化传媒设施和手段在老年教育方面的作用。《关于进一步加强老年文化建设的意见》要求大力发展老年教育，保障老年人有继续受教育的权利，大力发展老年教育，是贯彻终身教育理念、提升全民素质、构建学习型社会的必然要求，是社会发展进步的重要标志。文化教育部门要把老年教育纳入终身教育和社区教育体系,加强领导,统一规划。充分利用社区教育资源,开展适合老年人特点的知识型、休闲型、保健型文化教育活动。创新老年教育课程,积极为老年人创造良好的学习条件和学习内容。《国务院关于印发"十三五"国家老龄事业发展和养老体系建设规划的通知》要求落实老年教育发展规划,扩大老年教育资源供给,拓展老年教育发展路径,加强老年教育支持服务,创新老年教育发展机制,促进老年教育可持续发展,优先发展城乡社区老年教育,促进各级各类学校开展老年教育,部门、行业企业、高校举办的老年大学要进一步提高面向社会办学开放度,支持鼓励各类社会力量举办或参与老年教育。实施社会主义核心价值观培育、老年教育机构基础能力提升、学习资源建设整合、远程老年教育推进等计划。2017年6月,国务院办公厅《关于制定和实施老年人照顾服务项目的意见》指出:推动具有相关学科的院校开发老年教育课程,为社区、老年教育机构及养老服务机构等提供教学资源及教育服务。改善现有老年大学(学校)办学条件。建设一批在本区域发挥示范作用的乡镇(街道)老年人学习场所。改善基层社区老年教育机构设施设备,建设好村、社区老年学习点。探索"养、医、体、文"等场所与老年人学习场所的结合。开展养教结合试点。编辑出版有时代特色、科学内涵、文化品位,适应社会需要的老年教育系列教材。目前,我国老年教育供给内容上的多项政策更注重丰富老年群体的精神文化生活,多级老年教育供给格局初步形成,社会各界越来越重视老年人的文化娱乐活动。

(三)老年教育服务供给方式方面有关政策

2006年12月,中华人民共和国国务院新闻办公室发表《中国老龄事业的发展》白皮书,提出要发展老年文化教育是提高老年人精神文化生活水平的要求,重视发展老年文化教育事业,丰富老年人的精神文化生活,不断满足老年人精神文化需求。目前已初步形成多层次、多形式、多学制、多学科的老年教育体系。老年人通过学习达到了增长知识、丰富生活、陶冶情操、增进健康、服务社会的目的。《教育部等九部门关于进一步推进社区教育发展的意见》指出,要大力发展老年教育,将老年教育作为社区教育的重点任务,结合多层次养老服务体系建设,改善基层社区老年人的学习环境,完善老年人社区学习网络。建设一批在本区域发挥示范作用的乡镇(街道)老年人学习场所和老年大学。努力提高老年教育参与率和满意度。《国务院办公厅关于推进养老服务发展的意见》指出,大力发展老年教育,优先发展社区老年教育,建立健全"县(市、区)—乡镇(街道)—村(居委会)"三级社区老年教育办学网络,方便老年人就近学习。建立全国老年教育公共服务平台,鼓励各类教育机构通过多种形式举办或参与老年教育,推进老年教育资源、课程、师资共享,探索养教结合新模式,为社区、老年教育机构及养老服务机构等提供支持。积极探索部门、行业企业、高校举办老年大学服务社会的途径和方法。目前,在供给形式上我国老年教育服务越来越丰富,通过多种形式增加老年教育资源供给,初步形成三级老年教育网络。

(四)老年教育服务供给保障机制方面有关政策

1996 年 8 月 29 日八届全国人大常委会第 21 次会议通过的《中华人民共和国老年人权益保障法》明确提出,老年人有受教育的权利,鼓励社会办好老年学校,并规定了政府在教育开展、资金保障方面的主体责任。在教育投入与条件保障上,国家建立以财政拨款为主、其他多种渠道筹措教育经费为辅的体制,逐步增加对教育的投入,保证国家举办的学校教育经费的稳定来源。企事业组织、社会团体及其他社会组织和个人依法举办的学校及其他教育机构,办学经费由举办者负责筹措,各级人民政府可以给予适当支持。《老年教育发展规划(2016—2020 年)》表示,"到 2020 年,基本形成覆盖广泛、灵活多样、特色鲜明、规范有序的老年教育新格局"。"十四五"规划也提出,地方公共服务体系要增加老年服务教育内容,并不断采取措施完善这一体系,增强教育供给的多样性、保障性,将老年教育开展落到实处。中共中央、国务院印发的《中国教育现代化 2035》提出，构建服务全民的终身学习体系，扩大社区教育资源供给，加快发展城乡社区老年教育，推动各类学习型组织建设。目前，我国老年教育供给保障机制初步建立，老年教育供给保障水平不断提高。

第三章　老年教育服务供给研究的分析框架

一、老年教育服务供给研究分析框架的建构

（一）老年教育服务供给研究分析框架的建构依据

供给是从经济学延伸过来的概念，应用到教育范畴，具体是指在某个阶段，某个地方利用当地的教育资源能够为大众提供的教育产品。公共产品服务供给是一项多层面、多维度的公共产品服务体系，该体系一般由政府、民间组织、企业、社区、服务队伍等元素构成[①②]。

教育供给是教育学科对经济学界供给概念的跨学科迁移与应用，其本质内涵是从供需层面探讨教育能够为社会、家庭、学生等群体需求提供供给内容与供给方式等维度的分析。目前，学界关于教育供给的研究主要可以划分为三个基本维度，第一是关于供给主体范围的探讨，以及各供给主体之间的主次关系；第二是关于供给价值的研究，学界争鸣焦点在教育供给价值合理

---

① 郭风英：《社区居家养老服务供给机制研究——以宁波市江东区社区服务为例》，《新疆社科论坛》2011 年第 1 期。

② 魏艳春：《我国人才就业公共服务供给体系的构成要素初探》，《中国人才》2008 年第 7 期。

性与合法性和可行性;第三是关于供给结构的研究,这方面的研究主要集中在教育供给内部和外部结构优化调整路径。可见,当前关于教育供给的研究虽然涵盖了教育供给的主体、结构、价值和意义,但对教育供给方式的研究尚显单薄!

老年教育服务是一项准公共产品服务,具有公共产品供给和一般教育供给的基本特点,也具有其独特的属性。罗彤彤认为,老年教育服务供给是指社区、老年学校、政府部门等供给主体基于满足老年人学习的需求,为提高老年教育服务质量而提供的各种服务支持。这种服务支持可视为一个相互联系、相互支撑的系统,主要包括"政府、老年学校和社区"三个核心要素[①]。于枫认为老年教育服务供给受"资源的配置、大众的需求、教学产品的研发、教师的素质"四个因素的影响,因此要从老年受教育群体需求出发,丰富产品供给的内容,并宜采用老年受教育者容易接纳的供给方式[②]。杜鑫则认为,老年教育服务体系是为满足老年人受教育需求,促进老年教育事业发展,进而实现健康老龄化目标而提供的各项服务所形成的一个相互联系、彼此支撑的有价值的整体,主要包括"服务主体、服务对象、服务机制、服务内容"四个要件[③]。

目前,关于老年教育服务供给体系尚无权威的界定,本书在广泛借鉴前人研究的基础上,采用德尔菲法,围绕老年教育服务核心要素构成,在2019—2021年期间,先后反复多次征询陕西师范大学、西安交通大学、西北师范大学等相关领域的研究的专家6名20余次,专家的意见和建议主要可以概括为以下四个方面:(1)教育供给是为服务社会发展需要,政府、社会企业、事业单位等主体从教育的基本功能认知出发,发挥以学校教育为核心的各级教育

① 罗彤彤:《宁波市老年教育支持服务体系研究》,硕士学位论文,宁波大学,2015年。

② 于枫:《青岛市城阳区老年教育服务供给存在的问题及对策研究》,硕士学位论文,山东大学,2020年。

③ 杜鑫:《大连市老年教育服务体系改进研究》,硕士学位论文,大连理工大学,2018年。

机构的功能，为服务需求客体提供教育服务的过程；(2)老年教育服务是一项涉及范围非常广泛的教育事业，宜采用系统的观点看问题，将老年教育服务体系视为由多种具有内在联系的物体共同组成的一项具有某特定价值的整体，尤其是要主体和客体两个视角都要涉及；(3)老年教育服务体系的具体要素是什么，目前学界尚无权威的观点可以借用，这是一项研究难点，因此应多借鉴社会学、管理学相关理论，同时也要考虑到相关理论要素迁移应用的适切性；(4)老年教育服务的要素涉及较多，但是要根据一定的维度进行分类，比如将政府、社会组织、市场组织、个人概括为老年服务供给的主体，采用同样的思维，可以将老年教育服务的核心要素分为服务主体、需求主体、服务内容、服务形式这四个方面，这样的分类既涵盖了服务供给的各个方面，也比较具有操作性。

美国学者奥斯特罗姆认为，社会公共服务可分为“提供”与“生产”两个基本环节，提供者是指提供的主体，一般指社会公共产品的供给者；生产者是指落实生产的主体，一般指公共产品的制作者。值得注意的是，在公共产品供应过程中，有时会出现提供者和生产者两者目标相冲突的情况，因此在公共产品供给的过程中，应引入供给保障机制，以确保公共产品供给目标的实现。鉴于此，本书根据专家的意见和建议，将老年教育服务供给体系的核心要素划分为“供给主体、需求主体、供给内容、供给方式”四个维度，其中供给主体和需求主体处于线性链接的关系，即供给主体依据社会需要，将适当的老年教育服务内容，通过老年学校等形式提供给需求主体。同时为确保公共产品供给的有效进行，体系引入了“供给目标”和“保障机制”两个要素，体系模型如图 3–1 所示。

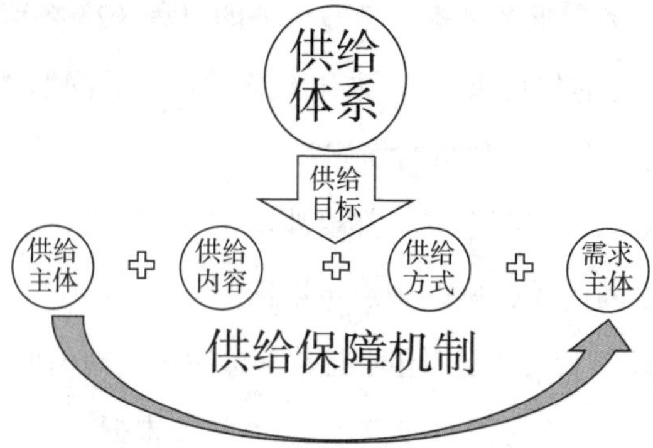

图 3-1　老年教育服务供给体系

（二）老年教育服务供给基本构成要素及其关系

通过对已有文献进行梳理、归纳、总结，本书认为，老年教育服务供给的基本要素有四个，包括供给主体、供给内容、供给方式以及供给保障机制。整个老年教育服务供给体系的最终目标是要满足老年人在教育服务方面多层次、多样化的需求。

1. 供给主体

供给主体是指教育服务的供给方，具体是指为了满足老年人的发展需求，为老年人提供老年教育服务的机构或者个人。先前，政府作为老年教育服务体系的供给主体，在供给服务的过程中，我国人口老龄化呈正增长趋势。随着政治经济体制的改革与深入，老年教育服务供给与需求间的矛盾逐渐升级，政府部门作为老年教育服务的唯一供给主体已不能满足老年人对老年教育服务多渠道、多层次、高质量发展。依据现行老年教育服务的政策法规文件，可将老年教育服务的供给主体分为政府、社会组织、市场组织以及个体。

2. 供给内容

供给内容是指供给主体为供给客体提供具体供给产品的类型、规格和要求。实践者通过多种途径对老年教育服务进行调查与文献搜集，通过多种形式对调查以及搜集到的资料进行梳理从而制定出老年教育服务相关条目，并依据现实社会经济文化发展状况，以供给主体的客观供给能力为前提，提供具体可行的教育供给内容。

3. 供给方式

方式是指完成事情的顺序和形式。供给方式是供给主体从社会发展客观现实和自身供给能力出发，有效完成供给服务的方式和方法。理论上而言，老年教育服务是供给主体为满足老年教育服务的基本需要而采取的具体的供给方式和方法。但现实层面，由于老龄人口增长过快导致老年教育服务需求多元，单一的供给模式也应向多元供给模式转变。

4. 供给保障机制

“机制一般是指有机体的基本构造、主要功能及其相互联系，也泛指复杂的工作系统的运行机理”。[①] 供给保障机制在本书中是指，为老年教育服务供给体系的整体合理顺利运行进行维护的体制或机制。

5. 各要素之间的关系分析

(1)供给主体与供给内容、供给方式的关系

供给主体是提供老年教育服务的主要实践者。供给主体要对老年教育相关的服务产业进行搜集与调研，通过梳理资料列出与老年教育服务相关的条目。实践者要对列出的老年教育服务内容进行实践，需要借助多种方式运行。

---

① 王莉丽著：《老龄化背景下我国城市公共体育服务供给的反思与优化》，北京体育大学出版社 2016 年版，第 55–62 页。

(2)供给内容与供给主体、供给方式的关系

供给内容一般是指供给主体依据老年人的需求制定出的条目,是整个老年教育服务体系的核心部分。它是实践主体实施行为的依据与参照标准,也是供给方式运转的主体内容。

(3)供给方式与供给主体、供给内容的关系

供给方式是施行老年教育服务的形式。对于供给主体来说,它是实现供给内容的一种工具。供给方式是供给内容有效运作的基本载体,也是实现供给服务落地的基本方式方法。

(4)供给保障机制与供给主体、供给内容的关系

供给保障机制是供给服务实现的重要且必要的环节,它是整个体系合理而顺利运作的基本保障,它保护供给主体施行的基本权利和权益,保证供给内容符合供给预期和客观需要,也保障供给方式的有效运行。

二、老年教育服务供给各要素分析

(一)老年教育服务供给主体分析

老年教育服务供给主体可分为政府、社会组织、市场组织以及个体。

1. 老年教育服务供给的政府主体

政府作为国家公共部门,由国家赋予公共权力,对老年教育服务事务进行组织与管理,向老年人提供法定服务。政府统筹开展的老年教育服务,具有公共性、公益性的特点。政府具备得天独厚的财力与权威,在现行的老年教育服务相关的政策法规文件中,多是以政府为主导,政府所占份额较大。由此证明,政府一定是老年教育服务体系的供给主体。

随着第五次产业革命即人工智能时代的迅速开展,新时代的老年教育服务需求与以往的类似安度晚年不同,老年人在满足自身生理需求的同时,追

求更高层次甚至自我实现的需求,而相较于现实供给的需求,在场所设施、资金储备、政策保障等方面比较滞后,显然,这时政府需要借助其他社会团体组织或个人,逐渐形成多元供给主体态势,推进老年教育服务更好、更快、更有效地发展。

2. 老年教育服务供给的社会组织主体

“社会组织”这一概念首次被提出是在2006年党的十六届六中全会通过的《关于构建社会主义和谐社会若干重大问题的决定》,是为了扩大“社会组织”概念的包容性。关于社会组织的概念,不同的学者有不同的见解。社会管理学对社会组织这一概念有广义与狭义理解。广义概念是指为达到特定的目标按照一定的宗旨、制度、系统建立起来的共同活动集体,例如政府、企业、公司等。而狭义的社会组织则区别于政党、企业等组织,不以获取利益为目的的非政府组织,是由社会成员自发组织建设的。[①] 有学者认为,由于社会组织概念比较广泛,可从其成立方式分为自上而下和自下而上两种。自上而下的方式由政府进行主导,以社会组织的名义行使政府的职责,它更像是隶属于政府的下位机构,具有行政性、适应范围广的特点。[②] 自下而上的方式主要是由社区居民因兴趣爱好构成,经常在社区范围内开展活动。还有学者认为,“广义的社会组织是指人们为实现特定目标而建立的共同活动的群体,与政府组织、经济组织并列。狭义的社会组织是指由自然人、法人和其他组织为满足社会需要或部分社会成员需要而设立的非营利性组织。包括社会团体、基金会和民办非企业单位”。[③] 还有一些学者认为,社会组织就是非政府组

① 成舟:《社会组织开展环境公益诉讼的协同机制探究》,硕士学位论文,山西大学,2020年。

② 徐诗琪:《社会组织参与湖东社区治理的困境及对策研究》,硕士学位论文,苏州大学,2020年。

③ 高云天:《社会资本视角下社会组织参与社区治理研究》,硕士学位论文,苏州大学,2020年。

织,并认可美国斯特·萨拉蒙教授对其的理解。①

对社会组织的性质的认识也存在差异。清华大学王名教授认为,社会组织具有非营利性、非政府性和社会性的特征。② 有些学者认为,社会组织具有非政府性、非营利性与志愿公益性的特点。③ 在学界广泛受到认可的是美国斯特·萨拉蒙教授提出的五种特征,即组织性、民间性、非营利性、志愿性以及自治性。其中非政府性与非营利性是最基础,也是最重要的两个特征。

本书认为社会组织是指“不以营利为目的、不分配受益”,[6] 同时具有非政府性与志愿性的公益组织。在对老年教育服务供给过程中,随着市场经济的快速发展,政府部门对社会的控制也不断放松,社会组织顺势成长起来。在市场与政府以及社会服务无法切实普及老年教育以及提供老年教育服务的地区,社会组织在其中扮演重要角色,它是人们为了共同利益与目标聚集起来,为促进老年教育服务多途径发展的团体。因此,在老年教育服务体系供给主体中,社会组织不可或缺。

社会组织可以缓解政府对于老年教育服务的资金投入少、师资力量薄弱、开展形式单一等困境。但鉴于现行体制内对于社会组织的发展存在各种束缚,例如经费依赖、师资缺乏、传统观念固化等,不利于社会组织自主性和独立性的提升,会加大其对于政府的依赖性,不利于老年教育服务开展的扩大化,更不利于新时代现代化治理体系建设。一旦政府失灵,只依赖社会组织负责老年教育服务体系的运作是远远不行的。

在社会组织中又以物业服务公司、养老机构、高等院校、事业单位和民办非企业单位为代表。

---

① 朱梦笛:《中国社会组织参与“一带一路”公共外交的机制研究》,硕士学位论文,外交学院,2020 年。

② 王民:《走向公民社会——我国社会组织发展的历史及趋势》,《吉林大学社会科学学报》2009 年第 3 期。

③ 王莉丽著:《老龄化背景下我国城市公共体育服务供给的反思与优化》,北京体育大学出版社 2016 年版,第 55–62 页。

物业服务公司是指依法成立、具备专门资质并具有独立企业法人地位，依据物业服务合同从事相关活动的经济实体。物业服务公司在老年教育服务供给中存在多方优势。第一，信息通达，它位于各个小区之中，能快速了解老年教育服务的需求。第二，资源丰富，各种场所设施的管理为老年教育服务提供知识应用实践载体。第三，地理位置优越，节约老年人出行的时间。

养老机构是指为老年人提供类似居住、照料的服务机构。养老机构是具有公益性质的，国家大力提倡的社会组织。养老机构相对于其他组织来说，更具有针对性，它们服务的对象是老年人。在照料与教导老年人方面更加专业，在满足老年人基本需求的基础上，合理运用养老机构的良好声誉，为老年人的教育提供更好的服务。

高等院校的师资培养、场地设施等十分重要。高校开设老年教育的学校很少，专业人才的缺失会减慢老年教育发展的速度，不能对老年人的需求做出及时更新。高校的图书馆有大量的资料，可供老年人学习，高校有大量优质的研究人员，可集思广益，创造多种老年教育服务产品与老年教育开展模式。

事业单位是指国家利用国有资产，由国家机关或其他组织举办的，以实现社会公益、供给各种社会需要的，如社会文化、教育、科学、卫生等公共服务为目的的社会组织。[①] 事业单位大都依靠政府出资，由国家行政机关直接管理。

民办非企业单位是指企业事业单位、社会团体活动和其他社会力量以及公民个人利用非国有资产举办的，从事非营利性社会服务活动的社会组织。这是国务院在 1998 年颁布《民办非企业单位登记管理暂行条例》中对其的界定。

① 王莉丽著：《老龄化背景下我国城市公共体育服务供给的反思与优化》，北京体育大学出版社 2016 年版，第 55 页。

3. 老年教育服务供给的市场组织主体

对于市场组织的概念与性质的理解,不妨从市场经济的视角看待市场组织。我国实行的是社会主义市场经济体制,市场经济的作用包括:市场对资源配置起决定性作用以及市场经济与社会主义经济制度相融合。由此我们认为市场组织是指公共服务以盈利为主,从中获取利润并加以分配的具有营利性、非公益性、私人性特点的组织。市场组织承接了市场经济营利性的特点,能够激发市场的活力,对于老年教育服务能够提供更为有利、更为高效、更为全面的内容,更加快捷、更加便利的运行形式,以多种快速有效的方法保证整个老年教育服务体系的顺利运行。

市场组织能够发挥市场内在微观调控机制,在政府失灵、社会组织秩序混乱时,平衡老年教育服务市场,避免产生两极化趋势。但市场组织也需要相关的政策法规文件对其进行约束与规范,需要社会组织对其进行监督。由于市场组织的营利性,会出现理念不合的状况,进而会影响市场组织对于老年教育服务体系的落实以及内部行政矛盾。因此,市场组织作为老年教育服务供给主体,是十分重要的。

市场组织中又以企业和私人组织为代表。它们都强调实现私人利益的最大化。企业的竞争性与活力的特性决定它们在老年教育服务供给中能够更有效率、更有质量,甚至催生出新的产品、新的服务模式,从而加速老年教育服务的发展。

4. 老年教育服务供给的个体主体

《辞海》对个体的解释为“单独的人、生物或其他不可分的实体”。本书将个体理解为个体经营户,主要指个体以个人名义出资开展老年教育服务,例如:开办老年学校、开展老年教育活动、建设老年活动场所等,以及个人以志愿方式服务。个体经营无论是在场所设施还是在学习资源方面,都具有很大的随意性。但是，由于个体教授对象的数量少，所以能依据老年人在教育上的需要，给予针对性的供给。

老年教育服务供给的责任应是社会共同的责任，不应由政府全部负责，要发挥社会多方力量，共同承担老年教育服务供给的责任。老年教育是终身教育体系构建的重要组成部分。老年教育服务的完善对于未来社会可持续发展十分重要。无论是终身教育体系构建还是社会可持续发展，都是政府统一进行统筹规划。同样，在老年教育服务中也应以政府为主导，以社会组织、市场组织以及个人为辅助，共同推进老年教育服务的最优化发展。以政府为主导，保证老年教育服务事业朝着正确方向前进。

(二)老年教育服务供给内容分析

通过对已有文献与资料进行梳理和实际情况的调研，可以将老年教育服务供给内容分为：兴趣爱好类、生产生活技能类、身心保健类以及其他方面。

1. 老年教育服务供给兴趣爱好类内容

老年教育服务供给兴趣爱好类内容主要包括文体娱乐休闲活动、学历教育、法律教育等等。

(1)文体娱乐休闲活动

文体娱乐休闲是指依据自身的兴趣选择学习知识，这种学习不带任何功利性、目的性。文体娱乐休闲活动提倡的是一种愉悦、舒心的学习，类似音乐教育、舞蹈教育、书法绘画教育等。

(2)学历教育

学历教育是根据国家教育部下达的招生计划录取的学生，按教育主管部门认可的教学计划实施教学，学生完成学业后，由学校颁发国家统一印制的毕业证书和合格学位证书。

学历教育是在提升学习者学历的同时获取知识，为学习者追求高层次的需要积蓄能量。老年人在学历提升过程中,视野更加开阔。在获取了丰富人生经验之后,老年人在对知识的追求上更专注于理解与运用。学历教育也是为那些有学历需求的老年人提供圆梦途径。

(3)法律教育

我国将法律定义概括为:"法律是由国家制定或认可,并以国家强制力(包括军队、警察、法庭、监狱等)保障实施的,反映由特定社会物质生活条件所决定的统治阶级意志的规范体系。"法律教育有广义和狭义之分。广义的法律教育是指向社会公众普及关于法律知识,了解法律责任,明确法律边界,能自觉遵守和维护国家法律。狭义的法律教育是指通过国家高等院校或专门学校培养专门的法律人才。

本书中的法律教育是指向老年人普及法律知识,进而保证自身的合法权益。法律教育能够帮助老年人保护自己的合法权益,在学习关于法律的知识后,也能帮助朋友维护自己的权利,要让老年人知法、懂法、不犯法。不赡养老年人导致老年人拾荒或者弃养的问题仍然存在,如若老年人知法、懂法,便能够通过法律正当程序维护自己的权益。

2. 老年教育服务供给生产生活技能类内容

(1)职业教育

对于职业教育概念的界定,众说纷纭。有学者认为,职业教育是指将从事某种职业或生产劳动所必需的职业知识、技能和职业道德的教育授予受教育者,包括职业学校教育和职业培训。[①] 有些学者认为,职业教育应该可以理解为对受教育的具有社会属性的人实施。可以从事于某种职业或者生产劳动所必须掌握的实验知识、技能和职业道德的一种活动。[②] 也有学者认为,职业教育是一种能使教育者获得职业技能的理论知识和掌握相对应的操作技

① 刘雨晨:《民国关中地区职业教育研究(1912—1945)》,硕士学位论文,河北大学,2020年。

② 张新岩:《新时代农村劳动力职业教育培训研究》,硕士学位论文,吉林大学,2020年。

能的教育活动。它最大的特色亮点就在于对受教育者实践技能的培养。[①] 还有学者认为,职业教育应该是一种人才培养模式,这种模式要能够满足社会对于职业教育需求,在职业教育的培训过程中,要始终注重实际应用能力水平,注重与产业、行业密切相关、面向一线生产与技术应用的实践工作能力的培养,进一步培养出管理服务能力强,具有良好的职业素质,具有扎实的专业技术基础知识、较强的职业适应能力、良好的心理素质的专业技术型应用人才。[②] 一些学者还将职业教育视为对受教育者进行某种职业或生产劳动所需要的知识和技能的教育。职业教育是一种具有鲜明的职业针对性的教育,以提升学生职业素质为教育的最终目的,教育内容包括职业技能、职业素质和职业知识等。[③]

国际教育分类标准将职业教育培训定为满足受教育者获得某种技术技能需求的教育活动。《教育大辞典》将职业教育界定为“是普通教育中职业教育和包括职前与职后的各种职业与技术教育的总体称谓,偏重理论的应用和实践技能、实际工作能力的培养”。《中国大百科全书(教育)》中,关于职业教育有如下解释:“在一定文化和专业基础上给予受教育者从事某种职业所需的知识技能的教育,目标是培养实践应用型专门人才,即各行业所需的技术人员、管理人员、技术工人和城乡劳动者。”在《教育法全书》中,职业教育被认为“是给予学生从事某种职业或生产劳动所需要的知识和技能的教育”。在《辞海》中,职业教育被认为是“给予学生或在职人员从事某种生产、工作所需的知识、技能和态度的教育”。1996 年《中华人民共和国职业教育法》规定,中国的职业教育包括从初等到高等的各级职业教育是进行职业技能培养,面向市场岗位要求的一种教育活动。

---

① 周东:《新中国成立 70 年来我国职业教育政策沿革研究》,硕士学位论文,四川师范大学,2020 年。

② 郎军:《职业教育产教融合人才培养问题及对策研究》,硕士学位论文,沈阳师范大学,2020 年。

③ 程宇:《中国职业教育与经济发展互动效应研究》,博士学位论文,吉林大学,2020 年。

本书中的职业教育是指,给予老年人从事某种职业或生产劳动所需要的知识与技能,提升老年人的职业素质的教育活动。因为职业教育与社会生产实践和经济发展联系紧密,所以,职业教育具有很强的实践性。我国的职业教育体系结构具有多维度、多层次、多样性的特点,分为学校职业教育和社会职业培训两部分,学校职业教育具体包括职业中学、中等专业学校、高职高专院校和应用型本科院校针对社会需求所提供的学校职业教育;社会职业培训具体包括由相应的社会培训机构、政府、企业、社区、社会团体以及正规院校所举办的各种类型和各种层次的职业培训。[①]由此可以看出,职业教育既具有学校职业教育的公共性与公益性,也具有社会职业培训的营利性与竞争性。职业技术的学习还可促进退休老年人的再就业。早在1999年在《老人教育》中就有记载,“四川省,各城市近年来有相当部分职工相继离退休,离退休职工在全省有20万。离退休职工大多数都准留在家安度晚年,但有部分职工还想继续学习和工作”。[②]1989年11月,联合国教科文组织在武汉召开“老年教育国际研讨会”并通过《武汉宣言》,强调“老年人是知识、技能、经验和智慧的宝库”,提倡要充分认识老年人的价值。[③]职业教育是挖掘老年人智慧,并将其智慧放大、应用于实践,进而为新时代社会主义发展贡献力量的途径。

(2)技能培训

技能培训一般是由培训机构开展的,受培训者通过技能考试能获得就业时所需的国家认可再就业技能证书。[④]技能培训是由相关部门组织实施,由技能培训机构开展的,面向全体有就业愿望的劳动者,通过丰富的实用技能、技能提升、创业培训等形式,从而促进和稳定培训对象的就业。[⑤]

---

① 程宇:《中国职业教育与经济发展互动效应研究》,博士学位论文,吉林大学,2020年。

② 教育部社会教育司编:《老人教育》,师大书院出版社1999年版,第452–453页。

③ 吴思孝:《我国老年教育的历史追溯与未来展望》,《成人教育》2019年第6期。

④ 马小华:《小组工作介入少数民族流动妇女就业技能培训研究》,硕士学位论文,甘肃政法学院,2017年。

⑤ 何静:《小组工作在西北农村妇女非农就业技能培训中的介入研究》,硕士学位论文,甘肃政法学院,2017年。

技能培训最终的目的是在提升老年人技能的基础之上，满足老年人再就业的需求。将技能培训与人力资本理论相结合，老年人接受培训获取知识与技能，在提升自身人力资本的同时，促进社会生产力的发展。

(3)家庭教育

《辞海》对“家庭教育”的解释是，父母或其他年长者在家里对儿童和青少年进行的教育。《中国大百科全书·教育学》中把家庭教育定义为“父母或其他年长者在家庭内自觉地、有层次地对子女进行的教育”。顾明远教授主编的《教育大辞典》中把家庭教育定义为“家庭成员之间的相互教育，通常多指父母或其他年长者对儿女辈进行的教育”。

有学者认为，家庭教育立足于家庭代际传承基础上，家庭成员受家庭环境的影响。[①] 有学者指出，家庭教育是人类的一种教育实践，是在家庭互动过程中父母对子女的生长发展所产生的教育影响。[②]还有学者认为，家庭教育既是一种互动性的活动，也是一种在不知不觉中接受最基础的教育的活动。[③]由上述学者们的定义可知，家庭教育是关于家庭建设、家庭中人际交往与良好家风培养的教育活动。通过对老年人提供家庭教育，希望老年人能够掌握向下一辈传递知识、培养情操、养成良好行为习惯的方法和技能，有助于进一步增进亲子关系，促进子女成长，缓解人际代沟，维护家庭和睦。

(4)科普教育

科普是指科普主体以通俗化、大众化和公众乐于参与的方式使受众获取科学知识、掌握技术能力、形成科技意识，以提高全民族科学文化素质和思想道德素质的过程。[③] 有学者认为，科普教育是指科学技术普及教育，是以提高

---

① 李丹杨：《社会工作介入随迁青少年家庭教育实务研究》，硕士学位论文，华南理工大学，2020年。

② 谢盼盼：《新疆维吾尔族3—6岁女童家庭教育现状研究》，硕士学位论文，安庆师范大学，2020年。

③ 吴凤娇：《动物园科普教育在小学科学“特色课程”中的实践研究》，硕士学位论文，广州大学，2020年。

公众科学素质为目的,通过一定的途径和方式来传播科学知识和思想,普及科学方法,弘扬科学精神,提高科学素质,推动经济社会发展。[①]还有一些学者认为,科普教育是一种不同于学校教育和职业教育,由社会发展衍生出的一种社会教育,因此,科普教育具有社会性、群众性和持续性特征。[②]本书中的科普教育是指,向老年人提供关于科学技术方面的知识,让老年人能够赶上社会快速发展的步伐。例如,智能手机在购物、乘车等方面的使用。

时代的快速发展,使得一些老年人无法跟上社会发展的脚步,对于智能手机的操作,如网上购物、扫码乘车,都是老年人需要学习的。因为老年人之前学习的一些知识,在现今信息时代的飞速发展中,一些认知已被新的科学知识所取代,青年人尚且不能完全辨别对错,何况是对于信息闭塞的老年人。

3. 老年教育服务供给身心保健类内容

(1)心理健康教育

1946 年第三届国际心理卫生大会将心理健康定义为:“在身体、智能以及情感上与他人的心理健康不相矛盾的范围内,将个人的心境发展成最佳的状态。”[③]有学者认为心理健康教育是根据学生生理心理发展规律,以教育学和心理学的基本内容为指导,以培养学生健全的人格、良好的情绪及坚忍的意志为目的,提升学生心理素质和心理韧性的一种教育活动。通过这种教育活动可以使学生达到一种良好的心理状态,可以更从容地面对自身发展及外界环境的变化。[④]

---

① 黄睿:《长春市示范高中科普教育的开展与对策研究》,硕士学位论文,长春师范大学,2020 年。

② 曹继东:《我国科普出版企业创新发展的理念、路径和战略选择》,《科技传播》2014 年第 2 期。

③ 陆伟骥:《无锡市滨湖区高中生心理健康教育状况调查及对策研究》,硕士学位论文,苏州大学,2010 年。

④ 王蕾玲:《初中学校心理健康教育课程实施现状与对策研究》,硕士学位论文,陕西理工大学,2020 年。

心理健康教育是依据学生身心发展规律，使用心理学教育手段与方法对学生进行预防性心理调适和心理干预，从而促进学生全方位发展。心理健康教育是学生全面素质发展的重要组成部分，是培养高素质、高质量人才的重要手段，是促进学生主动发展、完善自我人格的重要方式。①

本书中的心理健康教育是指，对老年人进行心理上的疏导与心理情绪调节技能的培训，让老年人能愉快地安度晚年，是实现老有所乐目标的一种教育活动。心理健康教育在老年人的生理发展和日常生活中尤为重要。心理健康教育是实现老年人健康养老的重要部分。对于那些思想固化、传统的老年人，心理健康教育能够缓解或消除他们曾经固守的错误概念。

(2)人际合作教育

合作是指，个人或群体相互之间为达到某一确定目标，通过协调作用而形成的联合行动。它包括，集体或个体内的个人和平共处，并有团体的共同目标、凝聚力和团队精神，也包括能与团体外的个人、集体等谋求共同利益、实现双赢等。② 本书中的人际合作教育是指为使老年人团结一致完成某项活动，从而加强老年人之间的团体凝聚力。

有些老年人想结交一些新的朋友，通过人际交往的沟通的技巧与知识以及共同开办活动，能帮助他们结交更多志同道合的友人。对于一些失孤老人来说，他们最需要的是陪伴，是能有无话不谈的朋友。人生的任何阶段，朋友都是相对于家人来说，最亲密的存在。开展人际合作教育，在使老年人获取知识与经验的同时，也能促进人际和谐。

(3)卫生保健教育

卫生保健教育是指对老年人传授卫生保健基础知识，并教授卫生消毒、传染病预防管理以及营养膳食管理等基本技能。

卫生保健教育能让老年人学会如何科学、有效地保证自己身体的健康发

① 闫方圆：《高校女硕士研究生心理健康教育研究》，硕士学位论文，中国矿业大学，2020 年。

② 谢穑：《语文教育中的合作教育》，硕士学位论文，湖南师范大学，2004 年。

展。对老年人传授适当的保健知识与技能,让他们在家也能保护好自己的身体。老年人都希望不给自己的子女增加麻烦,希望自己能变得更好,对于不法分子来说,这种心理正是他们"赚钱"的方法,打着保健品的口号,卖着不知出处的药。科普教育最大的优势在于,能让老年人对于常识性知识有足够了解,不盲听、盲信他人不科学的说法。

除上述供给内容之外,老年教育服务供给的内容还有文学赏析、马克思主义哲学教育、语言学教育等,更偏重于知识积累的教育。就文学赏析而言,很多文学作品在不同年龄阶段阅读会有不同的体验与感悟,心灵的升华对于老年人来说难能可贵。语言学的学习,能让老年人多学一门语言,多阅读国外优秀作品集,体会他国的文化历史渊源。

(三)老年教育服务供给方式分析

鉴于政府在老年教育服务供给主体中发挥着主导作用,参照国内外经验和现存服务供给方式,老年教育服务的供给方式主要包括政府购买服务、委托授权、合同外包、特许经营等方式。

1. 购买服务

政府购买服务最初应用在社会福利领域,是指政府在社会福利预算中拿出经费,向各类提供社会公共服务的社会服务机构,直接拨款资助服务或公开招标购买社会服务。政府购买服务是帮助调适人群的福利方式。政府首先向社会公布社会福利服务的预算,并公布政府购买服务的价格、服务的数量和与服务要求相关的各项质量指标,那些从事社会公共服务的非营利部门、社会服务组织、社会福利服务组织,将通过投标的方式,在中标后拿到政府购买服务的拨款,并按照政府的要求完成服务。[①]

① 齐海丽:《我国城市公共服务供给中的政社合作研究》,上海交通大学出版社 2015 年版,第 82-84 页。

政府购买教育服务，是教育服务公私合作的主要形式，即政府通过与非政府部门签订合同等方式建立购买关系，由私人企业或社会组织来直接进行教育服务的生产和递送。政府部门依据私人企业或社会组织所提供教育服务的数量和质量，以公共财政全部或部分地支付费用，政府主要是买者的角色。[①]《国家中长期教育改革和发展规划纲要（2010—2020年）》明确提出："各地可从实际出发，开展公办学校联合办学、委托管理等试验，探索多种形式，提高办学水平。"政府购买教育服务的产生就是要摒弃政府垄断后产生的不良后果，激发外部力量的活力，吸引外部教育资源，提升教育服务的效能，满足公众多方面需求。

政府购买教育服务主要包括购买主体、购买客体和购买内容三个方面。针对老年教育服务体系，购买教育服务的主体是政府；购买教育服务的客体包括社会组织与市场组织；购买教育服务的内容包括各种形式的教育服务，具体为教学服务、养老服务等。

我国政府购买教育服务基本方式为合同制和直接资助制。合同制就是政府与社会组织或市场组织，双方就文件内容确定合作双方享有的权利与应履行的义务以及应承担的责任，进行签订合同。直接资助制是指，政府对承担教育服务的机构给予优惠政策与财政补贴。政府购买模式为非竞争性购买。我国教育服务的政府购买模式就教育类的社会组织和政府之间的独立关系而言，正在从相互依赖走向相互独立；就购买程序所具有的竞争性而言，多数的购买模式都属于非竞争性购买，而能达到竞争性购买的只占少数。

老年教育服务政府购买的应用，首先，要成立专门开展老年教育服务的机构。这种机构大都是非营利性的社会组织。这一机构的主要工作包括：第一，审核需要进行老年教育服务的对象。依据各地实际，确定需要进行老年教育的对象，适度扩大政府购买服务对老年教育的普惠程度。第二，核定老

① 刘璐等：《中国教育服务公私合作研究》，人民出版社2019年版，第204-207页。

年教育服务的基本内容。切实依据当地老年人的需求,审核设立服务内容。第三,检查和监督养老服务的质量。老年教育服务内容的落实与质量的保证都离不开对老年教育服务的跟踪调查。其次,政府制定相关政策支持老年教育服务机构。政府要对老年教育服务提出标准化与规范化的要求,并提出“政府扶持、非营利性组织运作、社会参与”的工作思路。最后,政府通过财政政策或是其他方式合理规范这一组织的行为。

2. 委托授权

委托授权又称转授权,为系统中的一个用户(委托者)将自己或自己从他人那里获得的权限赋予其他人(受托者)。[①] 委托授权是按照程序将一部分政府享有的权利(很大一部分是执行权)转移给某个机构和组织。[②] 依据搜集到的文献,委托授权依据需求分为三种情况:角色备份、权利分配和协同工作。

角色备份是指因某些原因缺席职位,将工作一部分或者全部委托给他人,让他人完成工作,使得工作顺利进行。例如,政府无法直接对老年人进行教育,所以聘请专业教师,将教授内容教给老年人。

权利分配是指细化岗位职能与增添新部门时,在该组织中自上而下进行委托授权,例如高校获取学位授予权。

协同工作是指为共同完成某项任务,需要与其他组织或组员合作,通过委托机制授予对方权限,以保证工作顺利开展。

3. 合同外包

合同外包是指政府通过与私营企业签订协议或(合同),由政府付费,委托它们生产政府向社会提供的物品和服务,再由政府供给社会的一种公共治理模式。这种模式是政府和其他社会组织在社会化分工基础之上,以市场交

---

① 韩永征:《基于约束的委托授权研究》,硕士学位论文,重庆大学,2011 年。

② 姜智彬著:《媒体服务供给的公共治理研究》,世界图书出版社 2015 年版,第 69 页。

换方式合作提供公共物品和服务。合同外包中政府向承包商支付费用,用以购买老年教育服务的产品,再将购买到的产品提供给老年人。[①]

合同外包的选择对象一般都是社会组织与市场组织。在进行合同外包时,要选择合适的合同外包服务项目,并不是所有的老年教育服务都可以外包,一些具有决策性和方向指导性的项目还是应由政府统筹规划。在选择合适承包商时,要考虑老年教育服务产品的价格、质量、实力、信誉等因素,要保证合理、公平、公正。此外,要实施有效的合同监督,合同内容的有效实施离不开严格监管,在维护合同条款的正常落实的同时要保证承包商提供的服务在可接受的范围内,保证施行对象的权益。最后,要对合同的风险进行控制与处理,在外包合同中,需要规避风险,进行风险预防,严重时需要进行调研并及时制定出解决方案,最终使得整个外包工作顺利进行。

4. 特许经营

特许经营是公共物品供给引入市场机制的另一种重要形式。特许经营适合公共领域中具有社会性、公益性、共享性、使用边际成本低、时空性、投资规模大和使用寿命长等特性的公共物品。特许经营的主要目的在于"以私补公",一方面,弥补政府财力不足,无法大规模进行老年教育服务的投资;另一方面,政府也想借用市场机制的优势,达到老年教育服务的有效供给和节约政府成本的目的。[②]而特许经营模式中,企业向政府支付费用以获得老年教育服务特许的经营权利,然后企业通过向老年人出售其生产的老年教育产品和服务而获取利润。

特许经营模式应用最多的是 BT 模式,即建设(Build)- 移交(Transfer),也就是通过招投标事务方式选择社会或市场组织进行老年教育服务产品的生产与开发,完成合同后交由政府使用。在选择特许经营企业时,要进行全面

① 程万高:《政府信息资源增值服务供给机制研究》,科学出版社 2011 年版,第 93-105 页。
② 程万高:《政府信息资源增值服务供给机制研究》,科学出版社 2011 年版,第 93-105 页。

考察,尽量采用公开招标的方式,要做到透明、公开与公正。其中,对特许经营企业的价格管制与质量监督最为重要,要保证在合同合理范围内运行。

除了上述供给方式,还有志愿服务、个人出资等方式。例如,社会团体为社区养老机构开办文艺会演、个体出资办书画展览等。

关于志愿服务,联合国将其定义为"不以利益、金钱为目的、不计报酬,旨在增进他人和社会的福祉的兼职的个体行为"。《中国注册志愿者管理办法》第四章第十二条规定,志愿服务是指"志愿者不以物质报酬为目的,利用自己的时间、技能等资源,为国家、社会和他人提供服务的行为"。也有学者将组织或个人自愿无偿贡献时间、技能等资源为国家、社会和他人提供服务的公益活动定义为志愿服务。[①] 本书认同《志愿者服务条例》中对志愿服务的定义,即志愿服务是指志愿者、志愿服务组织和其他组织自愿、无偿向社会或者他人提供的公益服务。

联合国秘书长在第七十三届联合国大会上,做了关于《将志愿服务纳入〈2030年可持续发展议程〉行动计划》的报告,致力于推动志愿者服务机构可持续发展。志愿服务具有公益性、公共性、无偿性。志愿团体包括各种正规和非正规的活动和组织。这种志愿团体,有全国性的也有小规模性的,有个人自发开展的也有团队自发组织的,有以学习为目标的也有以培训为目标的。

(四)老年教育服务供给保障机制分析

供给保障机制可以保证体系正常运作。本书认为,老年教育服务供给保障机制应包括:政策供给、经费供给、师资供给、学习资源供给、教学服务供给、监管服务供给、出口服务供给和其他服务供给保障。我们在这里主要探讨以下几个方面:

---

① 孙卓君:《我国志愿服务发展中的政府责任研究》,硕士学位论文,曲阜师范大学,2020年。

1. 老年教育服务的政策保障供给

政策供给贯穿整个老年教育服务供给体系,对整个体系有导向的作用,保证老年教育服务体系朝着正确的方向运作。从政策本身来看,国家出台的政策法律文件是通过大量的调研汇集梳理后的宏观计划,能在很大程度上呈现老年人在老年教育服务方面的需求。国家规定的政策文件具有法律效力和强制性,能在一定程度上保障政策对象的合法权益。从政策执行主体上看,通过购买服务获取经营权利的社会组织与少数市场组织,在各种优惠政策的倾斜下,法律文件以外在形式,规范它们的行为、合理利用外在资源的优势、落实老年教育服务相关的条目内容。从政策的服务对象上看,政策能给予老年人享受老年教育服务应有的权利,多种老年教育服务供给形式,不仅能让老年人拥有更多的选择,也缓解了老年大学形式单一、“一座难求”的困境。

2. 老年教育服务的经费保障供给

经费供给是老年教育服务供给体系的动力。组织或者市场的运行需要依赖资金的投入。一个体系要正常而顺利地运转,需要使用资金购买劳动力以及大型设施与设备。资金供给一旦断裂,整个体系的运转速度就会渐渐缓慢最后趋近于零。随着我国老年人口的老龄化趋势严重,现存的老年教育服务事业以及产品,都无法满足老年人对于美好老年教育服务的需要。只依靠财政拨款与补贴建设老年教育服务,是远远不够的。所以,老年教育服务体系需要多元主体供给,需要激活外部市场,无论是市场组织还是个人,集聚各方力量,推进老年教育服务体系现代化建设。

3. 老年教育服务的师资保障供给

师资供给是老年教育服务体系的直接实践者。老年教育服务体系的供给内容需要供给主体去制定,更需要教师作为直接实践者去践行。从师资培养上看,老年教育服务中对老年人教育离不开专门人员的知识传授,以及对教师或者志愿者进行专业的培训,专职人员无论是在专业素养还是相关知识储备方面都要比业余性质教师更强。在老年教育方面的师资培养不足,高校开展老年教育专业少之又少。老年教育服务亟待专业师资人员建设老年教育事业,创造或是优化老年教育服务产品。

4. 老年教育服务的管理保障供给

老年教育服务的管理保障供给主要包括学习资源供给、教学服务供给、监管服务供给、出口服务供给等等。

(1)学习资源供给

学习资源供给是老年教育服务体系的重要内容。学习资源是老年人学习的依据或实践的对象。它包括:教材、资料、设备等专门设计的资源以及戏剧、博物馆等学习场所的非专门设计的学习资源。学习资源就是感觉内容的直接体现,也间接反映出决策者的意志与供给主体的愿望。学习资源供给充足,能缓解教育场所与设施不足的现状,能让老年人通过多种途径学习自己感兴趣的知识与技能。

(2)教学服务供给

教学服务供给是老年教育服务体系的必要环节。教学服务包括教师的课堂教学与管理、学校管理环境以及管理人员的状态。师资队伍状况、管理层面的好坏都是教学服务供给的影响因素。例如,在对老年人开展教学时,要针对老年人这个群体的特殊性,采用不同于学生的教学方式教授老年人学习相关知识与技能。

(3)监管服务供给

监管服务供给是老年教育服务体系的关键。老年教育服务体系中供给内容的落实离不开对其进行的监督与管制。从法律层面,依法定政策文件,依法监管。在社会组织和市场组织中,可依据组织中的规定与章程进行监察。在个体经营中,则以法律文件或道德准则进行监督与管理。只有向老年人提供监管服务,让老年人自发对供给内容落实进行监督与管制,才能尽快进入老年教育完善期,实现老年教育服务的可持续发展。

(4)出口服务供给

出口服务供给,是指保障接受过老年教育的个体或群体与其再就业的实现和精神生活的改善渠道输出的合理运行。老年教育服务的产品输出,包括人力资源输出以及关于老年教育服务产出成果在生产生活中的应用。以老有所学实现老有所为,进而实现需求主体的个人价值,通过再就业与创新技艺满足社会生产生活的需要。在老年人接受了文体娱乐休闲教育,学习了绘画、歌舞、书法后,需要提供平台让老年人展示他们的风采。例如,老年人再就业;开办书画展览、举行歌舞表演或是举办写春联等活动。

除上述供给保障机制外,还包括沟通机制、利益分配机制以及风险预测发展保障机制等。沟通机制,就是让各组织内部多方沟通,及时对重大事件做出决策,形成合力推动老年教育服务供给体系健全发展。利益分配机制是指,要明确合作双方的利益边界,杜绝因利益分配而产生的不良后果。风险预测发展保障机制主要是对老年教育服务供给体系在运行过程中出现的危机进行预测,并做出合理应对。

第四章　我国老年教育服务供给现状及满意度调查研究

我国进入新时代,人民日益增长的对优质教育的需求与教育发展不平衡不充分之间的矛盾成为教育领域的主要矛盾。新时代的新矛盾、新任务也促使我国老年教育服务的需要日益强烈。随着老龄化的数量增加和程度加深,不断扩大的老年群体对老年教育的需求将愈加迫切。为了搞清楚我国老年教育服务供给的现实情况,我们采取了问卷调查法和专家访谈法对我国老年教育服务供给现状及满意度进行调研。

一、研究设计

(一)问卷的编制和使用

1. 问卷设计的主要内容和指标

关于我国老年教育服务供需现状的了解和掌握,我们特编制了 2 份调查问卷:一是《我国老年教育服务供给现状调查问卷》(老年教育服务从业人员版)(附录 1),二是《我国老年教育服务供给的满意度及需求调查问卷》(附录 2)。两份调查问卷是从老年教育服务供给的现状、服务内容、供给方式、服务质量、监管情况及加强和提升老年教育服务供给质量和水平等问题进行调查了解。同时,还编制专门的访谈提纲(附录 3 和附录 4),访谈了 105 名老年人和 25 名从事老年教育服务管理工作和研究工作的专家、学者,以期对现阶段我国老年教育服务供给现状有一个全面客观的了解和掌握。

《我国老年教育服务供给的满意度及需求调查问卷》分为两部分:第一部分包含性别、年龄、文化程度、离退休前的工作、收入情况、婚姻状况、居住情况、所在地区和居住地方九个基本特征;第二部分从“老年人教育供给方式”“老年人教育服务”“老年人教育资源”“老年人接受教育结果”和“设备及设施”等方面评测老年人对于老年教育服务供给的满意度。这一部分采用李克特 5 级正向计分量表,测量有关老年人教育满意度的前因变量和结果变量指标,对所有变量的赋值均从高到低排列,“非常满意”为 5,“满意”为 4,“一般”为 3,“不满意”为 2,“非常不满意”为 1。首先,问卷根据已有文献进行多轮设计,然后由经验丰富的多名专家审阅,并修改完善,接着优化问卷指标体系,最终确定量表。量表最终形成 12 个测量指标(见表 4–1)。

表 4–1　老年教育服务满意度测量表

因变量	结构变量	指标内涵	测量指标
老年教育服务满意度	老年人教育供给方式	包括供给方式、老年人对老年教育的了解途径和供给政策的满意度	供给的方式
			了解的途径
			供给的政策
	老年人教育服务	对教育服务人员和教育教学服务方面的满意度	教育服务人员
			教育教学服务
	老年人教育资源	对资源分配、监管方式和服务内容的满意度	资源分配
			供给的监管
			服务的内容
	老年人接受教育结果	对接受完教育和供给整体的满意度	接受完老年教育之后的现状
			供给整体情况
	设备及设施	对教育机构和教育活动安排的满意度	教育机构
			教育活动

2. 数据收集及样本特征

本书以全国60岁及以上老年人为研究对象，于2020年5月至2021年3月期间，借助“问卷星”面向全国公开发放《我国老年教育服务供给的满意度及需求调查问卷》和《我国老年教育服务供给现状调查问卷（老年教育服务从业人员版）》，截至2021年3月25日共收到来自安徽、北京、福建、甘肃、广东、广西、贵州、海南、河南、湖北、湖南、江苏、辽宁、宁夏、山东、山西、陕西、上海、天津、四川、西藏、浙江、重庆23个省、自治区、直辖市的问卷分别为1318份和1466份，其中有效问卷分别为1314份和1462份。根据问卷的特点，本书将问卷数据导入SPSS 25.0软件，采用Cronbach's α系数对《我国老年教育服务供给的满意度及需求调查问卷》和《我国老年教育服务供给现状调查问卷（老年教育服务从业人员版）》数据进行信度和效度分析，分析结果如表4-2和表4-3所示。

表4-2　我国老年教育服务供给满意度及需求调查问卷的Cronbach's α系数

Cronbach's α	基于标准化项的Cronbach's α	项数
0.752	0.748	20

表4-3　我国老年教育服务供给现状调查问卷的Cronbach's α系数

Cronbach's α	基于标准化项的Cronbach's α	项数
0.736	0.727	15

通常，Cronbach's α系数越高，则问卷数据的信度和效度越高。由表4-2可以看出，我国老年教育服务供给的满意度调查的Cronbach's α系数为0.752，基于标准化项的Cronbach's α系数为0.748，这表明《我国老年教育服务供给的满意度及需求调查问卷》的内部一致性很好；由表4-3可以看出，我国老年教育服务供给现状调查的Cronbach's α系数为0.736，基于标准化项的Cronbach's α系数为0.727，这表明《我国老年教育服务供给现状调查问卷（老

年教育服务从业人员版)》的内部一致性很好,即实测回收的数据具有较好的稳定性,可以将其作为我国老年教育服务供给现状调查和满意度调查的测量工具。

参与《我国老年教育服务供给的满意度及需求调查问卷》的 1314 份有效问卷样本中,年龄在 60—65 岁的人数为 511 人,年龄在 66—70 岁的人数为 292 人,年龄在 71 岁及以上的人数为 511 人,详情见表 4–4。

表 4–4　问卷调查样本的年龄分布统计表

年龄段	人数	占参与总人数的比例
60—65	511	38.9%
66—70	292	22.2%
71—75	235	17.9%
76—80	133	10.1%
80	143	10.9%
总计	1314	100.00%

参与调查的 1314 份有效问卷中,来自东部、中部和西部老年人的具体情况见表 4–5。

表 4–5　问卷调查样本的所在地区分布统计表

地区	人数	占参与总人数的比例
东部	255	19.4%
中部	439	33.4%
西部	620	47.2%
合计	1314	100.0%

(二)访谈提纲的编制和使用

为了对老年教育服务供给的主体、内容、方式、保障机制等有更好的了解,同时也为了通过访谈能为问卷编制收集一些相关资料和题项,在阅读大量文献和实地考察的基础上，针对老年人和老年教育服务供给的从业者还分别编制了《我国老年教育服务供给相关问题访谈提纲（老年人）》（附录3）和《我国老年教育服务供给相关问题访谈提纲（从业人员）》（附录4）两份访谈提纲，与105名老年人和25名从事老年教育服务管理工作和研究工作的专家、学者进行面对面的对话交流，以期对现阶段我国老年教育服务供给现状有一个全面客观的了解和掌握。该访谈属于非结构式访谈，通过面对面的方式，以一对一或一对多的形式进行访谈。

1. 资料收集

本书以目的性抽样的方式，抽取了105名老年人和25名从事老年教育服务管理工作和研究工作的专家、学者进行访谈。主要让被访者围绕访谈提纲讲述自己对老年教育问题的认识和看法。研究者用录音笔记录整个谈话过程。

2. 资料整理

研究者将访谈录音逐字转录为文本。以人名拼音首字母为编号和文件名，全部导入Nvivo10软件中，为每一位访谈者建立一个文件夹。首先，在反复阅读文本后，研究者对原始资料进行了一级编码（开放式编码），以一种尽量不带理论框架的态度，对被访者表述的想法和事件进行逐一编码。其次，研究者进行了二级编码（轴心编码）。经过比较与分析，研究者对一级编码形成的代码清单进行分类，从中提取出四个范畴，作为老年教育服务供给构成要素，即供给主体、供给内容、供给方式、供给保障。最后，研究者进行了三级编码（核心编码）。研究者对上述四个范畴做了进一步分析与归类。

二、问卷数据统计分析

（一）《我国老年教育服务供给现状调查问卷》数据统计分析

《我国老年教育服务供给现状调查问卷》是从老年教育服务供给主体、供给内容、服务方式、供给保障机制等四个方面对现阶段我国老年教育服务供给实际情况进行的调研。具体调查结果分析如下。

1. 关于老年教育服务供给主体

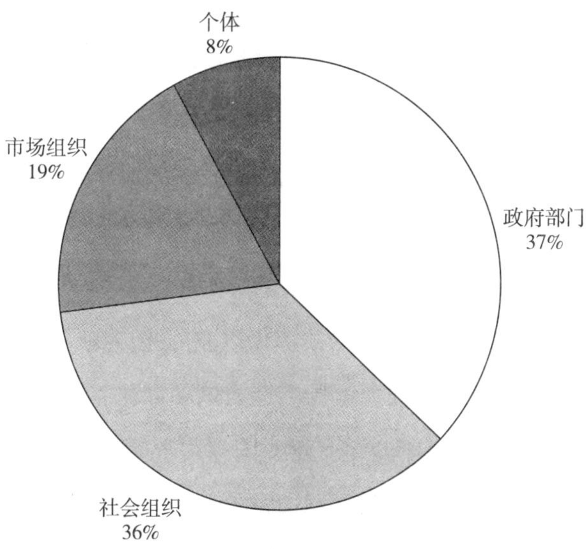

图 4–1　老年教育服务供给主体统计图

图 4–1 是根据问题“您认为老年教育服务供给主体都包括谁?”绘制的饼图，其中 37% 的被调查者认为老年教育服务供给主体是政府部门，36% 的被调查者认为老年教育服务供给主体是社会组织，19% 的被调查者认为老年教育服务供给主体是市场组织，8% 的被调查者认为老年教育服务供给主体是个体。

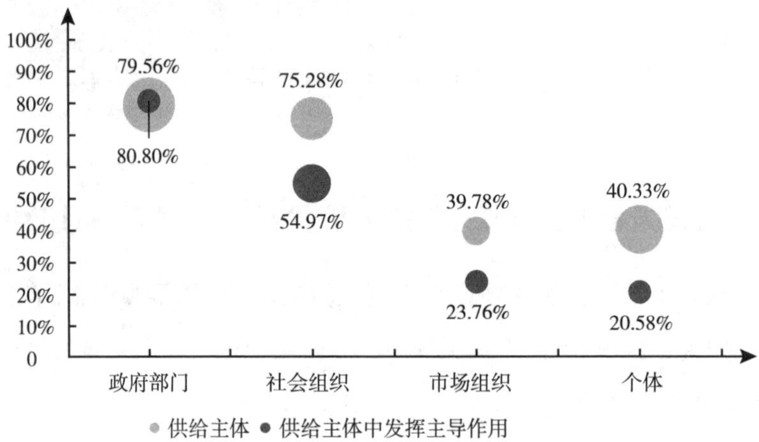

图 4–2　老年教育服务供给主体及供给主体中发挥主导作用统计图

从图 4–2 可以看出,政府部门在供给主体和供给主体中发挥主导作用的占比都非常明显,社会组织次之,市场组织在供给主体中最小为 39.78%,个体在供给主体中发挥主导作用最小为 20.58%。

从调查结果我们可以判断:我国老年教育服务供给多元主体格局尚未形成。老年教育服务具有公益性特点,市场组织有利益驱动倾向,社会组织和个人力量相对薄弱的影响,政府仍是最主要的供给主体,四位一体的供给主体格局并未真正形成。我国的老年教育仍以政府主办的老年大学为主,只有少量的社会企业进入老年的教育市场。造成这种局面主要是因为:

(1)政府权责管理不精、权责不清。国家虽然制定了老年教育的规划,但老年教育事业并未纳入国家教育管理的制度范畴,各项教育事业相关统计中也没有老年教育。在老年教育服务行政内部,并没有设立职责分明专门致力于老年教育供给的管理或职能部门。老年教育的管理部门有些地区属于老干部局管,有些属于教育局或者民政局管理,没有形成统一的管理体制和执行机构,三个不同的管理机构各自为政、责权不明、资源浪费现象比较突出。

(2)政府部门重视程度不够。与终身教育相适应的老年教育并未拥有同基础教育和高等教育同等的待遇。我国明确规定政府投资教育经费的比例要占国民收入的 4%。2019 年,全国经费总投入为 50175 亿元,除了学前、义务、高中、高等教育的经费外,全国其他教育经费总投入 2402 亿元,占总经费的 4.7%。经费投入的不充足也体现了老年教育服务发展的不充分。

(3)社会组织、市场组织和个人虽发挥着比较重要的作用,但仍存在一些冲突和矛盾。由于地区经济发展不均衡、活动资金匮乏、法律法规不健全、认知偏差,因此在目标、资源配置效率、社会公正等方面的矛盾就凸显出来。

通过对老年大学的调研,老年教育服务的提供者主要是政府。其中老年教育服务的设施和场地由政府投资建设。负责老年教育服务的一些人员都是兼职从业人员,缺乏专业的知识,影响了老年教育服务的质量。由于老年教育活动基本都在周末,愿意从事老年教育服务的专业人员数量少。其次,从事老年教育服务的人认为待遇较低,降低了其工作的积极性。[①]老年教育服务没有引起有关部门的足够重视,直接影响了老年教育服务的质量。

2020 年 9 月教育部等九个部门联合印发的《职业教育提质培优行动计划(2020—2023 年)》提出“完善服务全民终身学习的制度体系”,鼓励职业学校积极参加老年教育,并遴选出 500 个左右社区示范基地和老年大学示范学校。[②] 通过多元主体参与老年大学的建设,提高了老年教育的质量,提升了老年群体的生活品质。老年教育供给主体仍然是以政府为主导的,但从以政府为主逐渐向社会组织、市场组织和个体等多元主体并存的趋向发展。同时,多元主体的准入、评价、监管应该建立科学、可操作且具有弹性的标准,最终建立共建、共享、共创的新型老年教育供给机制。

---

① 汪泳:《社区居家养老服务供给侧改革的实践与创新》,人民邮电出版社 2010 年版,第 50–52 页。

② 教育部、国家发展改革委、工业和信息化部、财政部、人力资源社会保障部、农业农村部、国务院国资委、国家税务总局、国务院扶贫办:《职业教育提质培优行动计划(2020—2023 年)》,2020 年 9 月 16 日,见 http://www.gov.cn/zhengce/zhengceku/2020-09/29/content_5548106.htm。

2. 关于老年教育服务供给内容

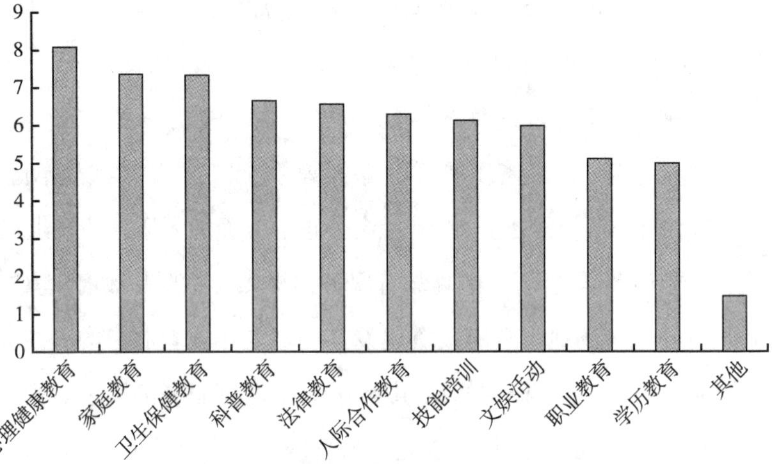

图 4–3　老年教育服务内容需求得分统计图

从图 4–3 可以看出:在老年服务教育中,老年人对心理健康教育、家庭教育和卫生保健教育的需求较高,而对学历教育的需求较低,所以我们应该更多地关注老年人的心理健康、家庭和卫生保健教育。

马斯洛认为人的需求是按层次实现的,只有满足了低层次需求,才能实现高层次的需求。依据马斯洛需求层次理论对老年教育服务层次进行分析,老年教育服务层次包含了生理、安全、交往、精神和自我实现五个层次。[①] 生理和安全需求是老年教育的最低要求,只有健康的身体才会有教育的可能和条件。精神层次则体现出对文化生活的诉求,老年教育需要内容丰富、形式多样的教育内容和方式,使之不断适应自身的追求和社会的发展。第五个层次自我实现是人类的最高境界,是个人的解放。在自我实现方面的需要,则包括"老有所为""老有所学",老年人通过发挥自己对社会的余热来实现自己

① 张博、王争录:《"互联网 +"战略下老年教育供给的转型与变革》,《成人教育》2018 年第 12 期。

对社会的价值,从而获得自我满足,也是社会需求的一种自我肯定。鉴于多层次人才的培养机制,学校在老年人服务内容的设置和专业化上应当建立以知识模块为基础的多样化专业的培养方式,充分体现老年群体的自主性和需求性。①

3. 关于老年教育服务方式

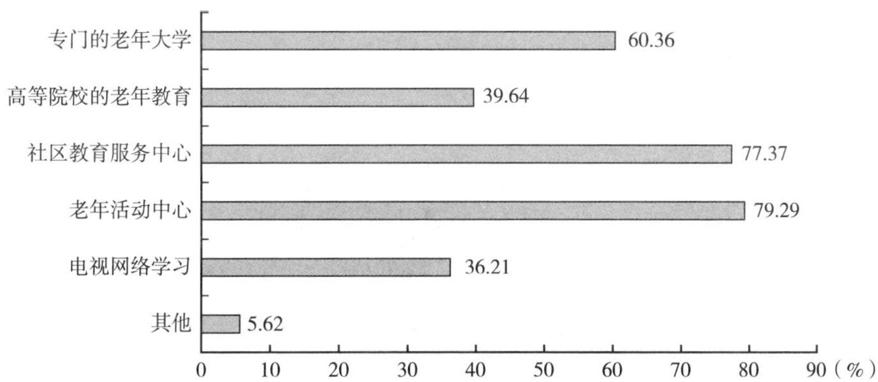

图 4–4　老年教育服务方式调查统计图

从得到的统计结果可以看出,60.36% 的老年人通过专门的老年大学进行学习,39.64% 的老年人通过高等院校的老年教育开展学习,77.37% 的老年人通过社区教育服务中心进行学习,通过老年活动中心展开学习的老年人最多,占比 79.29%,36.21% 的老年人通过电视网络学习,5.62% 的老年人通过其他的方式学习。

通过图 4–4 可以看出:老年人对于设立专门的老年大学、社区教育服务中心和老年活动中心的呼声是最高的,这也从侧面反映出老年教育模式单一。老年教育事业主要通过老年活动中心和老年大学来完成,老年人自身的观念和认知、操作能力极大地限制了老年教育服务的发展,老年教育主要是通过线下学习完成课程。老年群体的身体因素和对信息化更新速度的操作

① 李永民、郭昌炤:《中国多层次老年服务教育的人才培养》,《社会福利》2012 年第 2 期。

能力差异，使得"互联网+老年教育"在实践中难以执行。这样就造成了场地有限、资源短缺、人员缺口大、服务不到位、覆盖面小，老龄群体得不到教育满足。老年教育不能充分体现人性化和社会化教育。其次，老年教育服务还包括图书馆、社区教育等途径，但因经济发展状况不同，除了由政府资助的老年大学以外，图书馆、社区的老年教育服务在很多社区得不到满足和落实，所在区域的老年教育服务也得不到保障。

4. 关于老年教育服务供给保障机制

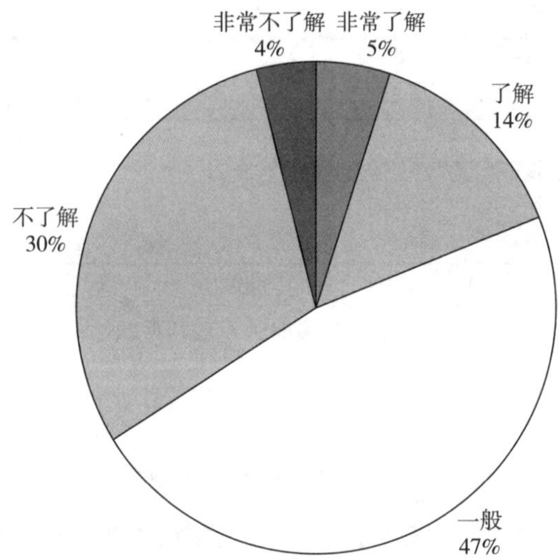

图 4–5　对老年教育相关法律法规和规章制度的了解程度统计图

在调查对老年教育相关法律法规和规章制度的了解程度时，从图 4–5 中可以看出：5% 的被调查者回答"非常了解"，14% 的被调查者回答"了解"，47% 的被调查者回答"一般"，30% 的被调查者回答"不了解"，4% 的被调查者回答"非常不了解"。

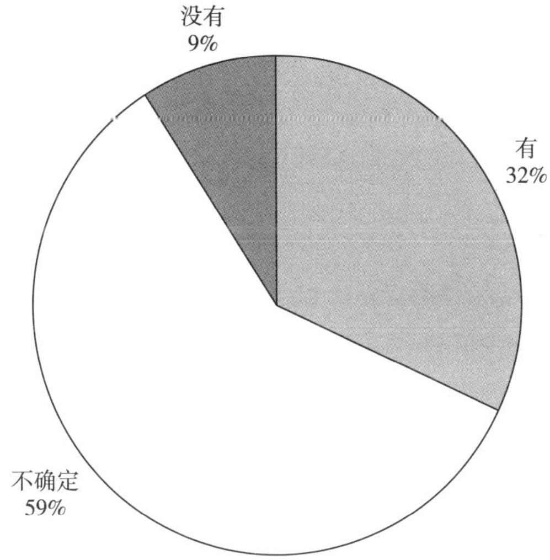

图 4-6　所在地区是否有针对老年教育服务的相关政策法规

关于“您所在地区是否有针对老年教育服务的相关政策法规?”的回答情况如图 4-6 所示,其中 32% 的被调查者认为有针对老年教育服务的相关政策法规,59% 的被调查者持不确定态度,9% 的被调查者认为没有针对老年教育服务的相关政策法规。由此说明,一方面,大多数老年群体对现有老年教育服务政策法规的知晓度不高;另一方面,针对老年教育服务的相关政策法规制定出台得还不够齐备完善。

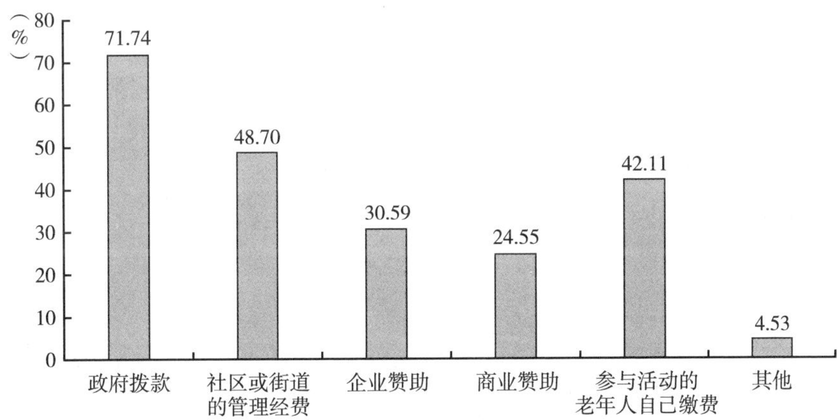

图 4-7　老年教育服务经费来源现状调查统计图

从图 4-7 可以看出:在老年教育服务经费来源中,政府拨款占到 71.74%,社区或街道的管理经费占到 48.70%,而通过参与活动的老年人自己缴费的占到了 42.11%。

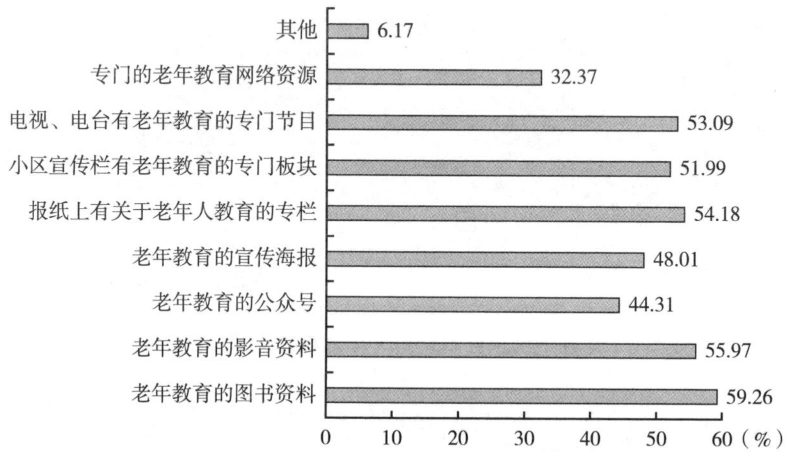

图 4-8　老年教育服务现有学习资源现状调查统计图

从图 4-8 可以看出,在老年教育服务现有学习资源中图书资料、影音资料、公众号、宣传海报、教育专栏、宣传栏、电视和电台节目、网络资源都对老年教育起到了一定的帮助作用。

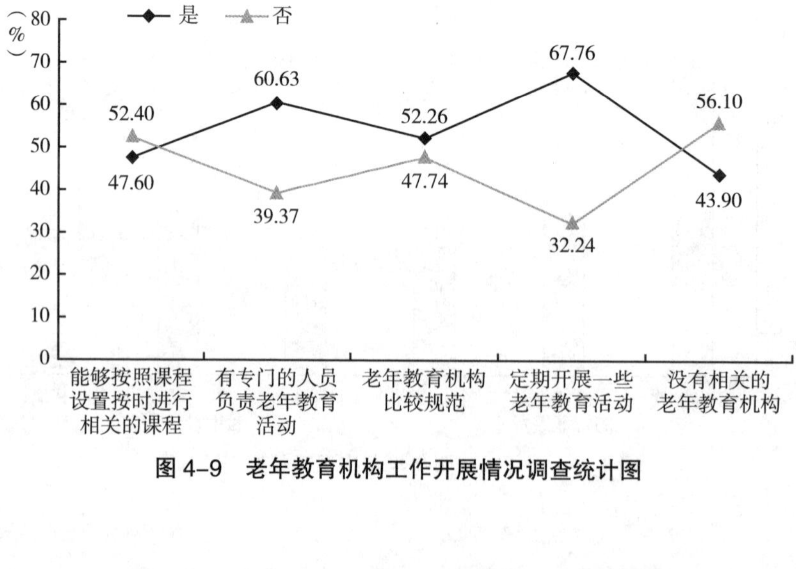

图 4-9　老年教育机构工作开展情况调查统计图

通过图 4–9 统计分析结果可以发现，47.60% 的老年人反映老年教育机构能够按照课程设置按时进行相关的课程，60.63% 的老年人反映老年教育机构有专门的人员负责老年教育活动，一半多的老年人认为老年教育机构比较规范，67.76% 的老年人能定期参加老年教育机构的一些教育活动，56.10% 的老年人没有接触过相关的老年教育机构。

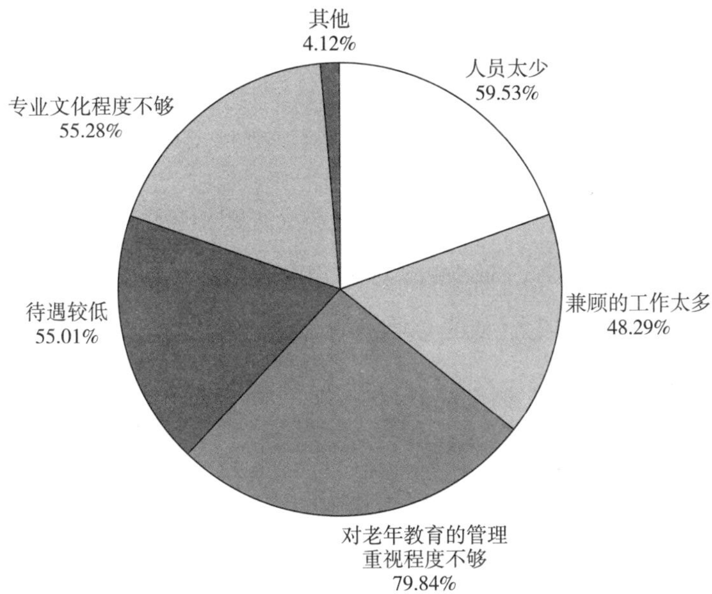

图 4–10　老年教育服务人员可能存在的问题调查统计图

从得到的统计结果可以看出，79.84% 的人认为老年教育服务人员对老年教育的管理重视程度不够，59.53% 的人认为老年教育服务相关人员太少，55.28% 的人认为老年教育服务人员专业文化程度不够，55.01% 的人认为老年教育服务人员相关待遇较低，48.29% 的人认为老年教育服务人员兼顾的工作太多，4.12% 的人认为老年教育服务人员在其他方面也存在一定问题（如图 4–10）。

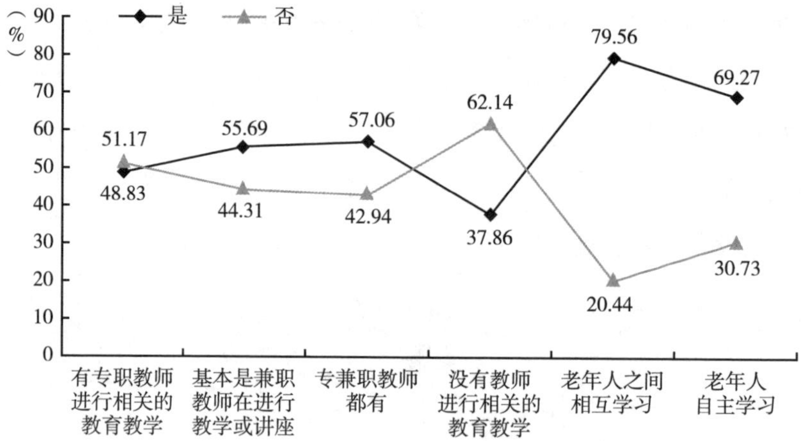

图 4-11　老年教育师资情况调查统计图

在对老年教育师资的情况调查中,老年人之间相互学习和老年人自主学习的比例达到了 79.56%、69.27%,显示在没有教师进行相关的教育教学情况下其所占的比重相对较大(如图 4-11)。

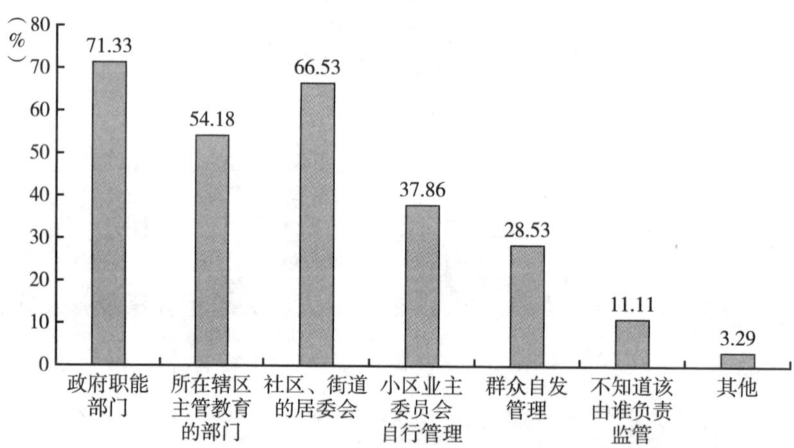

图 4-12　老年教育服务监管主体现状调查统计图

如图 4-12,在对老年教育服务工作应由谁来监管的调查中,我们可以看出,提倡政府职能部门、所在辖区主管教育的部门和社区、街道的居委会来监管的分别占到 71.33%、54.18%、66.53%。

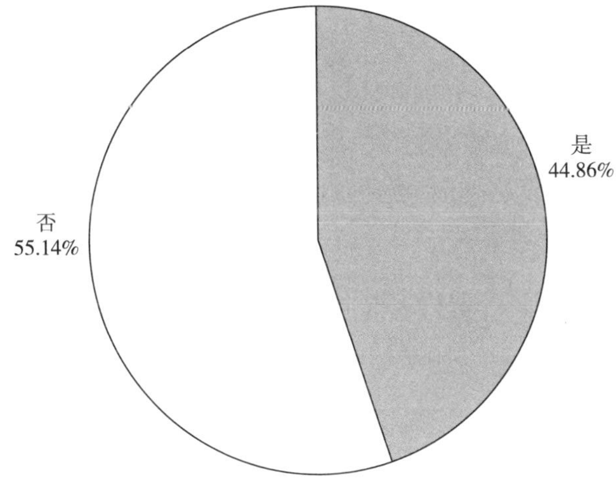

图 4–13　老年教育服务工作监管是否到位现状调查统计图

如图 4–13，在对老年教育服务工作监管是否到位的调查中，我们可以看出，认为监管不到位的比例为 55.14%。具体原因有以下几个：

(1) 政策管理机制分散化。我国目前老年教育，尤其是社区教育中没有统一的机构专门负责，而是由一些部门兼管，由此导致各个部门之间沟通不畅、信息不通，缺乏良好有效的沟通。教育资源得不到很好的整合，工作效率低下，老年教育得不到有力保障。此外，国家对老年教育的政策支持力度不够，教育政策不能及时完善，缺乏系统性和连贯性。同时，我国把教育的重点放到基础教育和高等教育上，忽视了老年教育群体。不健全的管理机制和重视度不够限制了老年教育服务的供给。

(2) 量的供给和质的提升有待扩大和加强。当前我国老龄化数量和程度都在持续加速，亟须大力发展老年教育、创造良好的老年精神生活环境和提供优质的老年教育服务。我国的老年教育体系以老年大学教育为中心，其服务对象主要是离退休干部、教师，教育供给存在着以城市为中心，而忽略广大农村和经济落后地区的老年教育群体的现象。因此，保证老年教育政策制度供给是老年教育供给侧改革的核心任务。[①]

(3)经费供给不足。从各社区和老年学校所获的经费渠道和额度看,社区老年学校经费来源主要依靠政府投入,但政府投入的力度不够、数额很小,以至于老年学校的设施陈旧、场地小,办学条件简陋。因此在政府加大经费投资力度的同时,要激发市场、个人等主体投资的多元化,合理统筹和安排老年教育办学经费,而且经费投入要向偏远和农村地区倾斜,形成政府、市场、社会组织、个体多元主体分担的经费机制,使老年教育的覆盖面更广。

(4)师资供给不足。建设稳定、专业、高素质、充满活力的师资队伍是提高老年教育的重要保障,是加快老年教育事业发展的强大动力。首先,老年学校主要针对学员需求开设班级,按需设岗、按岗择师。老年学校的办学定位使得人员编制、工资待遇和其他层次学校有较大差异。其次,教学目标没有标准化和升学要求。因此,教师普遍存在着专业差异、年龄差异、素质差异等。最后,老年大学属于公益类事业,没有确定编制,教师的归属感较低,很难融入集体中,导致教师的流动性大,专职教师稀缺。我国需专门建设老年教育师资库,为开展老年教育配送师资提供支持。

综上所述,表 4–6 反映了我国老年教育服务供给方式、师资力量、服务质量、监管情况、学习方式等方面整体概况。

表 4–6　我国老年教育服务供给现状统计表

问题	选项	回答人数	百分比
是否有专职教师进行老年教育教学	是	635	48.30%
	否	679	51.70%
是否为兼职教师在进行教学或讲座	是	726	55.26%
	否	588	44.74%

① 赵文君、钱荷娣:《老年教育供给侧改革的方向、路径及保障机制探索》,《职教论坛》2018 年第 6 期。

续表

问题	选项	回答人数	百分比
是否为专兼职教师都有	是	745	56.68%
	否	569	43.32%
是否有教师进行相关的教育教学	是	821	62.50%
	否	493	37.50%
老年人之间是否相互学习	是	1049	79.83%
	否	265	20.17%
老年人是否自主学习	是	911	69.32%
	否	403	30.68%
是否按课程设置按时进行相关的课程	是	616	46.88%
	否	698	53.12%
是否有专门的人员负责老年教育活动	是	791	60.23%
	否	523	39.77%
老年教育机构是否规范	是	677	51.56%
	否	637	48.44%
是否定期开展一些老年教育活动	是	890	67.76%
	否	424	32.24%
是否有相关的老年教育机构	是	741	56.39%
	否	573	43.61%
对老年教育服务的监管是否到位	是	582	44.32%
	否	732	55.68%
所在单位是否为接受过老年教育的人提供再发展机会	是	599	45.60%
	否	715	54.40%

(二)《我国老年教育服务供给的满意度及需求调查问卷》数据统计分析

《我国老年教育服务供给的满意度及需求调查问卷》是从老年人对我国现有老年教育服务供给整体满意度、老年教育机构的服务及硬件满意度、教育服务的内容满意度、教育服务供给方式满意度、教育服务供给的政策满意度、教育教学人员及服务满意度、教育服务供给管理保障满意度等七个方面展开的调研。具体调查结果分析如下。

1. 老年人对老年教育服务供给整体满意度分析

如图 4-14，从得到的统计结果可以看出，老年人对教育服务供给整体情况的满意度一般及以下占比 51.92%，其中 44.71% 的老年人对供给整体的情况的满意度一般，5.93% 的老年人对此不满意，1.28% 的老年人对此非常不满意。说明老年人对教育服务供给整体情况满意度总体不高。

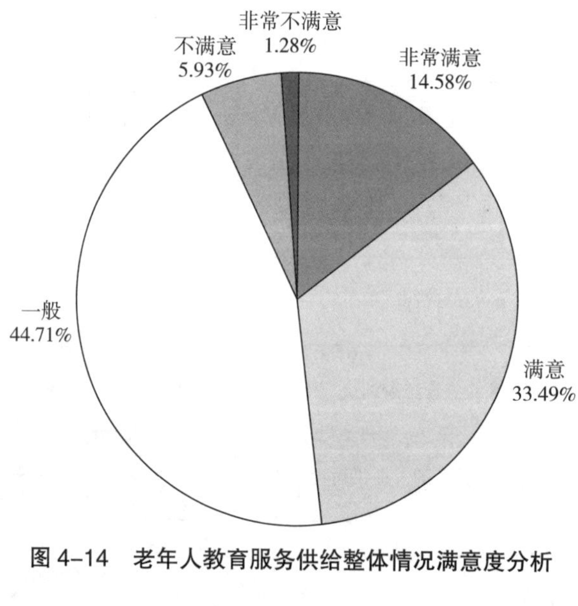

图 4-14　老年人教育服务供给整体情况满意度分析

2. 老年人对现有老年教育机构的服务及硬件满意度分析

结合图 4-15 统计结果可以看出，14.64% 的被调查者对教育机构服务功能表示非常满意，29.60% 被调查者表现出满意态度，但是 46.42% 的被调查者对教育机构服务功能的满意度一般，5.76% 的被调查者对此不满意，1.56% 的被调查者对教育机构的服务功能非常不满意。

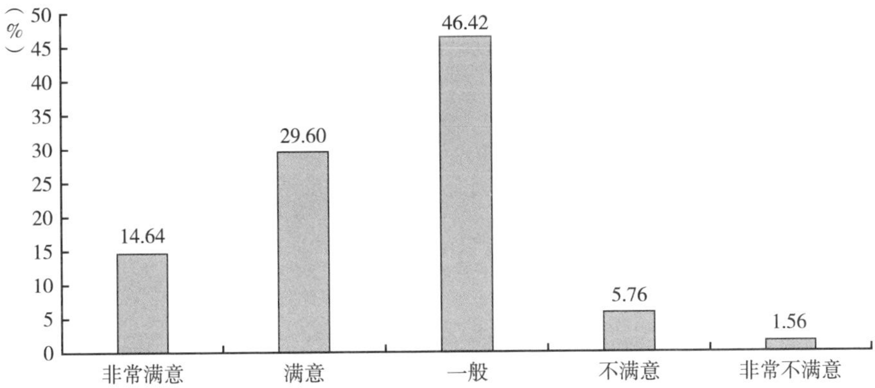

图 4–15　老年教育机构的服务功能满意度分析

如图 4–16，通过统计结果可以发现，被调查者对教育活动的设备和设施的满意度在满意及以上只有 46.73%，不到一半；43.61% 的被调查者认为教育活动的设备和设施一般，6.54% 的被调查者对此不满意，1.56% 的被调查者对相关的设备和设施非常不满意。

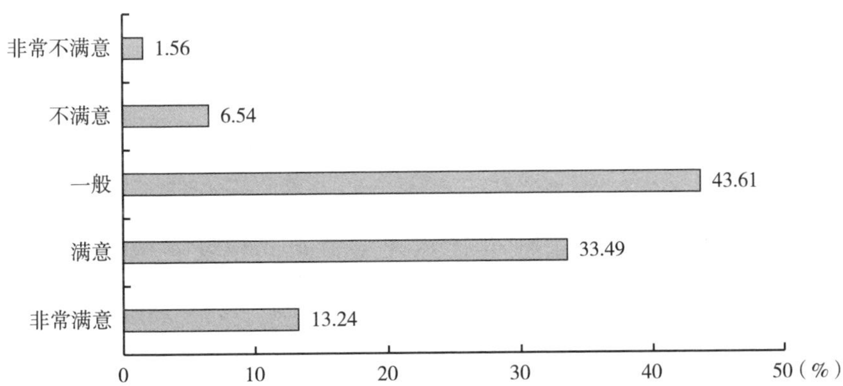

图 4–16　老年教育活动的设备及设施满意度分析

3. 老年人对老年教育服务的内容满意度分析

如图 4–17,通过统计结果可以发现,被调查者对老年教育服务内容的满意度达到满意及以上水平的有 47.54%,略少于被调查者的一半;43.90% 的被调查者认为老年教育服务内容一般;6.81% 的被调查者对此不满意;1.74% 的被调查者对老年教育服务内容表示非常不满意。这反映出相对多数的老年人对老年教育服务供给内容是不满意的。大家对老年教育服务内容的满意程度出现分化现象,可能是教育服务内容对个体的适切性差异所导致的。

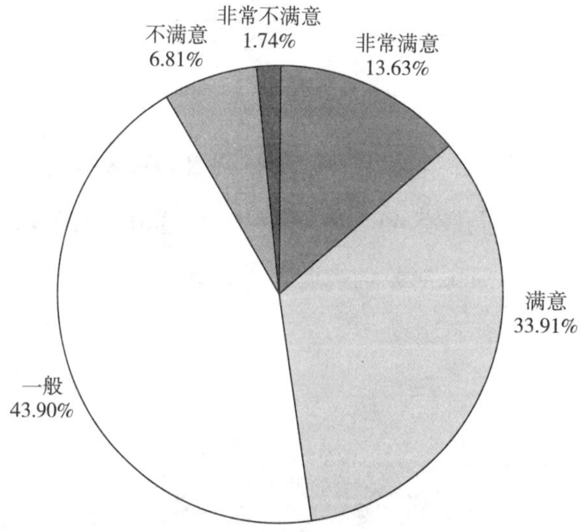

图 4–17　老年教育服务的内容满意度分析

4. 老年人对老年教育服务供给方式满意度分析

如图 4–18 所示,有 45.96% 的被调查者对老年教育服务供给方式的满意度达到满意及以上水平,少于一半;44.85% 的被调查者认为老年教育服务供给方式一般;不满意甚至非常不满意的调查者占 9.19%,这反映出大部分老年人对老年教育服务供给方式是不满意的。

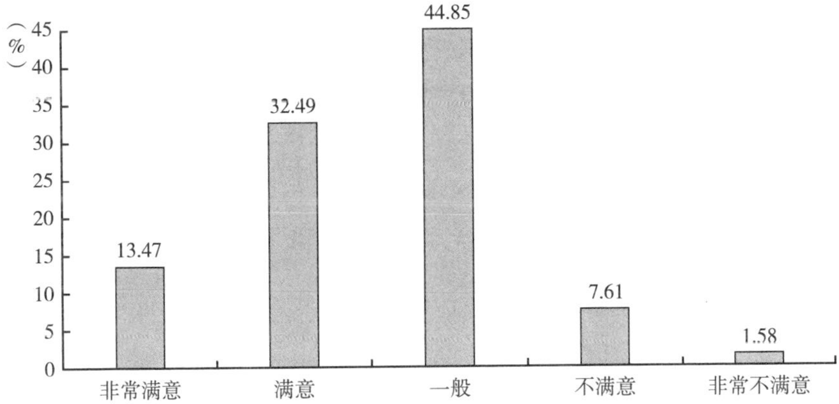

图 4-18　老年教育服务供给方式满意度分析

5. 老年人对老年教育服务供给的政策满意度分析

如图 4-19，通过统计结果可以观察到，只有 12.76% 的被调查者对教育供给的政策非常满意，33.70% 的被调查者对此呈现满意的态度，47.09% 的被调查者对教育供给的政策满意度一般，6.46% 的被调查者对教育供给的政策不满意。可见，人们对老年教育服务供给的政策整体印象不佳。

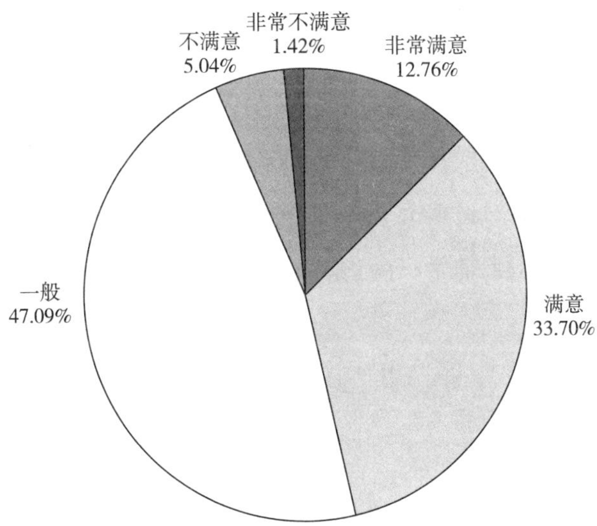

图 4-19　老年教育服务供给的政策满意度分析

6. 老年人对老年教育教学人员及服务满意度分析

如图 4–20,通过统计结果可以发现,被调查者对教育服务人员的态度在满意及以上占比 47.04%,而 45.64% 的被调查者对教育服务人员呈现一般的态度,4.52% 的被调查者对此不满意,1.40% 的被调查者对此非常不满意。

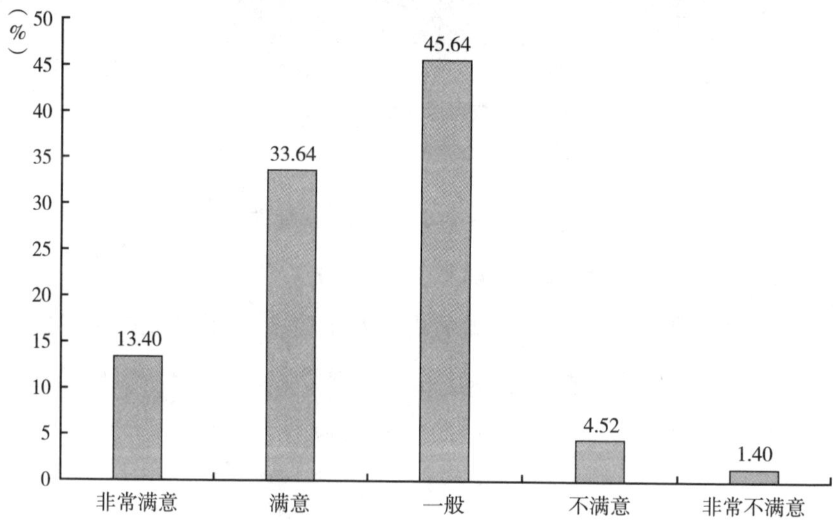

图 4–20　老年教育服务人员满意度分析

如图 4–21,从得到的统计结果可以发现,仅有 44.54% 的被调查者对老年教育教学服务满意(含 13.08% 的被调查者对此非常满意),未超过半数。48.13% 的被调查者对此满意度一般,4.83% 的被调查者对此不满意,还有 1.40% 的被调查者对此非常不满意。

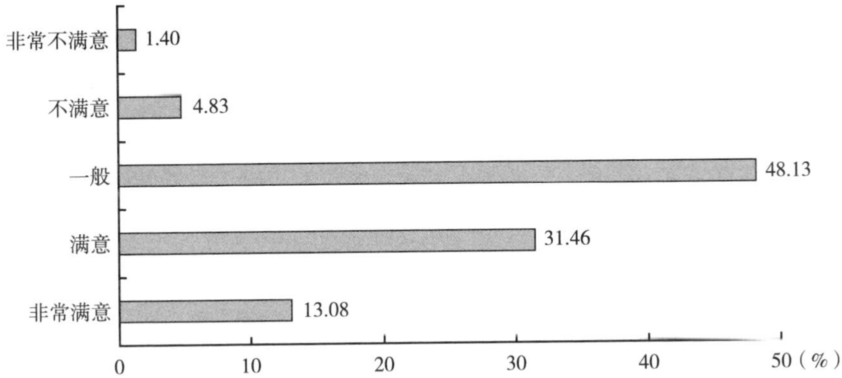

图 4-21　老年教育教学服务满意度分析

7. 老年人对老年教育服务供给管理保障满意度分析

如图 4-22，从得到的统计结果可以发现，13.45% 的被调查者对教育服务供给的资源分配非常满意；31.17% 的被调查者对此表现出满意的态度；但是 8.86% 的被调查者表现出不满意的态度，其中 1.90% 的被调查者对教育服务供给的资源分配非常不满意；46.52% 的被调查者认为老年教育服务供给的资源分配一般化。

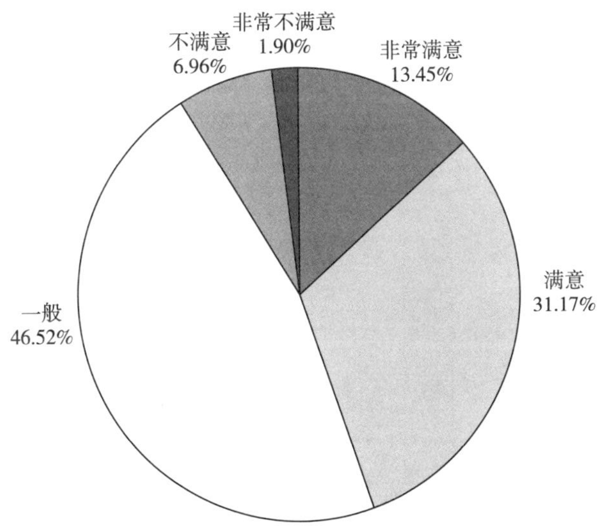

图 4-22　老年教育服务供给的资源分配满意度分析

如图 4–23，结合统计结果可以发现，老年人在对教育服务供给的监管满意度上，12.77% 的被调查者对此非常满意，31.00% 的被调查者呈现出满意的态度，两者相加也未达到半数；但是有 5.45% 的被调查者对此不满意，2.02% 的被调查者对此非常不满意，47.98% 的被调查者认为老年教育服务供给的监管一般。

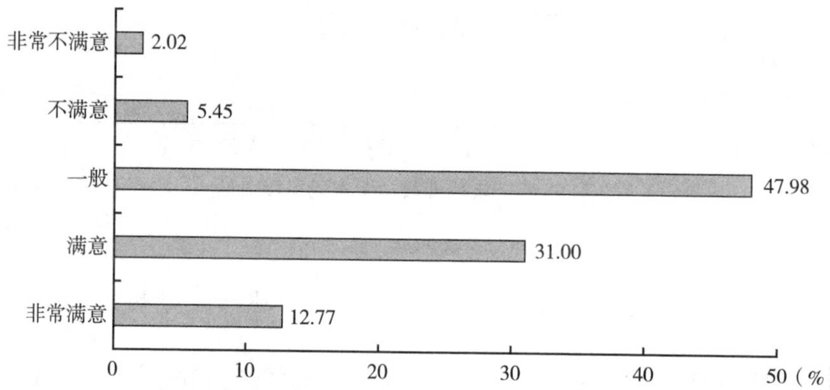

图 4–23　老年教育服务供给的监管满意度分析

如图 4–24，结合统计结果可以发现，47.04% 的被调查者对接受完老年教育之后的现状表示满意，其中 14.02% 的被调查者对此非常满意，33.02% 的被调查者表现出满意的态度；但是有 44.86% 的被调查者对此表示感受一般，占比将近一半；还有 5.30% 的被调查者对此不满意，1.56% 的被调查者对此非常不满意。

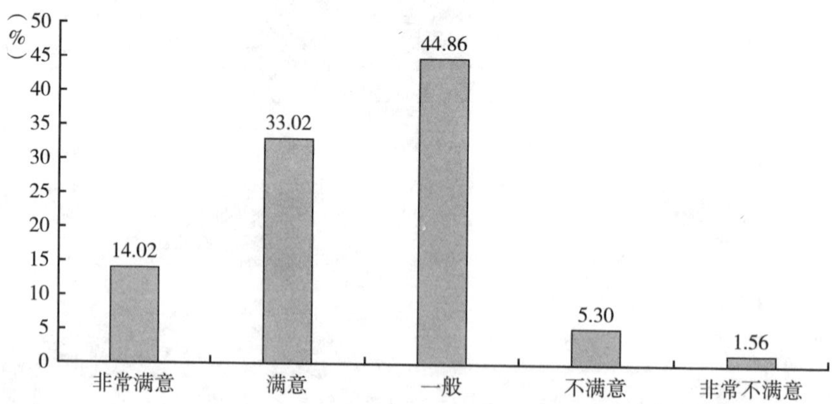

图 4–24　接受完老年教育之后的现状满意度分析

从以上的调查结果可以发现:我国的老年教育事业虽有了明显的进步,但发展速度远远落后于经济发展的速度。教育要优先发展,老年教育发展也应走在前列。但对老年教育自身的特殊性重视不够,使教育在课程内容和专业建设方面难以跟上新常态。

通过对老年大学的走访和调研,老年人的年龄主要分布在60—75岁,职业来自各行各业,以教师、退休干部、医生等为主。其主要教育内容涉及健身娱乐活动、技能训练、书法、社交等,课程内容和形式的更新和开发容易被忽略。

调研结果显示,绝大多数老年人希望能参与一些有益于提高身心健康、生命质量、增强生活技能、互联网信息等方面的相关学习。老年人的学习具有公益性、非学历教育、非正规组织、体验性的特征,这就需要老年教育具备就近、易学、收费低、成就感易获得的特点。而现有的教育内容和服务覆盖面较小,缺乏针对性与参与性。

因此,要根据老年人口的规模和发展速度,不断优化课程内容,调整专业结构,推进老年教育的需求和供给。在教育资源共享上,围绕社会主义核心价值观,加强思想道德教育、法律法规教育、心理健康、生命尊严等方面的课程开发。同时,针对不同地区和民俗文化,开发有地方特色的教育学习资源,实现学习资源共享,提高老年教育的专业建设和开发能力。

(三)我国老年教育服务供给的满意度方差分析

老龄化程度的日渐上升,迫切需要改善和提高有利于提高老龄人口素养的老年教育服务供给。老年教育服务供给主要涉及健全的制度保障、多元的主体供给、较高的供给水准以及供给内容和方式的不断更新和完善。老年教育服务的发展,需要多元主体通力合作,形成政府主导、社会多元办学的新格局。目前,我国老年大学的发展仍处于初期阶段,尤其是在部分地区,老年教育服务供给明显不足,供需矛盾比较突出。

为了更加详细地分析我国老年教育服务供给现状，本节利用单因素方差分析(Analysis of Variance, ANOVA)对我国老年教育服务满意度进行实证分析。

方差分析，又称“变异数分析”或“F 检验”，该方法是由 R.A.Fisher 发明的用于两个及两个以上样本均数差别的显著性检验。由于各种因素的影响，研究所得的数据呈现波动状。造成波动的原因可分成两类，一是不可控的随机因素，二是研究中施加的对结果形成影响的可控因素。

方差分析的基本原理是认为不同处理组的均数间的差别基本来源有两个：

(1)实验条件，即不同的处理造成的差异，称为组间差异。用变量在各组的均值与总均值之偏差平方和的总和表示，记作 SS_b，组间自由度 df_b。

(2)随机误差，如测量误差造成的差异或个体间的差异，称为组内差异，用变量在各组的均值与该组内变量值之偏差平方和的总和表示，记作 SS_w，组内自由度 df_w。

总偏差平方和为：

$$SS_t=SS_b+SS_w$$

组内 SS、组间 SS_b 除以各自的自由度(组内 $df_w=n-m$，组间 $df_b=m-1$，其中 n 为样本总数，m 为组数)，得到其均方

$$MS_w=SS_w/df_w, MS_b=SS_b/df_b$$

一种情况是处理没有作用，即各组样本均来自同一总体，即

$$\frac{MS_b}{MS_w}\approx 1$$

另一种情况是处理确实有作用，组间均方是由于误差与不同处理共同导致的结果，即各样本来自不同总体，则 $MS_b>>MS_w$(远远大于)。

比值 $\frac{MS_b}{MS_w}$ 构成 F 分布，用 F 值与其临界值比较，推断各样本是否来自相

同的总体。

下面,我们将从不同性别、不同年龄、不同文化程度、不同离退前职业、不同月收入、不同婚姻状况、不同居住情况、所在地区不同、不同居住地方的老年人等9个变量,逐一对应其在教育服务供给整体情况的满意程度、教育机构服务功能的满意程度、教育活动设备及设施的满意程度、教育服务内容的满意程度、教育服务供给方式的满意程度、教育供给政策的满意程度、教育服务人员的满意程度、教育教学服务的满意程度、教育服务供给资源分配的满意程度、教育服务供给监管的满意程度、接受完老年教育后现状的满意程度等11个方面的具体情况进行差异分析,重点讨论有差异表现的情况。具体分析结果如下。

1. 不同性别老年人与教育服务供给情况满意度之间的差异分析

为了更加具体地分析不同性别的老年人对老年教育服务满意程度是否有显著差异,本书对此进行了独立样本t检验,具体结果见表4–7。

表4–7　性别与教育服务供给满意度差异分析(n=1314)

	平均值 ± 标准差		t值	p值
	男性(n=429)	女性(n=885)		
对教育服务供给整体情况的满意程度	3.51 ± 0.86	3.48 ± 0.89	0.332	0.467
对教育机构服务功能的满意程度	3.42 ± 0.93	3.41 ± 0.96	–0.111	0.436
对教育活动设备及设施的满意程度	3.50 ± 0.84	3.47 ± 0.89	0.443	0.440
对教育服务内容的满意程度	3.50 ± 0.84	3.51 ± 0.89	–0.174	0.330
对教育服务供给方式的满意程度	3.51 ± 0.84	3.49 ± 0.88	0.256	0.394
对教育供给政策的满意程度	3.49 ± 0.83	3.49 ± 0.85	–0.121	0.667
对教育服务人员的满意程度	3.50 ± 0.84	3.52 ± 0.87	–0.209	0.523
对教育教学服务的满意程度	3.49 ± 0.83	3.48 ± 0.87	0.139	0.395
对教育服务供给资源分配的满意程度	3.43 ± 0.89	3.46 ± 0.90	–0.387	0.676
对教育服务供给监管的满意程度	3.44 ± 0.81	3.45 ± 0.918	–0.134*	0.048
对接受完老年教育后现状的满意程度	3.52 ± 0.84	3.49 ± 0.90	0.400	0.415

注:*p<0.05;**p<0.01。

由表 4-7 可以看出，不同性别的老年人仅在教育服务供给监管的满意程度上存在显著性差异（t=-0.134，p<0.05），女性老年人对教育服务供给监管的满意度较男性老年人要好一些。生活中每个人都有自己的个性和生活方式，会根据自己的个性特点来评价生活状态。男性和女性对事物的认识和评判标准会有一些不同，按照传统的观点，男性一般被认为严谨、理智、理性、逻辑思维能力较强，而女性则感性、温和、情感细腻丰富、细心又有耐心。因此在老年教育服务供给监管方面女性老年人可能了解得更多一些，体验得更细致一些，对其的包容性会大一些，满意度水平也就会高一些。

但是从表 4-7 的调查结果来看，不同性别的老年人在满意度问卷的其他项目上差异均不显著，男性和女性老年人在老年教育服务供给其他各方面的满意程度水平上相差不大。这可能是因为在新时代背景下，老年人都在与时俱进，努力适应时代变迁和社会变化所带来的新的老年生活以及新的养老模式的要求，大家都期许有一个美好的老年生活，一个能适应社会发展变化的老年生活。加之大家年龄相仿、有些境遇相似、需求也相仿，因此，不论男性还是女性老年人都对教育服务供给整体情况、教育机构服务功能、教育活动设备及设施、教育服务内容、教育服务供给方式、教育供给政策、教育服务人员、教育教学服务、教育服务供给资源分配和对接受完老年教育后现状等方面的满意程度相差不大。

但是每个个体过往的经历又有着自身的独特性，其对事物的感受和认知方面又有着自己的主观独立性，因此不论男性还是女性，每个老年人对老年生活以及老年教育都有着自己的认识和追求。所以，在表 4-7 的调查结果中，我们也能看到在对教育服务供给整体情况的满意程度、对教育机构服务功能的满意程度、对教育活动设备及设施的满意程度、对教育服务供给方式的满意程度、对教育教学服务的满意程度、对接受完老年教育后现状的满意程度等方面虽不存在显著性差异，但男性老年人的满意度水平还是要略高于女性；而在教育服务内容的满意程度、对教育供给政策的满意程度、教育服务人员的满意程度、教育服务供给资源分配的满意程度上，女性老年人的满意度水平又略高于男性老年人。

此外，从表 4-7 的整体结果情况来看，不同性别的老年人认为老年教育服务供给各方面的状况都“一般”，均没有达到令自己“满意”的程度，这意味着老年教育服务供给各方面距离老年人的需求和期望还是有一定差距的，老年教育服务供给的方方面面还有待加强。

2. 不同年龄老年人与老年教育服务供给满意度的差异分析

为了更加具体地分析不同年龄的老年人对老年教育服务供给满意程度是否有显著差异，本书对此进行了单因素 ANOVA 分析，具体结果如表 4-8 所示。

表 4-8　不同年龄的老年人对教育服务供给满意度的单因素 ANOVA 分析（n=1314）

	平均值 ± 标准差					F 值	p 值
	60—65 岁	66—70 岁	71—75 岁	76—80 岁	81 岁及以上		
对教育服务供给整体情况的满意程度	3.60 ± 0.91	3.48 ± 0.84	3.40 ± 0.82	3.56 ± 0.92	3.23 ± 0.93	2.819*	0.024
对教育机构服务功能的满意程度	3.47 ± 0.97	3.47 ± 0.93	3.27 ± 0.84	3.53 ± 1.03	3.28 ± 0.97	1.609	0.170
对教育活动设备及设施的满意程度	3.62 ± 0.87	3.49 ± 0.84	3.31 ± 0.80	3.53 ± 0.88	3.22 ± 0.94	4.429**	0.002
对教育服务内容的满意程度	3.60 ± 0.90	3.54 ± 0.90	3.35 ± 0.78	3.63 ± 0.86	3.28 ± 0.87	3.285*	0.011
对教育服务供给方式的满意程度	3.57 ± 0.88	3.46 ± 0.90	3.46 ± 0.84	3.48 ± 0.86	3.35 ± 0.82	1.116	0.348
对教育供给政策的满意程度	3.57 ± 0.86	3.50 ± 0.83	3.42 ± 0.80	3.58 ± 0.83	3.25 ± 0.86	2.398*	0.048
对教育服务人员的满意程度	3.63 ± 0.85	3.45 ± 0.88	3.39 ± 0.83	3.58 ± 0.87	3.32 ± 0.85	2.980*	0.019
对教育教学服务的满意程度	3.57 ± 0.87	3.43 ± 0.88	3.39 ± 0.75	3.53 ± 0.87	3.33 ± 0.87	1.728	0.142
对教育服务供给资源分配的满意程度	3.54 ± 0.91	3.38 ± 0.95	3.35 ± 0.81	3.59 ± 0.81	3.28 ± 0.86	2.322	0.055

续表

	平均值 ± 标准差					F 值	p 值
	60—65 岁	66—70 岁	71—75 岁	76—80 岁	81 岁及以上		
对教育服务供给监管的满意程度	3.52 ± 0.91	3.42 ± 0.87	3.36 ± 0.81	3.56 ± 0.91	3.28 ± 0.89	1.705	0.147
对接受完老年教育后现状的满意程度	3.59 ± 0.85	3.42 ± 0.99	3.42 ± 0.80	3.59 ± 0.89	3.36 ± 0.89	1.806	0.126

注：*p<0.05；**p<0.01。

从表 4-8 可以看出，不同年龄的老年人在对教育服务供给整体情况的满意程度（F=2.819，p<0.05）、对教育服务内容的满意程度（F=3.285，p<0.05）、对教育供给政策的满意程度（F=2.398，p<0.05）以及对教育服务人员的满意程度（F=2.980，p<0.05）上均存在年龄的显著差异，尤其是在对教育活动设备及设施的满意程度（F=4.429，p<0.01）方面年龄的差异极其显著。从问卷调查情况来看：在对教育服务供给整体情况的满意程度、对教育活动设备及设施的满意程度以及对教育服务人员的满意程度方面 60—65 岁的老年人得分最高，76—80 岁的老年人的得分次之，81 岁及以上的老年人得分最低。但是，在对教育服务内容的满意程度和对教育供给政策的满意程度方面，76—80 岁的老年人得分最高，60—65 岁的老年人的得分次之，81 岁及以上的老年人得分最低。

从表 4-8 的调查结果也能看出，无论处于哪个年龄阶段的老年人满意度在教育机构服务的功能、教育服务供给方式、教育教学服务、教育服务供给资源分配、教育服务供给监管和接受完老年教育后的现状等方面均不存在显著性差异。这是因为老年人在现代社会中有自己的活动领域和活动对象，不同年龄阶段的老年人会通过老年人之间的相互交往和交流对老年教育机构的服务功能、教育服务供给的方式、教育教学的服务、教育服务供给资源的分配、教育服务供给的监管和接受完老年教育后的现状等方面的收获、感受和认识进行相互沟通，通过相互之间的交流沟通他们会比较容易地认识到自己的共同利益，从而形成共同的观念。在现阶段老年教育服务供给体系逐步形成的过程中，老年人在日常的相互分享中也能发现这些来自外在的老年教育服务供给提供给老年教育的程度基本都是一致的，大家基本都能接受这样的现状，因此在这些方面满意度的差异不显著。

因不同年龄的老年人对教育服务供给整体情况的满意程度、对教育活动设备及设施的满意程度、对教育服务内容的满意程度、对教育供给政策的满意程度以及对教育服务人员的满意程度上均存在显著差异，故对这些方面进行具体分析的结果如下：

（1）对教育服务供给整体情况的满意度

从总体上来看不同年龄阶段的老年人在对老年教育服务供给整体情况的满意度方面具有一定的差异性，但是通过具体的分析发现：不同年龄程度的老年人在这一问题的满意度各个选项上差异并不显著。具体结果见表4–9。

表 4–9　不同年龄的老年人对教育服务供给整体情况的满意度的差异分析

	非常不满意（M ± SD）	不满意（M ± SD）	一般（M ± SD）	满意（M ± SD）	非常满意（M ± SD）
60—65 岁	0.01 ± 0.09	0.19 ± 0.583	1.09 ± 1.444	1.46 ± 1.931	0.85 ± 1.885
66—70 岁	0.01 ± 0.085	0.14 ± 0.519	1.45 ± 1.504	1.24 ± 1.856	0.65 ± 1.685
71—75 岁	0.02 ± 0.132	0.14 ± 0.515	1.49 ± 1.507	1.31 ± 1.885	0.44 ± 1.426
76—80 岁	0 ± 0	0.19 ± 0.588	1.36 ± 1.505	1 ± 1.746	1.02 ± 2.028
81 岁及以上	0.04 ± 0.205	0.23 ± 0.645	1.48 ± 1.511	1.04 ± 1.769	0.43 ± 1.419
F 值	1.76	0.413	2.346	1.242	2.066
p 值	0.135	0.799	0.053	0.292	0.084

注：*p<0.05；**p<0.01。

虽然该问题的各个选项上不存在年龄阶段的显著性差异，但是不同年龄阶段的老年人在各个选项上还是具有一定程度的情感倾向性。不同年龄阶段的老年人对教育服务供给整体情况的满意度比较倾向于"一般"，也有一些老年人比较倾向"满意"。71—75 岁的老年人和 81 岁及以上的老年人满意度更趋向于"一般",60—65 岁的老年人则倾向于"满意"。

(2)对教育活动设备及设施的满意度

通过分析不同年龄的老年人对教育活动设备及设施的满意程度结果发现:年龄阶段不同的老年人仅在"非常满意"(F=3.009, p<0.05)的选项上有显著性差异。在"非常满意"的选项上 60—65 岁的老年人和 76—80 岁的老年人情感偏向度高于其他年龄阶段的老年人。但在"非常不满意""不满意""一般"以及"满意"的选项上差异不显著,具体结果见表 4-10。

表 4-10 不同年龄的老年人对教育活动设备及设施的满意程度的差异分析

	非常不满意(M ± SD)	不满意(M ± SD)	一般(M ± SD)	满意(M ± SD)	非常满意(M ± SD)
60—65 岁	0.01 ± 0.09	0.16 ± 0.548	1.09 ± 1.444	1.53 ± 1.948	0.83 ± 1.867
66—70 岁	0 ± 0	0.19 ± 0.584	1.4 ± 1.502	1.21 ± 1.843	0.68 ± 1.724
71—75 岁	0.03 ± 0.161	0.16 ± 0.544	1.51 ± 1.507	1.35 ± 1.898	0.27 ± 1.126
76—80 岁	0.02 ± 0.125	0.09 ± 0.426	1.45 ± 1.511	1.13 ± 1.813	0.86 ± 1.901
81 岁及以上	0.06 ± 0.235	0.2 ± 0.608	1.43 ± 1.51	1.16 ± 1.828	0.36 ± 1.306
F 值	2.997*	0.408	2.351	1.143	3.009*
p 值	0.018	0.803	0.053	0.335	0.018

注:*p<0.05; **p<0.01。

虽然在"非常不满意""不满意""一般"以及"满意"的选项上不存在显著差异,但从情感偏向程度来看不同年龄阶段的老年人对教育活动设备及设施的满意度选项比较倾向性"一般",也有一些老年人比较倾向"满意"。

(3)对老年教育服务内容的满意度

通过分析不同年龄的老年人对老年教育服务内容的满意程度结果发现:年龄阶段不同的老年人仅在"非常满意"(F=2.855, p<0.05)的选项上有显著性差异。在"非常满意"的选项上 60—65 岁的老年人和 76—80 岁的老年人情

感偏向度高于其他年龄阶段的老年人。但在“非常不满意”“不满意”“一般”以及“满意”的选项上差异不显著,具体结果见表 4–11。

表 4–11　不同年龄的老年人对教育服务内容的满意程度的差异分析

	非常不满意（M ± SD）	不满意（M ± SD）	一般（M ± SD）	满意（M ± SD）	非常满意（M ± SD）
60—65 岁	0.01 ± 0.11	0.15 ± 0.522	1.15 ± 1.461	1.46 ± 1.931	0.83 ± 1.867
66—70 岁	0.02 ± 0.146	0.12 ± 0.467	1.29 ± 1.491	1.35 ± 1.899	0.76 ± 1.797
71—75 岁	0.02 ± 0.132	0.14 ± 0.515	1.57 ± 1.505	1.31 ± 1.885	0.31 ± 1.211
76—80 岁	0 ± 0	0.13 ± 0.488	1.31 ± 1.5	1.25 ± 1.869	0.94 ± 1.967
81 岁及以上	0.04 ± 0.205	0.14 ± 0.522	1.57 ± 1.51	1.16 ± 1.828	0.36 ± 1.306
F 值	1.1	0.101	2.099	0.449	2.855*
p 值	0.356	0.982	0.079	0.773	0.023

注: *p<0.05; **p<0.01。

虽然在“非常不满意”“不满意”“一般”以及“满意”的选项上不存在显著差异,但从情感偏向程度来看不同年龄阶段的老年人对教育服务内容的满意度选项比较倾向于“一般”和“满意”。60—65 岁的老年人更倾向于“满意”,而 71—75 岁的老年人和 81 岁及以上的老年人更倾向于“一般”。

(4)对老年教育供给政策的满意度

从总体上来看不同年龄阶段的老年人在对老年教育服务供给政策的满意度方面具有一定的显著性差异,但是通过具体的分析发现:不同年龄程度的老年人在这一问题的满意度各个选项上差异并不显著。具体结果见表 4–12。

表 4–12　不同年龄的老年人对教育供给政策的满意程度的差异分析

	非常不满意（M ± SD）	不满意（M ± SD）	一般（M ± SD）	满意（M ± SD）	非常满意（M ± SD）
60—65 岁	0.02 ± 0.127	0.11 ± 0.448	1.26 ± 1.483	1.48 ± 1.935	0.71 ± 1.75
66—70 岁	0.01 ± 0.12	0.1 ± 0.439	1.45 ± 1.504	1.32 ± 1.889	0.61 ± 1.644
71—75 岁	0.01 ± 0.094	0.16 ± 0.544	1.46 ± 1.506	1.35 ± 1.898	0.44 ± 1.426

续表

	非常不满意（M ± SD）	不满意（M ± SD）	一般(M ± SD)	满意(M ± SD)	非常满意（M ± SD）
76—80 岁	0 ± 0	0.13 ± 0.488	1.36 ± 1.505	1.31 ± 1.893	0.78 ± 1.83
81 岁及以上	0.04 ± 0.205	0.12 ± 0.471	1.78 ± 1.484	0.87 ± 1.662	0.43 ± 1.419
F 值	1.196	0.309	1.791	1.416	0.889
p 值	0.311	0.872	0.129	0.227	0.47

注:*p<0.05; **p<0.01。

虽然该问题的各个选项上不存在年龄阶段的显著性差异,但是不同年龄阶段的老年人在各个选项上还是具有一定程度的情感倾向性。虽然年龄不同,但是老年人对教育服务供给政策的满意度选项均比较倾向于“一般”,也有一些老年人比较倾向于“满意”。其中 81 岁及以上的老年人对该问题的满意度更趋向于“一般”,60—65 岁的老年人则倾向于“满意”。

(5)对老年教育服务人员的满意度

从总体上来看不同年龄阶段的老年人在对老年教育服务人员的满意度方面具有一定的显著性差异,但是通过具体的分析发现:不同年龄程度的老年人在这一问题的满意度各个选项上差异并不显著。具体结果见表 4–13。

表 4–13　不同年龄的老年人对教育服务人员的满意程度的差异分析

	非常不满意（M ± SD）	不满意（M ± SD）	一般(M ± SD)	满意(M ± SD)	非常满意（M ± SD）
60—65 岁	0.01 ± 0.09	0.11 ± 0.448	1.2 ± 1.472	1.51 ± 1.944	0.81 ± 1.849
66—70 岁	0.03 ± 0.168	0.1 ± 0.439	1.45 ± 1.504	1.27 ± 1.867	0.61 ± 1.644
71—75 岁	0.03 ± 0.161	0.11 ± 0.45	1.54 ± 1.506	1.27 ± 1.872	0.44 ± 1.426
76—80 岁	0.02 ± 0.125	0.09 ± 0.426	1.31 ± 1.5	1.38 ± 1.915	0.78 ± 1.83
81 岁及以上	0.03 ± 0.169	0.14 ± 0.522	1.65 ± 1.503	0.99 ± 1.736	0.51 ± 1.521
F 值	0.753	0.141	1.942	1.21	1.21
p 值	0.556	0.967	0.102	0.305	0.305

注:*p<0.05; **p<0.01。

虽然该问题的各个选项上不存在年龄阶段的显著性差异,但是不同年龄阶段的老年人在各个选项上还是具有一定程度的情感倾向性。不同年龄阶段的老年人对教育服务人员的满意度比较倾向于“一般”,也有一些老年人比较倾向于“满意”。81岁及以上的老年人满意度更趋向于“一般”,60—65岁的老年人则倾向于“满意”。

从调查结果来看:这一方面反映出老年教育服务供给各方面对受众群体的各个年龄层照顾不均衡。这就使得由于社会启动而导致了不同年龄段的老年人逐渐与整个社会的脱离。但是对于老年人而言,他们也有着自己的内心世界和精神需要,希望能够在不断发展的社会生活中继续“老有所学,老有所为,老有所乐”。虽然调查中也看到各个地区在不同程度上都搭建了一些老年教育资源共享和公共服务平台;也有一些地方将老年教育纳入终身教育体系;相关部门、行业企业、高校举办的老年大学也面向社会开放办学;各地政府也积极开拓创新,打破常规,积极扩大老年人的入学机会。然而,老年教育在我国仍然处于刚刚起步阶段,在老年教育服务供给的计划、内容、政策以及制度等方面还远远不能满足处于不同年龄阶段的老年人的需求。

另一方面也反映出不同年龄阶段的老年人对老年教育服务供给的认识、期待以及可亲身参与的程度是不一样的。参与老年教育活动水平高的老年人比参与老年教育活动水平低的老年人更容易感到对生活的满意,同时更能适应社会的发展。从个体身心发展的角度来看,60—65岁的老年人更容易接受新的事物,面对新鲜的事物也更愿意去尝试体验,且能相对自由自主地安排自己的老年生活。81岁及以上的老年人会因对新知识接受能力较弱、体力不强等各方面的原因导致自己主动退出社会活动,减少与社会的联系。这就使得一部分81岁及以上的老年人没有参与体验过老年教育服务,能够参与体验老年教育的这部分81岁及以上的老年人又对老年教育服务供给的要求会更高,所以在他们看来教育服务供给整体情况、教育活动设备及设施、教育服务内容、教育供给政策以及相关的教育服务人员在很大程度上是不能满足自身的需要，也就会对这些方面的满意度水平低一些。我们在为老年人提供老年教育服务供给时也应注意到各个年龄层对社会生活的期望和他们之间不同的反应能力。

3. 不同文化程度的老年人对老年教育服务供给的满意程度差异分析

为了更加具体地分析不同文化程度的老年人对老年教育服务供给的满意程度是否有显著差异，本书对此进行单因素 ANOVA 分析，结果如表 4–14 所示。

表 4–14　文化程度差异对老年教育服务供给满意度的单因素 ANOVA 分析（n=1314）

	平均值 ± 标准差							F 值	p 值
	文盲	小学	初中	高中或中专	大专	本科	研究生		
对教育服务供给整体情况的满意程度	3.38 ± 0.98	3.45 ± 0.85	3.55 ± 0.74	3.47 ± 1.03	3.78 ± 0.73	3.63 ± 0.95	3.25 ± 0.75	1.790	0.099
对教育机构服务功能的满意程度	3.38 ± 0.99	3.35 ± 0.92	3.42 ± 0.88	3.49 ± 1.05	3.75 ± 0.81	3.48 ± 1.01	3.25 ± 0.84	1.270	0.269
对教育活动设备及设施的满意程度	3.41 ± 0.91	3.40 ± 0.86	3.57 ± 0.75	3.60 ± 0.92	3.80 ± 0.80	3.47 ± 0.94	3.25 ± 0.88	2.096	0.052
对教育服务内容的满意程度	3.45 ± 0.90	3.43 ± 0.87	3.53 ± 0.76	3.68 ± 0.91	3.85 ± 0.80	3.51 ± 0.95	3.21 ± 0.88	2.414*	0.026
对教育服务供给方式的满意程度	3.49 ± 0.86	3.43 ± 0.90	3.52 ± 0.81	3.67 ± 0.85	3.53 ± 0.91	3.57 ± 0.89	3.18 ± 0.82	1.453	0.192
对教育供给政策的满意程度	3.46 ± 0.80	3.45 ± 0.86	3.54 ± 0.80	3.66 ± 0.79	3.60 ± 0.84	3.46 ± 0.91	3.21 ± 0.96	1.296	0.257
对教育服务人员的满意程度	3.55 ± 0.80	3.46 ± 0.84	3.50 ± 0.82	3.64 ± 0.89	3.68 ± 0.99	3.54 ± 0.87	3.04 ± 0.96	2.148*	0.046
对教育教学服务的满意程度	3.46 ± 0.87	3.43 ± 0.84	3.45 ± 0.84	3.62 ± 0.86	3.70 ± 0.85	3.46 ± 0.91	3.32 ± 0.77	1.069	0.379

续表

	平均值 ± 标准差							F 值	p 值
	文盲	小学	初中	高中或中专	大专	本科	研究生		
对教育服务供给资源分配的满意程度	3.43 ± 0.88	3.39 ± 0.89	3.48 ± 0.87	3.54 ± 0.93	3.70 ± 0.88	3.40 ± 0.92	3.29 ± 0.81	1.022	0.410
对教育服务供给监管的满意程度	3.41 ± 0.83	3.41 ± 0.91	3.47 ± 0.80	3.55 ± 0.93	3.65 ± 0.95	3.42 ± 0.92	3.25 ± 0.88	0.869	0.517
对接受完老年教育后现状的满意程度	3.47 ± 0.91	3.38 ± 0.93	3.53 ± 0.85	3.66 ± 0.84	3.75 ± 0.84	3.58 ± 0.86	3.29 ± 0.71	1.979	0.067

注：*p<0.05；**p<0.01。

从表 4–14 的调查结果可以看出，不同文化程度老年人对老年教育服务供给的满意度差异性仅体现在对教育服务内容的满意程度（F=2.414，p<0.05）和对教育服务人员的满意程度（F=2.148，p<0.05）这两个方面，其中文化程度为大专、高中或中专的老年人在教育服务内容和教育服务人员的满意度水平相对较高，而文化程度为研究生的老年人在这两方面的满意度水平最低，文化程度为文盲或小学的老年人在这两方面的满意度水平也不是很高。

从表 4–14 的调查结果还能发现文化程度不同的老年人对老年教育服务供给满意度的其他方面不存在显著性差异。

因不同文化程度老年人对老年教育服务内容和教育服务人员这两个方面的满意度具有差异，故对这两个方面内容进行具体分析的结果如下：

（1）对老年教育服务内容的满意度

从表 4–15 的调查结果可看出，对于老年教育服务内容是否满意，不同文化程度的老年人仅在“一般”（F=2.345，p<0.05）的选项上有显著性差异。在“非常不满意”“不满意”“满意”以及“非常满意”的选项上差异均不显著。具体结果见表 4–15。认为老年教育服务内容满意度“一般”的选项上，文化程

度为研究生的老年人倾向性最高,文化程度为大专、高中或中专的老年人倾向性最低。但在"满意"和"非常满意"选项上文化程度为大专、高中或中专的老年人倾向性最高。

表 4-15　不同文化程度的老年人对教育服务内容的满意程度的差异分析

	非常不满意（M ± SD）	不满意（M ± SD）	一般（M ± SD）	满意（M ± SD）	非常满意（M ± SD）
文盲	0.03 ± 0.164	0.13 ± 0.49	1.39 ± 1.503	1.27 ± 1.872	0.64 ± 1.674
小学	0.02 ± 0.126	0.16 ± 0.543	1.45 ± 1.503	1.19 ± 1.834	0.61 ± 1.643
初中	0 ± 0	0.09 ± 0.422	1.5 ± 1.507	1.33 ± 1.894	0.6 ± 1.635
高中或中专	0.01 ± 0.115	0.16 ± 0.543	0.91 ± 1.387	1.68 ± 1.988	0.92 ± 1.951
大专	0 ± 0	0.05 ± 0.316	0.98 ± 1.423	1.7 ± 2.003	1.13 ± 2.115
本科	0.04 ± 0.19	0.15 ± 0.527	1.11 ± 1.458	1.53 ± 1.956	0.68 ± 1.724
研究生	0.04 ± 0.189	0.21 ± 0.63	1.61 ± 1.524	1 ± 1.764	0.36 ± 1.311
F 值	0.951	0.543	2.345*	1.155	0.961
p 值	0.458	0.776	0.03	0.329	0.451

注:$^{*}p<0.05$; $^{**}p<0.01$。

(2)对老年教育服务人员的满意度

从总体上来看,不同文化程度的老年人在对待老年教育服务人员的满意度方面具有一定的差异性,但是通过具体的分析发现:不同文化程度的老年人在这一问题的满意度各个选项上差异并不显著。具体结果见表 4-16。虽然各个选项上不存在文化程度的显著性差异,但是不同文化程度的老年人在满意度的选项上还是具有一定程度的情感倾向性。除了文化程度为本科、大专、高中或中专的老年人之外,其他文化程度的老年人对老年教育服务人员的满意度均倾向于"一般"这一选项。

表 4-16　不同文化程度的老年人对教育服务人员的满意程度的差异分析

	非常不满意(M±SD)	不满意(M±SD)	一般(M±SD)	满意(M±SD)	非常满意(M±SD)
文盲	0.01±0.095	0.07±0.376	1.45±1.506	1.38±1.911	0.64±1.674
小学	0.02±0.126	0.13±0.49	1.44±1.503	1.3±1.878	0.59±1.612
初中	0.02±0.135	0.06±0.33	1.53±1.507	1.3±1.881	0.6±1.635
高中或中专	0.01±0.115	0.13±0.499	1.07±1.445	1.58±1.968	0.86±1.895
大专	0.03±0.158	0.1±0.441	1.2±1.488	1.1±1.809	1.25±2.193
本科	0.02±0.156	0.1±0.436	1.22±1.483	1.58±1.968	0.62±1.655
研究生	0.07±0.262	0.29±0.713	1.61±1.524	0.71±1.56	0.36±1.311
F 值	0.857	1.179	1.168	1.073	1.214
p 值	0.526	0.316	0.321	0.377	0.297

注:*p<0.05;**p<0.01。

以上调查结果一方面反映出不同文化程度的老年人对老年教育的内容和老年教育服务人员的需求是不一样的,而现在老年教育所提供的相关教育内容和老年教育服务人员只满足了部分老年人的需求。

拥有高学历的老年人本身的知识储备和对新知识的接受能力都会好一些,也就会对老年教育学习内容的丰富性程度,内容选择性的灵活性程度以及学习内容是否具有一定的挑战性、是否能发挥出他们自身的专业能力与特长方面关注程度更多一些。对教育内容的高要求也会让他们对老年教育服务人员的要求随之提高,他们会期望有更专业、高水平的师资人员和管理人员来进行老年教育。而学历水平较低的老年人可能又会觉得现有的老年教育服务内容有一定的难度,比如:有些地方的老年教育逐渐增加了金融、法律、英语以及计算机等课程,这对学历较低的老年人来说就是另外一个天地,有些老年人可能在这些课程的学习中就是零基础入门。要使学历水平较低的老年人对这些课程内容感兴趣且能长久坚持,那么老年教育服务的师资和管理人员不仅要专业,而且要能够通俗易懂地用老年人可接受的方式和语言传递教学内容,不仅要突出老年教育的知识性,还要有趣味性和娱乐性,这样就会对老年教育服务人员提出更高的要求。而这可能也是高学历的老年人和低学历水平的老年人对老年教育服务内容和老年教育服务人员满意度水平不高的原因。

大专、高中或中专以及本科学历水平的老年人有一定的文化基础和知识储备,但在某些知识领域又有所欠缺期待知识的更新。所以不管是职业技能型的课程内容还是自我发展型的课程内容或是日常生活应用类的课程内容,这些老年人反而学习兴趣更浓厚,参与动力更充足。他们在学习和参与过程中都有一定的发展空间,在接受老年教育的过程中既有知识水平的提升,又在自我挑战的过程中发挥了自我余热,再次体现自身的价值。因此他们对老年教育服务内容和老年教育服务人员的满意度水平会高一些。

另一方面也说明老年教育服务供给需要国家、各级政府和社会各界的相互配合以及大力支持。虽然老年人文化程度不同,但他们都能感受到老年教育服务带给自己的变化,感受到老年教育服务供给整体情况的好坏。在体验老年教育服务供给的设施及设备、老年教育服务供给资源的同时也会对老年教育供给政策、保障机制以及老年教育监管等方面进行一定的解读和认识。他们也会通过各种渠道对此沟通交流,发现老年教育的时代价值和意义,也能看到现阶段老年教育服务的不足和困境,并在自己群体内达成共识,具有相同的情感体验。老年人都想更好地融入社会的变化当中,开启新的老年生活方式,参与体验各项老年活动。虽然文化程度不同,但都想重拾少年时对知识的渴望,圆学梦的初心,使生命生活走向升华的境界。通过国家、各级政府以及社会各界的共同参与,构建多元化、系统化的供给主体则更容易满足不同文化程度老年人的各种需求,最大限度地提高老年人的生活品质,提升他们的知识技能以及完善老年人自身发展的要求,从而确保越来越多的老年人能够有获得继续教育的机会。

4. 不同离退前职业的老年人对教育服务供给满意程度的差异分析

为了更加具体地分析不同离退前职业的老年人对教育服务供给的满意程度是否有显著差异，本书对不同离退前职业的老年人对教育服务供给的满意程度进行单因素 ANOVA 分析，结果如表 4–17 所示。

表 4–17　不同离退前职业的老年人对教育服务供给满意程度的单因素 ANOVA 分析（n=1314）

	平均值 ± 标准差										F 值	p 值
	公务员	自由职业者	警察	干部	教师	医生	工程师	工人	军人	其他		
对教育服务供给整体情况的满意程度	3.87 ± 0.9	3.59 ± 0.86	2.67 ± 0.57	3.60 ± 0.69	3.58 ± 0.89	3.42 ± 0.9	3.55 ± 1.12	3.50 ± 0.85	3.38 ± 1.06	3.36 ± 0.89	1.822	0.061
对教育机构服务功能的满意程度	4 ± 0.91	3.65 ± 0.94	2.67 ± 0.58	3.49 ± 0.78	3.47 ± 0.89	3.25 ± 0.97	3.55 ± 1.13	3.47 ± 0.80	3.25 ± 1.28	3.33 ± 0.91	2.653**	0.005
对教育活动设备及设施的满意程度	4.03 ± 0.85	3.64 ± 0.83	2.33 ± 0.58	3.54 ± 0.78	3.4 ± 0.92	3.17 ± 0.94	3.73 ± 1.10	3.47 ± 0.84	3.13 ± 1.13	3.4 ± 0.86	3.155**	0.001
对教育服务内容的满意程度	3.87 ± 1.01	3.66 ± 0.83	2.67 ± 0.58	3.74 ± 0.78	3.43 ± 0.85	3.17 ± 1.03	3.73 ± 1.01	3.49 ± 0.89	3.25 ± 0.89	3.42 ± 0.86	2.210*	0.020
对教育服务供给方式的满意程度	3.7 ± 1.02	3.59 ± 0.87	3 ± 0	3.51 ± 0.82	3.48 ± 0.79	3.33 ± 0.89	3.91 ± 1.04	3.5 ± 0.87	3.25 ± 0.89	3.41 ± 0.88	1.100	0.360
对教育供给政策的满意程度	3.9 ± 0.92	3.7 ± 0.86	2.67 ± 0.58	3.4 ± 0.78	3.48 ± 0.78	3.25 ± 0.62	3.36 ± 1.36	3.46 ± 0.84	3.25 ± 1.17	3.41 ± 0.81	2.441*	0.010

续表

	平均值 ± 标准差										F 值	p 值
	公务员	自由职业者	警察	干部	教师	医生	工程师	工人	军人	其他		
对教育服务人员的满意程度	3.87 ± 1.04	3.73 ± 0.78	2.67 ± 0.58	3.49 ± 0.78	3.45 ± 0.87	3.25 ± 0.87	4 ± 1.10	3.47 ± 0.86	3.13 ± 1.13	3.42 ± 0.83	2.818**	0.003
对教育教学服务的满意程度	3.87 ± 0.97	3.66 ± 0.82	3 ± 1	3.57 ± 0.74	3.35 ± 0.90	3.25 ± 0.62	3.55 ± 1.29	3.48 ± 0.89	3.25 ± 0.89	3.41 ± 0.80	1.969*	0.041
对教育服务供给资源分配的满意程度	3.77 ± 1.07	3.65 ± 0.89	2.67 ± 0.58	3.51 ± 0.78	3.33 ± 0.88	3.33 ± 0.99	3.55 ± 1.29	3.49 ± 0.83	3.25 ± 0.89	3.35 ± 0.87	1.932*	0.045
对教育服务供给监管的满意程度	3.67 ± 1.18	3.59 ± 0.85	2 ± 1	3.51 ± 0.78	3.36 ± 0.84	3.08 ± 0.9	3.73 ± 1.10	3.46 ± 0.84	3.38 ± 0.92	3.4 ± 0.87	2.005*	0.036
对接受完老年教育后现状的满意程度	4 ± 0.91	3.59 ± 0.94	2 ± 1	3.71 ± 0.71	3.46 ± 0.80	3.25 ± 1.10	3.64 ± 1.21	3.47 ± 0.90	3.38 ± 0.92	3.42 ± 0.84	2.881**	0.002

注：$^*p<0.05$；$^{**}p<0.01$。

从表 4–17 的调查结果来看，不同离退前职业的老年人在教育服务供给整体情况的满意度和教育供给方式的满意度这两个方面不存在显著差异，但是在教育机构服务功能（$F=2.653, p<0.01$）、教育活动设备及设施（$F=3.155, p<0.01$）、教育服务内容（$F=2.210, p<0.05$）、教育供给政策（$F=2.441, p<0.05$）、教育服务人员（$F=2.818, p<0.01$）、教育教学服务（$F=1.969, p<0.05$）、教育服务供给资源分配（$F=1.932, p<0.05$）、教育服务供给监管（$F=2.005, p<0.05$）和接受完老年教育后现状（$F=2.881, p<0.01$）等方面均存在显著性差异。从表 4–17 可看到，离退前职业为公务员的老年人在这几个方面满意度的水平都是最高的，其次是离退前职业为自由职业者的老年人，说明他们对老年教育服务供

给的这些方面还是比较肯定的。但是离退前职业为警察的老年人在这几个方面的满意度水平是最低的，除了对教育服务供给方式和教育教学服务的满意度水平为“一般”之外，离退前职业为警察的老年人对老年教育服务供给的其他方面均“不满意”。这是因为老年人的生活方式在很大程度上会受到他离退前工作经历的影响。不同职业在劳动对象、劳动工具以及劳动的付出形式上都有着各自的特点，这种特点也决定了各种职业之间的区别。不同职业的社会属性、职业的规范性、职业的功利性、职业的技术性和时代性也都是不一样的，这些不同会带给老年人不同的社会地位、不同的经济基础，导致老年人当中的社会分化，从而影响了老年人面对事物的心态和生活方式。

因不同离职前职业的老年人对教育机构服务功能、教育活动设备及设施、教育服务内容、教育供给政策、教育服务人员、教育教学服务、教育服务供给资源分配、教育服务供给监管和接受完老年教育后现状方面的满意度具有差异，故对这几个方面进行具体分析的结果如下：

（1）对教育机构服务功能的满意度

从表 4–18 的调查结果可看出，离退前职业不同的老年人在“不满意”（$F=2.089, p<0.05$）和“非常满意”（$F=3.313, p<0.01$）的选择上有显著性差异。在“不满意”的选项上离退前职业是警察的老年人不满意程度要大于其他老年人，在“非常满意”的选项上离退前职业是公务员的老年人对老年教育机构的服务功能感到“非常满意”的程度要高于其他老年人。这可能是由于不同职业的个体对老年教育机构的期许和认识是不一样的，从而对其应发挥的作用解读不一致，要求不一致。具体结果见表 4–18。

表 4–18　不同离退前职业的老年人对教育机构服务功能的满意度的差异分析

	非常不满意（M ± SD）	不满意（M ± SD）	一般（M ± SD）	满意（M ± SD）	非常满意（M ± SD）
公务员	0 ± 0	0 ± 0	1.2 ± 1.495	0.8 ± 1.627	2 ± 2.491
自由职业者	0.02 ± 0.135	0.09 ± 0.422	1.28 ± 1.49	1.15 ± 1.818	1.11 ± 2.088

续表

	非常不满意（M ± SD）	不满意（M ± SD）	一般（M ± SD）	满意（M ± SD）	非常满意（M ± SD）
警察	0 ± 0	0.67 ± 1.155	2 ± 1.732	0 ± 0	0 ± 0
干部	0 ± 0	0.17 ± 0.568	1.29 ± 1.506	1.6 ± 1.988	0.43 ± 1.42
教师	0.03 ± 0.174	0.12 ± 0.484	1.27 ± 1.49	1.48 ± 1.942	0.57 ± 1.594
医生	0 ± 0	0.5 ± 0.905	1 ± 1.477	1.33 ± 1.969	0.42 ± 1.443
工程师	0 ± 0	0.36 ± 0.809	1.09 ± 1.514	0.73 ± 1.618	1.36 ± 2.335
工人	0.01 ± 0.1	0.08 ± 0.392	1.63 ± 1.501	1.15 ± 1.819	0.59 ± 1.626
军人	0.13 ± 0.354	0 ± 0	1.88 ± 1.553	0 ± 0	1.25 ± 2.315
其他	0.03 ± 0.174	0.19 ± 0.594	1.46 ± 1.503	1.12 ± 1.798	0.53 ± 1.544
F 值	0.872	2.089*	0.847	1.293	3.313**
p 值	0.55	0.029	0.573	0.237	0.001

注:*p<0.05;**p<0.01。

(2)对教育活动设备及设施的满意度

通过分析不同离退前职业的老年人对教育活动设备及设施的满意程度结果发现:离退前职业不同的老年人在“不满意”(F=3.327,p<0.01)和“非常满意”(F=3.092,p<0.01)的选择上有显著性差异。在“非常不满意”“一般”以及“满意”的选项上差异不显著。在“不满意”的选项上离退前职业是警察的老年人情感偏向度最高,在“非常满意”的选项上离退前职业是公务员的老年人情感偏向程度最高,其次是工程师。这可能是因为职业的差异导致老年人对老年教育活动设备及设施的要求和选择是不一样的,老年教育在进行教育设备和设施的供给时过于大众化或者是过于片面化,忽略了不同职业老年人的习惯。具体结果见表 4–19。

表 4-19　不同离退前职业的老年人对教育活动设备及设施的满意度的差异分析

	非常不满意 (M ± SD)	不满意 (M ± SD)	一般 (M ± SD)	满意 (M ± SD)	非常满意 (M ± SD)
公务员	0 ± 0	0 ± 0	1 ± 1.438	1.2 ± 1.864	1.83 ± 2.451
自由职业者	0 ± 0	0.11 ± 0.46	1.25 ± 1.486	1.44 ± 1.93	0.83 ± 1.872
警察	0 ± 0	1.33 ± 1.155	1 ± 1.732	0 ± 0	0 ± 0
干部	0 ± 0	0.17 ± 0.568	1.11 ± 1.471	1.83 ± 2.022	0.43 ± 1.42
教师	0.04 ± 0.2	0.14 ± 0.52	1.3 ± 1.494	1.4 ± 1.918	0.52 ± 1.528
医生	0 ± 0	0.67 ± 0.985	0.5 ± 1.168	2 ± 2.089	0 ± 0
工程师	0 ± 0	0.18 ± 0.603	1.36 ± 1.567	0.36 ± 1.206	1.82 ± 2.523
工人	0.01 ± 0.1	0.14 ± 0.51	1.49 ± 1.507	1.19 ± 1.837	0.64 ± 1.683
军人	0.13 ± 0.354	0 ± 0	1.88 ± 1.553	0.5 ± 1.414	0.63 ± 1.768
其他	0.02 ± 0.132	0.19 ± 0.594	1.35 ± 1.496	1.35 ± 1.894	0.49 ± 1.485
F 值	1.52	3.327**	0.947	1.234	3.092**
p 值	0.137	0.001	0.484	0.271	0.001

注: *p<0.05; **p<0.01。

(3)对教育服务内容的满意度

通过分析不同离退前职业的老年人对教育服务内容的满意度结果发现:不同离退前职业的老年人仅在“非常满意”(F=2.281, p<0.05)的选项上有显著性差异。在“非常不满意”“不满意”“一般”以及“满意”的选项上差异不显著,具体结果见表 4-20。在“非常满意”的选项上离退前职业是公务员的老年人情感偏向程度最高,其次是工程师,离退前职业是警察的老年人情感偏向程度最低。虽然在“不满意”和“一般”的选项上不存在显著差异,但从情感偏向程度来看“不满意”选项上离退前职业是警察的老年人程度最高:“一般”选项上军人的情感偏向程度最高,其次是医生,其他老年人也不同程度地认为一般。这也说明现有的老年教育服务供给并没有完全顾及老年人离退前职业的差异。

表 4–20 不同离退前职业的老年人对教育服务内容的满意度的差异分析

	非常不满意(M ± SD)	不满意(M ± SD)	一般(M ± SD)	满意(M ± SD)	非常满意(M ± SD)
公务员	0 ± 0	0.13 ± 0.507	1.1 ± 1.47	0.8 ± 1.627	1.83 ± 2.451
自由职业者	0.01 ± 0.096	0.07 ± 0.379	1.22 ± 1.481	1.52 ± 1.95	0.83 ± 1.872
警察	0 ± 0	0.67 ± 1.155	2 ± 1.732	0 ± 0	0 ± 0
干部	0 ± 0	0.11 ± 0.471	0.86 ± 1.375	2.06 ± 2.028	0.71 ± 1.775
教师	0.02 ± 0.143	0.16 ± 0.553	1.3 ± 1.494	1.48 ± 1.942	0.46 ± 1.458
医生	0.08 ± 0.289	0.17 ± 0.577	1.5 ± 1.567	1 ± 1.809	0.42 ± 1.443
工程师	0 ± 0	0.18 ± 0.603	1.09 ± 1.514	1.09 ± 1.868	1.36 ± 2.335
工人	0.02 ± 0.14	0.14 ± 0.51	1.37 ± 1.501	1.27 ± 1.87	0.69 ± 1.736
军人	0 ± 0	0.25 ± 0.707	1.88 ± 1.553	0.5 ± 1.414	0.63 ± 1.768
其他	0.02 ± 0.147	0.14 ± 0.514	1.42 ± 1.501	1.31 ± 1.881	0.53 ± 1.544
F 值	0.594	0.653	0.866	1.428	2.281*
p 值	0.802	0.751	0.556	0.172	0.016

注: *p<0.05; **p<0.01。

(4)对教育供给政策的满意度

通过分析不同离退前职业的老年人对教育供给政策的满意度结果发现:不同离退前职业的老年人仅在"非常满意"(F=4.137, p<0.001)的选项上有显著性差异。在"非常不满意""不满意""一般"以及"满意"的选项上不存在显著性差异,具体结果见表 4–21。在"非常满意"的选项上离退前职业是公务员的老年人情感偏向程度最高,其次是工程师,离退前职业是警察和医生的老年人在该选项上的情感偏向程度最低。

表 4–21 不同离退前职业的老年人对教育供给政策的满意度的差异分析

	非常不满意(M ± SD)	不满意(M ± SD)	一般(M ± SD)	满意(M ± SD)	非常满意(M ± SD)
公务员	0 ± 0	0 ± 0	1.4 ± 1.522	0.67 ± 1.516	1.83 ± 2.451
自由职业者	0 ± 0	0.09 ± 0.422	1.25 ± 1.486	1.3 ± 1.881	1.06 ± 2.057

续表

	非常不满意（M ± SD）	不满意（M ± SD）	一般（M ± SD）	满意（M ± SD）	非常满意（M ⊥ SD）
警察	0 ± 0	0.67 ± 1.155	2 ± 1.732	0 ± 0	0 ± 0
干部	0 ± 0	0.23 ± 0.646	1.29 ± 1.506	1.6 ± 1.988	0.29 ± 1.178
教师	0.01 ± 0.102	0.12 ± 0.484	1.33 ± 1.498	1.61 ± 1.971	0.41 ± 1.383
医生	0 ± 0	0.17 ± 0.577	1.75 ± 1.545	1.33 ± 1.969	0 ± 0
工程师	0.09 ± 0.302	0.36 ± 0.809	0.82 ± 1.401	0.73 ± 1.618	1.36 ± 2.335
工人	0.02 ± 0.14	0.1 ± 0.436	1.51 ± 1.507	1.23 ± 1.854	0.59 ± 1.626
军人	0.13 ± 0.354	0 ± 0	1.5 ± 1.604	1 ± 1.852	0.63 ± 1.768
其他	0.02 ± 0.147	0.12 ± 0.467	1.47 ± 1.503	1.4 ± 1.912	0.4 ± 1.357
F 值	1.563	1.345	0.604	1.112	4.137***
p 值	0.123	0.21	0.794	0.352	0.000

注：*p<0.05；**p<0.01；***p<0.001。

（5）对老年教育服务人员的满意度

通过分析不同离退前职业的老年人对老年教育服务人员的满意度结果发现：不同离退前职业的老年人仅在“非常满意”（F=4.421，p<0.001）的选项上有显著性差异。在“非常不满意”“不满意”“一般”以及“满意”的选项上差异不显著，具体结果见表 4-22。在“非常满意”的选项上离退前职业是工程师的老年人情感偏向程度最高，其次是公务员，离退前职业为警察和医生的老年人情感偏向程度是最低的。虽然其他选项上不存在差异，但是从调查结果来看，大家在“一般”这一选项的偏向性略高一些。

表 4-22　不同离退前职业的老年人对教育服务人员的满意度的差异分析

	非常不满意（M ± SD）	不满意（M ± SD）	一般（M ± SD）	满意（M ± SD）	非常满意（M ± SD）
公务员	0 ± 0	0.13 ± 0.507	1.2 ± 1.495	0.53 ± 1.383	2 ± 2.491
自由职业者	0 ± 0	0.04 ± 0.271	1.25 ± 1.486	1.52 ± 1.95	0.93 ± 1.951
警察	0 ± 0	0.67 ± 1.155	2 ± 1.732	0 ± 0	0 ± 0

续表

	非常不满意（M ± SD）	不满意（M ± SD）	一般（M ± SD）	满意（M ± SD）	非常满意（M ± SD）
干部	0 ± 0	0.17 ± 0.568	1.29 ± 1.506	1.6 ± 1.988	0.43 ± 1.42
教师	0.02 ± 0.143	0.16 ± 0.553	1.27 ± 1.49	1.48 ± 1.942	0.52 ± 1.528
医生	0.08 ± 0.289	0 ± 0	1.5 ± 1.567	1.67 ± 2.06	0 ± 0
工程师	0 ± 0	0.18 ± 0.603	0.82 ± 1.401	0.73 ± 1.618	2.27 ± 2.611
工人	0.02 ± 0.14	0.12 ± 0.475	1.43 ± 1.506	1.31 ± 1.885	0.59 ± 1.626
军人	0.13 ± 0.354	0 ± 0	1.88 ± 1.553	0.5 ± 1.414	0.63 ± 1.768
其他	0.03 ± 0.161	0.1 ± 0.431	1.49 ± 1.503	1.35 ± 1.894	0.46 ± 1.455
F 值	1.316	1.248	0.684	1.372	4.421***
p 值	0.225	0.263	0.723	0.197	0.000

注：*p<0.05；**p<0.01；***p<0.001。

（6）对老年教育教学服务的满意度

通过分析不同离退前职业的老年人对老年教育教学服务的满意度结果发现：不同离退前职业的老年人仅在“非常满意”（F=3.372，p<0.001）的选项上有非常显著的差异性。在“非常不满意”“不满意”“一般”以及“满意”的选项上差异不显著，具体结果见表 4–23。在“非常满意”的选项上离退前职业是公务员的老年人情感偏向程度最高，其次是工程师，离退前职业为警察和医生的老年人情感偏向程度依然是最低的。此外，虽然其他满意度的选项上不存在差异，但是从调查结果来看，大家在“一般”这一选项的偏向性略高一些。

表 4–23　不同离退前职业的老年人对教育教学服务的满意度的差异分析

	非常不满意（M ± SD）	不满意（M ± SD）	一般（M ± SD）	满意（M ± SD）	非常满意（M ± SD）
公务员	0 ± 0	0.07 ± 0.365	1.3 ± 1.512	0.67 ± 1.516	1.83 ± 2.451
自由职业者	0 ± 0	0.06 ± 0.33	1.44 ± 1.506	1.19 ± 1.835	0.97 ± 1.988
警察	0 ± 0	0.67 ± 1.155	1 ± 1.732	1.33 ± 2.309	0 ± 0

续表

	非常不满意（M ± SD）	不满意（M ± SD）	一般（M ± SD）	满意（M ± SD）	非常满意（M ± SD）
干部	0 ± 0	0.11 ± 0.471	1.2 ± 1.491	1.83 ± 2.022	0.43 ± 1.42
教师	0.04 ± 0.2	0.16 ± 0.553	1.33 ± 1.498	1.4 ± 1.918	0.41 ± 1.383
医生	0 ± 0	0.17 ± 0.577	1.75 ± 1.545	1.33 ± 1.969	0 ± 0
工程师	0.09 ± 0.302	0.18 ± 0.603	0.82 ± 1.401	1.09 ± 1.868	1.36 ± 2.335
工人	0.02 ± 0.14	0.14 ± 0.51	1.4 ± 1.504	1.23 ± 1.854	0.69 ± 1.736
军人	0 ± 0	0.25 ± 0.707	1.88 ± 1.553	0.5 ± 1.414	0.63 ± 1.768
其他	0.02 ± 0.147	0.09 ± 0.412	1.58 ± 1.501	1.27 ± 1.868	0.44 ± 1.423
F 值	1.059	1.08	0.781	0.95	3.372***
p 值	0.392	0.375	0.634	0.481	0.000

注：*p<0.05；**p<0.01；***p<0.001。

（7）对教育服务供给资源分配满意度

通过分析不同离退前职业的老年人对教育服务供给资源分配的满意程度结果发现：离退前职业不同的老年人在“不满意”（F=2.066，p<0.05）和“非常满意”（F=3.467，p<0.001）的选项上有显著性差异。在“非常不满意”“一般”以及“满意”的选项上差异不显著。在“不满意”的选项上离退前职业是警察的老年人情感偏向度最高。在“非常满意”的选项上离退前职业是公务员的老年人情感偏向程度最高，其次是工程师。大多数老年人对教育服务供给资源分配的满意度都更倾向于“一般”。具体结果见表 4–24。

表 4–24　不同离退前职业的老年人对教育服务供给资源分配的满意度的差异分析

	非常不满意（M ± SD）	不满意（M ± SD）	一般（M ± SD）	满意（M ± SD）	非常满意（M ± SD）
公务员	0 ± 0	0.2 ± 0.61	1.2 ± 1.495	0.53 ± 1.383	1.83 ± 2.451
自由职业者	0.02 ± 0.135	0.06 ± 0.33	1.31 ± 1.494	1.3 ± 1.881	0.97 ± 1.988
警察	0 ± 0	0.67 ± 1.155	2 ± 1.732	0 ± 0	0 ± 0
干部	0 ± 0	0.11 ± 0.471	1.46 ± 1.521	1.37 ± 1.926	0.57 ± 1.614

续表

	非常不满意（M±SD）	不满意（M±SD）	一般（M±SD）	满意（M±SD）	非常满意（M±SD）
教师	0.03±0.174	0.21±0.611	1.33±1.498	1.4±1.918	0.36±1.301
医生	0±0	0.5±0.905	0.75±1.357	1.67±2.06	0.42±1.443
工程师	0±0	0.55±0.934	0.82±1.401	0.36±1.206	1.82±2.523
工人	0.01±0.1	0.12±0.475	1.49±1.507	1.23±1.854	0.64±1.683
军人	0±0	0.25±0.707	1.88±1.553	0.5±1.414	0.63±1.768
其他	0.03±0.161	0.19±0.582	1.43±1.502	1.24±1.854	0.46±1.455
F 值	0.418	2.066*	0.748	1.243	3.467***
p 值	0.926	0.031	0.664	0.265	0.000

注：*p<0.05；**p<0.01；***p<0.001。

(8)对教育服务供给监管的满意度

通过分析不同离退前职业的老年人对教育服务供给监管的满意程度结果发现：离退前职业不同的老年人仅在“非常满意”（F=2.73，p<0.01）的选项上有显著性差异。在“非常不满意”“不满意”“一般”以及“满意”的选项上差异不显著。在“非常满意”的选项上离退前职业是工程师的老年人情感偏向程度最高，其次是公务员，离退前职业为警察和医生的老年人在该选项上的情感偏向程度是最低的。大多数老年人对教育服务供给监管的满意度都更倾向于“一般”。具体结果见表 4-25。

表 4-25　不同离退前职业的老年人对教育服务供给监管的满意度的差异分析

	非常不满意（M±SD）	不满意（M±SD）	一般（M±SD）	满意（M±SD）	非常满意（M±SD）
公务员	0.07±0.254	0.07±0.365	1.2±1.495	0.67±1.516	1.67±2.397
自由职业者	0.02±0.135	0.06±0.33	1.36±1.501	1.37±1.907	0.79±1.829
警察	0.33±0.577	0.67±1.155	1±1.732	0±0	0±0
干部	0±0	0.11±0.471	1.46±1.521	1.37±1.926	0.57±1.614
教师	0.03±0.174	0.12±0.484	1.52±1.508	1.28±1.875	0.41±1.383
医生	0.08±0.289	0.17±0.577	1.5±1.567	1.33±1.969	0±0

续表

	非常不满意（M ± SD）	不满意（M ± SD）	一般（M ± SD）	满意（M ± SD）	非常满意（M ± SD）
工程师	0 ± 0	0.18 ± 0.603	1.36 ± 1.567	0.36 ± 1.206	1.82 ± 2.523
工人	0.02 ± 0.14	0.08 ± 0.392	1.6 ± 1.504	1.11 ± 1.799	0.64 ± 1.683
军人	0 ± 0	0.25 ± 0.707	1.5 ± 1.604	1 ± 1.852	0.63 ± 1.768
其他	0.03 ± 0.174	0.12 ± 0.483	1.43 ± 1.502	1.33 ± 1.888	0.49 ± 1.485
F 值	1.71	0.931	0.31	0.958	2.73**
p 值	0.083	0.497	0.972	0.474	0.004

注：$^*p<0.05$；$^{**}p<0.01$。

（9）对接受完老年教育后现状的满意度

通过分析不同离退前职业的老年人对接受完老年教育后现状的满意程度结果发现：离退前职业不同的老年人在“非常满意”（$F=3.355, p<0.01$）和“非常不满意”（$F=1.992, p<0.05$）的选项上有显著性差异。在“非常不满意”“不满意”“一般”以及“满意”的选项上差异不显著。在“非常满意”的选项上离退前职业是公务员的老年人情感偏向程度最高，其次是工程师，离退前职业为警察的老年人在该选项上的情感偏向程度是最低的，但是在“非常不满意”的选项上情感偏向程度最高。大多数老年人对接受完老年教育后现状的满意度都更倾向于“一般”。具体结果见表 4–26。

表 4–26　不同离退前职业的老年人对接受完老年教育后现状的满意度的差异分析

	非常不满意（M ± SD）	不满意（M ± SD）	一般（M ± SD）	满意（M ± SD）	非常满意（M ± SD）
公务员	0 ± 0	0 ± 0	1.2 ± 1.495	0.8 ± 1.627	2 ± 2.491
自由职业者	0.02 ± 0.135	0.15 ± 0.526	1.17 ± 1.469	1.33 ± 1.894	0.93 ± 1.951
警察	0.33 ± 0.577	0.67 ± 1.155	1 ± 1.732	0 ± 0	0 ± 0
干部	0 ± 0	0.06 ± 0.338	1.03 ± 1.445	2.06 ± 2.028	0.57 ± 1.614
教师	0.02 ± 0.143	0.08 ± 0.4	1.45 ± 1.507	1.44 ± 1.931	0.46 ± 1.458
医生	0.08 ± 0.289	0.17 ± 0.577	1.25 ± 1.545	1.33 ± 1.969	0.42 ± 1.443
工程师	0 ± 0	0.36 ± 0.809	1.09 ± 1.514	0.36 ± 1.206	1.82 ± 2.523

续表

	非常不满意（M ± SD）	不满意（M ± SD）	一般（M ± SD）	满意（M ± SD）	非常满意（M ± SD）
工人	0.03 ± 0.171	0.12 ± 0.475	1.37 ± 1.501	1.31 ± 1.885	0.64 ± 1.683
军人	0 ± 0	0.25 ± 0.707	1.5 ± 1.604	1 ± 1.852	0.63 ± 1.768
其他	0.02 ± 0.147	0.12 ± 0.483	1.49 ± 1.503	1.27 ± 1.868	0.51 ± 1.515
F 值	1.992*	1.232	0.724	1.43	3.355**
p 值	0.038	0.272	0.687	0.171	0.001

注：*p<0.05；**p<0.01。

总的来看，现阶段整个老年教育服务都处于不够完善的探索时期。在老年教育服务供给逐步发展的过程中，不管是老年教育的功能体现、相关政策，还是人员配备、教育内容设置、供给资源分配、监管力度等方面都会有一些问题，不能很好地照顾到各个不同职业老年人的需要。因此，老年教育服务供给要加大其保障体系，监管力度和完善老年教育供给内容和方式，实行多层次、多选择，这样才能满足不同职业需求的老年人，才会使更多的老年人拥有老年教育的机会。

5. 不同月收入的老年人对教育服务供给满意程度的差异分析

为了更加具体地分析不同月收入的老年人对教育服务供给情况的满意程度是否有显著差异，本书对不同月收入的老年人对教育服务供给情况的满意程度进行单因素 ANOVA 分析，结果如表 4–27 所示。

表 4–27　不同月收入的老年人对教育服务供给满意程度的单因素 ANOVA 分析（n=1314）

	平均值 ± 标准差							F 值	p 值
	500 元以下	501—1000 元	1001—1500 元	1501—2000 元	2001—2500 元	2501—3000 元	3001 元及以上		
对教育服务供给整体情况的满意程度	3.31 ± 0.92	3.55 ± 0.84	3.6 ± 0.85	3.52 ± 0.74	3.45 ± 0.86	3.7 ± 0.95	3.55 ± 0.90	2.053	0.057

续表

	平均值 ± 标准差							F 值	p 值
	500 元以下	501—1000 元	1001—1500 元	1501—2000 元	2001—2500 元	2501—3000 元	3001 元以上		
对教育机构服务功能的满意程度	3.34 ± 0.93	3.48 ± 0.93	3.55 ± 0.87	3.49 ± 0.77	3.42 ± 0.89	3.7 ± 0.89	3.49 ± 0.93	1.271	0.269
对教育活动设备及设施的满意程度	3.35 ± 0.88	3.46 ± 0.87	3.63 ± 0.82	3.61 ± 0.74	3.45 ± 0.89	3.55 ± 0.95	3.53 ± 0.92	1.326	0.243
对教育服务内容的满意程度	3.38 ± 0.86	3.52 ± 0.83	3.75 ± 0.84	3.56 ± 0.83	3.39 ± 0.89	3.6 ± 0.93	3.54 ± 0.91	1.729	0.112
对教育服务供给方式的满意程度	3.39 ± 0.87	3.44 ± 0.89	3.73 ± 0.90	3.56 ± 0.83	3.45 ± 0.80	3.64 ± 0.92	3.47 ± 0.85	1.576	0.152
对教育供给政策的满意程度	3.36 ± 0.81	3.56 ± 0.85	3.63 ± 0.86	3.46 ± 0.89	3.45 ± 0.86	3.62 ± 0.86	3.53 ± 0.83	1.408	0.209
对教育服务人员的满意程度	3.36 ± 0.81	3.56 ± 0.85	3.63 ± 0.86	3.46 ± 0.89	3.45 ± 0.86	3.62 ± 0.86	3.53 ± 0.83	1.700	0.119
对教育教学服务的满意程度	3.38 ± 0.82	3.56 ± 0.84	3.75 ± 0.78	3.44 ± 0.85	3.34 ± 0.94	3.55 ± 0.91	3.47 ± 0.89	1.823	0.092
对教育服务供给资源分配的满意程度	3.36 ± 0.90	3.55 ± 0.84	3.53 ± 0.93	3.51 ± 0.83	3.34 ± 0.88	3.6 ± 0.91	3.4 ± 0.92	1.057	0.387
对教育服务供给监管的满意程度	3.38 ± 0.86	3.52 ± 0.88	3.58 ± 0.87	3.46 ± 0.87	3.37 ± 0.94	3.55 ± 0.93	3.42 ± 0.89	0.708	0.643
对接受完老年教育后现状的满意程度	3.38 ± 0.84	3.49 ± 0.94	3.75 ± 0.93	3.52 ± 0.94	3.39 ± 0.92	3.62 ± 0.95	3.52 ± 0.81	1.673	0.125

注：$^{*}p<0.05$；$^{**}p<0.01$。

从表 4–27 的调查结果来看，不同月收入水平的老年人对老年教育服务供给各方面的满意度不存在显著的差异性。虽然老年人收入程度有高有低，但是对老年教育服务供给各方面还是有着同样的主观认知，对老年教育服务有着同样的期许。收入多少并不能完全决定老年人对老年教育的感受。

通过进一步的具体分析发现，不同月收入的老年人虽然在对教育服务供给整体情况、教育机构服务功能、教育活动设备及设施、教育服务内容、教育服务供给方式、教育供给政策、教育服务人员、教育教学服务、教育服务供给资源分配、教育服务供给监管等方面满意度的具体选项上不存在显著差异，但是在接受完老年教育后现状的满意度选项上却有显著性差异。具体结果见表 4–28。

表 4–28　不同月收入的老年人对接受完老年教育后现状的满意度的差异分析

	非常不满意（M ± SD）	不满意（M ± SD）	一般（M ± SD）	满意（M ± SD）	非常满意（M ± SD）
500 元以下	0.02 ± 0.129	0.13 ± 0.503	1.65 ± 1.497	1.01 ± 1.743	0.56 ± 1.583
501—1000 元	0.04 ± 0.208	0.11 ± 0.463	1.15 ± 1.466	1.57 ± 1.965	0.62 ± 1.655
1001—1500 元	0.02 ± 0.129	0.1 ± 0.44	1 ± 1.426	1.47 ± 1.944	1.17 ± 2.133
1501—2000 元	0.05 ± 0.218	0.1 ± 0.436	1.03 ± 1.437	1.77 ± 2.003	0.57 ± 1.607
2001—2500 元	0.03 ± 0.162	0.21 ± 0.622	1.26 ± 1.501	1.37 ± 1.923	0.53 ± 1.555
2501—3000 元	0.04 ± 0.192	0.08 ± 0.385	1.08 ± 1.452	1.58 ± 1.975	0.85 ± 1.895
3001 元及以上	0 ± 0	0.12 ± 0.474	1.52 ± 1.505	1.16 ± 1.82	0.72 ± 1.765
F 值	1.43	0.375	3.204*	2.103	1.142
p 值	0.2	0.895	0.004	0.051	0.336

注：*p<0.05；**p<0.01。

从表 4–28 可以看出，不同月收入的老年人对接受完老年教育后现状的满意度比较倾向于“一般”和“满意”这两个选项，但是仅在“一般”（F=3.204，p<0.01）的选项上有显著性差异，在“非常不满意”“不满意”“满意”以及“非常满意”的选项上差异不显著。月收入在 500 元以下的老年人认为接受完老年教育后的现状为“一般”的倾向性最高，其次是月收入在 3001 元及以上的老年人。月收入在 1501—2000 元的老年人在“满意”这一选项上的倾向性最高，其次是月收入在 2501—3000 元的老年人和月收入在 501—1000 元的老年人。

总的来看，一方面虽然老年人的收入不同，但都期望自己的老年生活能有所变化，期待自己能再次发挥余热，期待自己能自我提升，期待自己能通过老年教育收获更多，能更好地适应社会、适应生活。另一方面，不同月收入水平的老年人对老年教育服务供给各个方面的满意度水平虽然高于“一般”，但是又都没有达到“满意”的水平，这说明尽管老年人的月收入水平是不一样的，但是大家都对老年教育服务供给的各个方面还是不太满意。

6. 不同婚姻状况的老年人对教育服务供给满意程度的差异分析

为了更加具体地分析不同婚姻状况的老年人对教育服务供给情况的满意程度是否有显著差异，本书对不同婚姻状况的老年人对教育服务供给情况的满意程度进行单因素 ANOVA 分析，结果如表 4–29 所示。

表 4–29　不同婚姻状况的老年人对教育服务供给满意程度的单因素 ANOVA 分析（n=1314）

	平均值 ± 标准差				F 值	p 值
	未婚	已婚	离婚	丧偶		
对教育服务供给整体情况的满意程度	3.24 ± 0.98	3.57 ± 0.86	3.27 ± 0.91	3.28 ± 0.93	4.562**	0.004
对教育机构服务功能的满意程度	3.38 ± 1.16	3.52 ± 0.87	3 ± 1	3.32 ± 0.95	2.687*	0.046
对教育活动设备及设施的满意程度	3.3 ± 1.08	3.54 ± 0.84	2.73 ± 1.01	3.35 ± 0.92	4.947**	0.002
对教育服务内容的满意程度	3.43 ± 0.99	3.55 ± 0.85	3.09 ± 1.22	3.39 ± 0.90	2.048	0.106
对教育服务供给方式的满意程度	3.11 ± 1.02	3.54 ± 0.85	3.09 ± 0.83	3.43 ± 0.87	3.942**	0.008
对教育供给政策的满意程度	3.19 ± 1.13	3.54 ± 0.80	3 ± 1	3.42 ± 0.85	3.809*	0.010
对教育服务人员的满意程度	3.32 ± 1.08	3.55 ± 0.85	3.18 ± 0.87	3.42 ± 0.81	1.883	1.131
对教育教学服务的满意程度	3.3 ± 1.08	3.53 ± 0.83	3.09 ± 0.94	3.37 ± 0.86	2.425	0.065

续表

	平均值 ± 标准差				F 值	p 值
	未婚	已婚	离婚	丧偶		
对教育服务供给资源分配的满意程度	3.41 ± 1.01	3.48 ± 0.89	3.27 ± 0.91	3.33 ± 0.86	1.102	0.348
对教育服务供给监管的满意程度	3.35 ± 1.03	3.49 ± 0.85	2.73 ± 1.35	3.37 ± 0.88	3.295*	0.020
对接受完老年教育后现状的满意程度	3.38 ± 0.98	3.55 ± 0.84	2.91 ± 1.3	3.37 ± 0.97	3.271*	0.021

注:*p<0.05;**p<0.01。

从表 4-29 的调查结果来看,不同婚姻状况的老年人在老年教育服务供给整体情况(F=4.562,p<0.01)、教育机构服务功能(F=2.687,p<0.05)、教育活动设备及设施(F=4.947,p<0.01)、教育服务供给方式(F=3.942,p<0.01)、教育供给政策(F=3.809,p<0.05)、教育服务供给监管(F=3.295,p<0.05)、接受完老年教育后现状等方面的满意度(F=3.271,p<0.05)存在显著差异;婚姻状况为已婚的老年人在这几个方面的满意度水平均高于婚姻状况为未婚、离婚和丧偶的老年人,而婚姻状况为离异的老年人在这几个方面的满意度水平普遍最低。但是不同婚姻状况的老年人在对教育服务内容、教育服务人员、教育教学服务以及教育服务供给资源分配等方面的满意度上差异均不显著。

因不同婚姻状况的老年人在老年教育服务供给整体情况、教育机构服务功能、教育活动设备及设施、教育服务供给方式、教育供给政策、教育服务供给监管以及接受完老年教育后现状等方面的满意度具有差异,故对这几个方面进行具体分析的结果如下:

(1)对老年教育服务供给整体情况的满意度

通过分析不同婚姻状况的老年人对老年教育服务供给整体情况的满意度结果发现:婚姻状况不同的老年人对该问题在“不满意”(F=3.611,p<0.05)和“满意”(F=5.306,p<0.01)这两个选项上分别有显著性差异。在“非常不满

意”“一般”以及“非常满意”的选项上差异不显著。在“不满意”的选项上，婚姻状况为离婚的老年人情感偏向程度最高，其次是未婚的老年人，已婚的老年人在该选项上的情感偏向程度是最低的。在“满意”的选项上，已婚的老年人情感偏向程度高于其他婚姻状况的老年人。从该问题的所有选项来看，大多数老年人对老年教育服务供给整体情况的满意度都更倾向于选择“一般”。具体结果见表 4–30。

表 4–30　不同婚姻状况的老年人对老年教育服务供给整体情况的满意程度的差异分析

	非常不满意（M ± SD）	不满意（M ± SD）	一般（M ± SD）	满意（M ± SD）	非常满意（M ± SD）
未婚	0.03 ± 0.164	0.32 ± 0.747	1.46 ± 1.52	0.76 ± 1.588	0.68 ± 1.733
已婚	0.01 ± 0.103	0.13 ± 0.497	1.24 ± 1.479	1.46 ± 1.929	0.72 ± 1.761
离婚	0 ± 0	0.36 ± 0.809	1.36 ± 1.567	1.09 ± 1.868	0.45 ± 1.508
丧偶	0.02 ± 0.132	0.28 ± 0.7	1.54 ± 1.506	0.78 ± 1.591	0.66 ± 1.704
F 值	0.376	3.611*	1.392	5.306**	0.117
p 值	0.77	0.013	0.244	0.001	0.95

注：$^{*}p<0.05$；$^{**}p<0.01$。

(2)对老年教育机构服务功能的满意度

通过分析不同婚姻状况的老年人对老年教育机构服务功能的满意度结果发现：婚姻状况不同的老年人对该问题在“非常不满意”（$F=3.216, p<0.05$）和“满意”（$F=2.808, p<0.05$）这两个选项上的差异性比较显著。在“不满意”“一般”以及“非常满意”的选项上差异不显著。在“非常不满意”的选项上，婚姻状况为离婚的老年人情感偏向程度最高，其次是未婚的老年人，已婚的老年人在该选项上的情感偏向程度是最低的。在“满意”的选项上，婚姻状况为离婚的老年人情感偏向程度最高，其次是已婚的老年人。从该问题的所有选项来看，大多数老年人对老年教育机构服务功能的满意度更倾向于选择“一般”。具体结果见表 4–31。

表 4–31　不同婚姻状况的老年人对老年教育机构服务功能的满意程度的差异分析

	非常不满意（M ± SD）	不满意（M ± SD）	一般（M ± SD）	满意（M ± SD）	非常满意（M ± SD）
未婚	0.08 ± 0.277	0.16 ± 0.553	1.3 ± 1.507	0.76 ± 1.588	1.08 ± 2.087
已婚	0.01 ± 0.121	0.12 ± 0.474	1.38 ± 1.497	1.29 ± 1.87	0.72 ± 1.761
离婚	0.09 ± 0.302	0.36 ± 0.809	1.09 ± 1.514	1.45 ± 2.018	0 ± 0
丧偶	0.03 ± 0.161	0.23 ± 0.641	1.54 ± 1.506	0.81 ± 1.618	0.71 ± 1.751
F 值	3.216*	2.064	0.572	2.808*	1.123
p 值	0.022	0.104	0.633	0.039	0.339

注：*p<0.05；**p<0.01。

（3）对老年教育活动设备及设施的满意度

通过分析不同婚姻状况的老年人对老年教育活动设备及设施的满意度结果发现：婚姻状况不同的老年人对该问题在“非常不满意”（F=3.327，p<0.05）、“不满意”（F=4.426，p<0.01）和“满意”（F=4.349，p<0.01）这三个选项上分别具有显著性差异。在“一般”以及“非常满意”这两个选项上差异不显著。在“非常不满意”和“不满意”的选项上，婚姻状况为离婚的老年人情感偏向程度均最高，其次是未婚的老年人，已婚的老年人在这两个选项上的情感偏向程度均是最低的。在“满意”的选项上，已婚的老年人情感偏向程度高于其他婚姻状况的老年人，其中婚姻状况为未婚的老年人情感偏向程度最低。从该问题的所有选项来看，大多数老年人对老年教育活动设备及设施的满意度更倾向于选择“一般”。具体结果见表 4–32。

表 4–32　不同婚姻状况的老年人对老年教育活动设备及设施的满意程度的差异分析

	非常不满意（M ± SD）	不满意（M ± SD）	一般（M ± SD）	满意（M ± SD）	非常满意（M ± SD）
未婚	0.05 ± 0.229	0.22 ± 0.63	1.54 ± 1.52	0.54 ± 1.386	0.95 ± 1.985
已婚	0.01 ± 0.092	0.14 ± 0.512	1.26 ± 1.482	1.49 ± 1.936	0.65 ± 1.682
离婚	0.09 ± 0.302	0.73 ± 1.009	0.82 ± 1.401	1.09 ± 1.868	0 ± 0

续表

	非常不满意（M ± SD）	不满意（M ± SD）	一般(M ± SD)	满意(M ± SD)	非常满意（M ± SD）
丧偶	0.03 ± 0.161	0.19 ± 0.595	1.49 ± 1.507	1.03 ± 1.755	0.62 ± 1.655
F 值	3.327*	4.426**	1.424	4.349**	0.941
p 值	0.019	0.004	0.235	0.005	0.42

注:*p<0.05;**p<0.01;***p<0.001。

(4)对老年教育供给方式的满意度

通过分析不同婚姻状况的老年人对老年教育供给方式的满意度结果发现:婚姻状况不同的老年人对该问题仅在“非常不满意”（F=4.105,p<0.05）这一选项上具有显著性差异。在“不满意”“一般”“满意”以及“非常满意”这几个选项上的差异不显著。在“非常不满意”的选项上,婚姻状况为离婚的老年人情感偏向程度最高,已婚的老年人在这个选项上的情感偏向程度是最低的。虽然不同婚姻状况的老年人在其他的选项上不存在显著性差异,但是从该问题的所有选项来看,大多数老年人对老年教育供给方式的满意度都比较倾向于选择“一般”。具体结果见表 4–33。

表 4–33　不同婚姻状况的老年人对老年教育供给方式的满意程度的差异分析

	非常不满意（M ± SD）	不满意（M ± SD）	一般(M ± SD)	满意(M ± SD)	非常满意（M ± SD）
未婚	0.05 ± 0.229	0.38 ± 0.794	1.38 ± 1.516	0.76 ± 1.588	0.54 ± 1.574
已婚	0.01 ± 0.08	0.15 ± 0.526	1.3 ± 1.488	1.38 ± 1.903	0.71 ± 1.75
离婚	0.09 ± 0.302	0 ± 0	1.91 ± 1.514	1.09 ± 1.868	0 ± 0
丧偶	0.02 ± 0.132	0.14 ± 0.515	1.49 ± 1.507	1.17 ± 1.827	0.62 ± 1.655
F 值	4.105**	2.458	1.039	1.548	0.764
p 值	0.007	0.062	0.375	0.201	0.514

注:*p<0.05;**p<0.01;***p<0.001。

(5)对老年教育供给政策的满意度

通过分析不同婚姻状况的老年人对老年教育供给政策的满意度结果发现:婚姻状况不同的老年人对该问题在"非常不满意"(F=5.338,p<0.01)和"满意"(F=4.158,p<0.01)这两个选项上分别具有显著性差异。在"不满意""一般"以及"非常满意"这三个选项上差异不显著。在"非常不满意"的选项上,婚姻状况为离婚的老年人情感偏向程度最高,其次是未婚的老年人,已婚的老年人在该选项上的情感偏向程度是最低的。在"满意"的选项上,已婚的老年人情感偏向程度高于其他婚姻状况的老年人,其中婚姻状况为未婚的老年人情感偏向程度最低。从该问题的所有选项来看,大多数老年人对老年教育供给政策的满意度更倾向于选择"一般"。具体结果见表4–34。

表4–34　不同婚姻状况的老年人对老年教育供给政策的满意程度的差异分析

	非常不满意(M ± SD)	不满意(M ± SD)	一般(M ± SD)	满意(M ± SD)	非常满意(M ± SD)
未婚	0.08 ± 0.277	0.27 ± 0.693	1.38 ± 1.516	0.65 ± 1.495	0.81 ± 1.868
已婚	0.01 ± 0.092	0.1 ± 0.441	1.35 ± 1.494	1.48 ± 1.934	0.61 ± 1.634
离婚	0.09 ± 0.302	0.36 ± 0.809	1.09 ± 1.514	1.45 ± 2.018	0 ± 0
丧偶	0.02 ± 0.132	0.11 ± 0.45	1.67 ± 1.497	0.96 ± 1.713	0.66 ± 1.704
F值	5.338**	2.513	1.607	4.158**	0.721
p值	0.001	0.058	0.186	0.006	0.54

注:*p<0.05;**p<0.01;***p<0.001。

(6)对老年教育供给监管的满意度

通过分析不同婚姻状况的老年人对老年教育供给监管的满意度结果发现:婚姻状况不同的老年人对该问题仅在"非常不满意"(F=9.063,p<0.001)这一选项上具有显著性差异。在"不满意""一般""满意"以及"非常满意"这几个选项上的差异均不显著。在"非常不满意"的选项上,婚姻状况为离婚的老

年人情感偏向程度最高,已婚的老年人在这个选项上的情感偏向程度是最低的。虽然不同婚姻状况的老年人在其他的选项上不存在显著性差异,但是从该问题的所有选项来看,大多数老年人对老年教育供给监管的满意度比较倾向于选择“一般”。具体结果见表4–35。

表4–35　不同婚姻状况的老年人对老年教育供给监管的满意程度的差异分析

	非常不满意(M ± SD)	不满意(M ± SD)	一般(M ± SD)	满意(M ± SD)	非常满意(M ± SD)
未婚	0.05 ± 0.229	0.16 ± 0.553	1.46 ± 1.52	0.86 ± 1.669	0.81 ± 1.868
已婚	0.02 ± 0.137	0.1 ± 0.441	1.43 ± 1.5	1.3 ± 1.876	0.64 ± 1.67
离婚	0.27 ± 0.467	0.18 ± 0.603	1.09 ± 1.514	0.73 ± 1.618	0.45 ± 1.508
丧偶	0.04 ± 0.186	0.11 ± 0.45	1.57 ± 1.505	1.13 ± 1.81	0.53 ± 1.547
F值	9.063***	0.301	0.464	1.092	0.325
p值	0.000	0.825	0.707	0.352	0.808

注:*p<0.05;**p<0.01;***p<0.001。

(7)对接受完老年教育后现状的满意度

通过分析不同婚姻状况的老年人对接受完老年教育后现状的满意度结果发现:婚姻状况不同的老年人对该问题在“非常不满意”(F=7.134,p<0.001)和“满意”(F=2.834,p<0.05)这两个选项上有显著性差异。在“不满意”“一般”以及“非常满意”的选项上差异不显著。在“非常不满意”的选项上,婚姻状况是离婚的老年人情感偏向程度最高,而已婚的老年人在该选项上的情感偏向程度是最低的。在“满意”的选项上,已婚的老年人情感偏向程度高于其他婚姻状况的老年人。但是从该问题的所有选项来看,大多数老年人对接受完老年教育后现状的满意度更倾向于选择“一般”。具体结果见表4–36。

表 4-36　不同婚姻状况的老年人对接受完老年教育后现状的满意程度的差异分析

	非常不满意（M ± SD）	不满意（M ± SD）	一般（M ± SD）	满意（M ± SD）	非常满意（M ± SD）
未婚	0.03 ± 0.164	0.22 ± 0.63	1.46 ± 1.52	0.86 ± 1.669	0.81 ± 1.868
已婚	0.01 ± 0.103	0.11 ± 0.466	1.31 ± 1.489	1.44 ± 1.922	0.68 ± 1.717
离婚	0.18 ± 0.405	0.36 ± 0.809	0.82 ± 1.401	1.09 ± 1.868	0.45 ± 1.508
丧偶	0.05 ± 0.225	0.09 ± 0.413	1.57 ± 1.505	0.96 ± 1.713	0.71 ± 1.751
F 值	7.134***	1.651	1.442	2.834*	0.137
p 值	0.000	0.176	0.229	0.038	0.938

注：$^*p<0.05$；$^{**}p<0.01$；$^{***}p<0.001$。

从调查结果来看，一方面，已婚的老年人对老年教育服务供给的满意度水平高于其他婚姻状况的老年人，这是因为已婚老年人比离婚、丧偶还有一直未婚的老年人有着更多的社会支持，可以获得更多的积极情绪体验。加之离婚、丧偶还有一直未婚的老年人本身普遍具有强烈的求助需求，因此对老年教育的期望和要求也就会更高一些。另一方面，不管婚姻状况如何，老年人在老年教育服务供给满意度的最大感受还是“一般”，这也说明老年教育的覆盖面还不够，照顾到的群体还不全面。

7. 不同居住情况的老年人对老年教育服务供给满意程度的差异分析

为了更加具体地分析不同居住情况的老年人对老年教育服务供给情况的满意程度是否有显著差异，本书对不同居住情况的老年人对教育服务供给情况的满意程度进行单因素 ANOVA 分析，结果如表 4-37 所示。

表 4-37　不同居住情况的老年人对教育服务供给满意程度的单因素 ANOVA 分析（n=1314）

	平均值 ± 标准差						F 值	p 值
	单独居住	夫妻居住	与子女一起居住	与父母一起居住	养老院居住	其他		
对教育服务供给整体情况的满意程度	3.4 ± 0.97	3.53 ± 0.87	3.54 ± 0.88	3.15 ± 0.93	3.1 ± 0.88	3.14 ± 0.69	1.615	0.154
对教育机构服务功能的满意程度	3.43 ± 0.96	3.47 ± 0.88	3.55 ± 0.88	3.05 ± 1.19	3.1 ± 0.88	3.14 ± 1.22	1.733	0.125
对教育活动设备及设施的满意程度	3.41 ± 0.98	3.45 ± 0.85	3.61 ± 0.81	3.05 ± 1.19	3.4 ± 1.08	3.29 ± 0.95	2.089	0.065
对教育服务内容的满意程度	3.49 ± 0.93	3.49 ± 0.86	3.61 ± 0.82	3.05 ± 1.05	3 ± 1.16	3.71 ± 0.95	2.450*	0.033
对教育服务供给方式的满意程度	3.46 ± 0.93	3.48 ± 0.84	3.56 ± 0.86	3.05 ± 1.00	3.7 ± 1.25	3.14 ± 0.69	1.655	0.144
对教育供给政策的满意程度	3.46 ± 0.96	3.48 ± 0.80	3.59 ± 0.81	3.2 ± 0.95	2.7 ± 1.25	3.14 ± 0.69	3.155**	0.008
对教育服务人员的满意程度	3.51 ± 0.85	3.52 ± 0.83	3.54 ± 0.88	3.2 ± 0.95	3.3 ± 1.25	3.43 ± 0.98	0.706	0.619
对教育教学服务的满意程度	3.46 ± 0.86	3.51 ± 0.82	3.52 ± 0.86	2.95 ± 1.00	2.8 ± 1.14	3.57 ± 0.79	3.036*	0.010
对教育服务供给资源分配的满意程度	3.51 ± 0.81	3.41 ± 0.87	3.5 ± 0.92	3.1 ± 0.91	3.2 ± 1.32	3.86 ± 0.9	1.412	0.218
对教育服务供给监管的满意程度	3.51 ± 0.86	3.42 ± 0.86	3.51 ± 0.89	3.15 ± 0.99	3 ± 1.16	3.71 ± 0.95	1.457	0.202
对接受完老年教育后现状的满意程度	3.54 ± 0.89	3.49 ± 0.84	3.53 ± 0.93	3.25 ± 0.79	3.2 ± 1.32	3.71 ± 0.95	0.735	0.597

注：*p<0.05；**p<0.01。

从表 4-37 的调查结果可以看出，不同居住情况的老年人在教育服务的内容（F=2.450，p<0.05）、教育供给政策（F=3.155，p<0.01）、教育教学服务（F=3.036，p<0.01）这三个方面的满意度上有显著性差异。居住情况为与父母一起居住以及在养老院居住的老年人在教育服务的内容、教育供给政策和教

育教学服务方面的满意度水平均不高，在养老院居住的老人对教育供给政策和教育教学服务这两个方面甚至不太满意。这可能是因为与父母一起居住的老年人不仅需要花时间照顾父母，还会有其他的生活琐事需要处理，所以在老年教育服务的内容、教育供给政策以及教学服务方面，他们更希望能解决一些实际的问题，比如在内容的安排上更贴近生活，在时间的选择上更灵活。而对于在养老院居住的老年人来说，他们的日常生活通常会有一个比较统一的安排，因此在接受老年教育时，自己能完全自主选择的可能性也会比较小，甚至有些老年人选择的老年教育服务内容并不是他们所感兴趣的，所以他们在教育服务的内容、教育供给政策和教育教学服务方面的满意度水平不高，

此外，从表 4–37 的总体结果中看，不论老年人的居住方式是什么样的，他们对教育服务供给整体情况、教育机构服务功能、教育活动设备及设施、教育服务供给方式、教育服务人员、教育服务供给资源分配、教育服务供给监管以及接受完老年教育后现状等方面的满意度总体上均不存在显著性差异。

通过对不同居住情况的老年人在老年教育服务供给的各个方面的具体分析发现，不同居住情况的老年人在老年教育服务供给整体情况、教育机构服务功能、教育活动设备及设施、教育服务内容、教育供给政策、教育教学服务、教育服务供给资源分配、教育服务供给监管以及接受完老年教育后现状这些方面满意程度的具体选项上还是表现出了一些不同，相关分析结果如下：

(1)对老年教育服务供给整体情况的满意度

通过分析不同居住情况的老年人对老年教育服务供给整体情况的满意度结果发现：居住情况不同的老年人对该问题仅在“不满意”($F=2.786$, $p<0.05$)这一选项上有显著性差异。在“非常不满意”“一般”“满意”以及“非常满意”的选项上差异不显著。具体结果见表 4–38。

表 4–38　不同居住情况的老年人对教育服务供给整体情况的满意程度的差异分析

	非常不满意（M ± SD）	不满意（M ± SD）	一般（M ± SD）	满意（M ± SD）	非常满意（M ± SD）
单独居住	0.02 ± 0.155	0.2 ± 0.597	1.5 ± 1.509	0.83 ± 1.632	0.85 ± 1.893
夫妻居住	0.01 ± 0.098	0.14 ± 0.514	1.35 ± 1.495	1.28 ± 1.868	0.74 ± 1.78
与子女一起居住	0.01 ± 0.099	0.18 ± 0.571	1.16 ± 1.464	1.5 ± 1.943	0.69 ± 1.732
与父母一起居住	0 ± 0	0.6 ± 0.94	0.9 ± 1.41	1.4 ± 1.957	0.25 ± 1.118
养老院居住	0.1 ± 0.316	0 ± 0	1.8 ± 1.549	1.2 ± 1.932	0 ± 0
其他	0 ± 0	0.29 ± 0.756	1.71 ± 1.604	1.14 ± 1.952	0 ± 0
F 值	1.541	2.786*	1.369	1.562	0.979
p 值	0.175	0.017	0.234	0.169	0.43

注: *p<0.05; **p<0.01; ***p<0.001。

从表 4–38 的调查结果来看，在该问题满意度为“不满意”的选项上，与父母一起居住的老年人情感偏向程度最高，在养老院居住的老年人在该选项上的情感偏向程度是最低的。但是从该问题的所有选项来看，大多数老年人对老年教育服务供给整体情况的满意度更倾向于选择“一般”或“满意”。其中以在养老院居住的老年人和以其他方式居住的老年人在“一般”这一选项上的情感偏向性较高，与子女一起居住的老年人在“满意”选项上的情感偏向性比其他老年人要高一些。

(2)对老年教育机构服务功能的满意度

通过分析不同居住情况的老年人对老年教育机构服务功能的满意度结果发现：居住情况不同的老年人对该问题在“非常不满意”(F=3.207, p<0.01)和“不满意”(F=2.201, p<0.05)这两个选项上有显著性差异。在“一般”“满意”以及“非常满意”的选项上差异不显著。具体结果见表 4–39。

表 4–39 不同居住情况的老年人对教育机构服务功能的满意程度的差异分析

	非常不满意（M ± SD）	不满意（M ± SD）	一般（M ± SD）	满意（M ± SD）	非常满意（M ± SD）
单独居住	0.04 ± 0.189	0.12 ± 0.482	1.5 ± 1.509	0.98 ± 1.728	0.79 ± 1.837
夫妻居住	0.02 ± 0.126	0.14 ± 0.503	1.46 ± 1.502	1.15 ± 1.813	0.71 ± 1.748
与子女一起居住	0.01 ± 0.099	0.15 ± 0.526	1.29 ± 1.489	1.31 ± 1.881	0.79 ± 1.83
与父母一起居住	0.1 ± 0.308	0.5 ± 0.889	0.75 ± 1.333	1.2 ± 1.881	0.5 ± 1.539
养老院居住	0.1 ± 0.316	0 ± 0	1.8 ± 1.549	1.2 ± 1.932	0 ± 0
其他	0.14 ± 0.378	0 ± 0	1.71 ± 1.604	0.57 ± 1.512	0.71 ± 1.89
F 值	3.207**	2.201*	1.348	0.574	0.486
p 值	0.007	0.053	0.242	0.72	0.786

注：*p<0.05；**p<0.01；***p<0.001。

从表 4–39 的结果来看，在“非常不满意”的选项上，居住状况为与父母一起居住、养老院居住以及其他方式居住的老年人情感偏向程度较高，而与子女一起居住的老年人在该选项上的情感偏向程度最低。在“不满意”的选项上，与父母一起居住的老年人情感偏向程度最高。从该问题的所有选项来看，不论老年人是以什么方式居住，大多数老年人对老年教育机构服务功能的满意度更倾向于选择“一般”，其中在养老院居住的老年人在“一般”这一选项上的情感偏向性最高，其次是以其他方式居住的老年人。

（3）对老年教育活动设备及设施的满意度

通过分析不同居住情况的老年人对老年教育活动设备及设施的满意度结果发现：居住情况不同的老年人对该问题仅在“非常不满意”（F=3.969，p<0.05）这一选项上有显著性差异。在“不满意”“一般”“满意”以及“非常满意”的选项上差异不显著。具体结果见表 4–40。

表 4-40　不同居住情况的老年人对教育活动设备及设施的满意程度的差异分析

	非常不满意（M ± SD）	不满意（M ± SD）	一般（M ± SD）	满意（M ± SD）	非常满意（M ± SD）
单独居住	0.04 ± 0.189	0.17 ± 0.562	1.39 ± 1.505	1.02 ± 1.757	0.79 ± 1.837
夫妻居住	0.01 ± 0.113	0.16 ± 0.545	1.4 ± 1.499	1.28 ± 1.868	0.6 ± 1.624
与子女一起居住	0 ± 0	0.14 ± 0.509	1.17 ± 1.468	1.6 ± 1.965	0.69 ± 1.732
与父母一起居住	0.1 ± 0.308	0.5 ± 0.889	0.75 ± 1.333	1.2 ± 1.881	0.5 ± 1.539
养老院居住	0.1 ± 0.316	0 ± 0	1.2 ± 1.549	1.6 ± 2.066	0.5 ± 1.581
其他	0 ± 0	0.29 ± 0.756	1.71 ± 1.604	0.57 ± 1.512	0.71 ± 1.89
F 值	3.969**	1.838	1.315	1.61	0.255
p 值	0.001	0.103	0.256	0.155	0.937

注：*p<0.05；**p<0.01；***p<0.001。

从表 4-40 的调查结果看，居住状况为与父母一起居住和在养老院居住的老年人在该问题“非常不满意”的选项上情感偏向程度最高，而与子女一起居住的老年人在该选项上的情感偏向程度是最低的。从该问题的所有选项来看，不论老年人是以什么方式居住，大多数老年人对老年教育活动设备及设施的满意度更倾向于选择“一般”或“满意”，其中以其他方式居住的老年人在“一般”这一选项上的情感偏向性最高，与子女一起居住和在养老院居住的老年人在“满意”选项上的情感偏向性要高一些。

(4)对老年教育服务内容的满意度

通过分析不同居住情况的老年人对老年教育服务内容的满意度结果发现：居住情况不同的老年人对该问题在“非常不满意”（F=5.111，p<0.001）和“不满意”（F=4.037，p<0.05）这两个选项上有显著性差异。在“一般”“满意”以及“非常满意”的选项上差异不显著。具体结果见表 4-41。

表 4-41　不同居住情况的老年人对教育服务内容的满意程度的差异分析

	非常不满意（M ± SD）	不满意（M ± SD）	一般（M ± SD）	满意（M ± SD）	非常满意（M ± SD）
单独居住	0.04 ± 0.189	0.07 ± 0.378	1.46 ± 1.509	1.12 ± 1.808	0.79 ± 1.837
夫妻居住	0.01 ± 0.113	0.14 ± 0.514	1.38 ± 1.498	1.29 ± 1.873	0.66 ± 1.697
与子女一起居住	0 ± 0.07	0.12 ± 0.474	1.2 ± 1.474	1.56 ± 1.957	0.72 ± 1.758
与父母一起居住	0.05 ± 0.224	0.6 ± 0.94	0.75 ± 1.333	1.4 ± 1.957	0.25 ± 1.118
养老院居住	0.2 ± 0.422	0 ± 0	1.2 ± 1.549	1.6 ± 2.066	0 ± 0
其他	0 ± 0	0 ± 0	1.71 ± 1.604	0.57 ± 1.512	1.43 ± 2.44
F 值	5.111***	4.037**	1.213	1.089	0.928
p 值	0.000	0.001	0.301	0.365	0.462

注：*p<0.05；**p<0.01；***p<0.001。

从表 4-41 的调查结果看，在养老院居住的老年人在“非常不满意”的选项上情感偏向程度最高，与父母一起居住的老年人在“不满意”选项上的情感偏向程度是最高的。从该问题的所有选项来看，不论老年人是以什么方式居住，大多数老年人对老年教育服务内容的满意度更倾向于选择“一般”或“满意”，其中以其他方式居住的老年人在“一般”这一选项上的情感偏向性最高，与子女一起居住和在养老院居住的老年人在“满意”选项上的情感偏向性要高一些。

（5）对老年教育供给政策的满意度

通过分析不同居住情况的老年人对老年教育供给政策的满意度结果发现：居住情况不同的老年人对该问题在“非常不满意”（F=12.877，p<0.001）这一选项上有显著性差异。在“不满意”“一般”“满意”以及“非常满意”的选项上差异不显著。具体结果见表 4-42。

表 4-42　不同居住情况的老年人对教育供给政策的满意程度的差异

	非常不满意（M ± SD）	不满意（M ± SD）	一般（M ± SD）	满意（M ± SD）	非常满意（M ± SD）
单独居住	0.04 ± 0.189	0.1 ± 0.433	1.5 ± 1.509	0.98 ± 1.728	0.85 ± 1.893
夫妻居住	0.01 ± 0.08	0.12 ± 0.468	1.48 ± 1.502	1.32 ± 1.882	0.56 ± 1.585
与子女一起居住	0 ± 0.07	0.11 ± 0.455	1.26 ± 1.485	1.52 ± 1.948	0.69 ± 1.732
与父母一起居住	0.05 ± 0.224	0.3 ± 0.733	1.2 ± 1.508	1.4 ± 1.957	0.25 ± 1.118
养老院居住	0.3 ± 0.483	0 ± 0	1.2 ± 1.549	1.2 ± 1.932	0 ± 0
其他	0 ± 0	0.29 ± 0.756	1.71 ± 1.604	1.14 ± 1.952	0 ± 0
F 值	12.877***	0.95	0.761	1.037	1.165
p 值	0.000	0.448	0.579	0.395	0.325

注: *p<0.05; **p<0.01; ***p<0.001。

从表 4-42 的调查结果看，在该问题“非常不满意”的选项上，在养老院居住的老年人情感偏向程度最高。从该问题的所有选项来看，不论老年人是以什么方式居住，大多数老年人对老年教育供给政策的满意度更倾向于选择“一般”或“满意”，其中以其他方式居住的老年人在“一般”这一选项上的情感偏向性最高，其次是单独居住的老年人。与子女一起居住的老年人在“满意”这一选项上的情感偏向性要高一些。这可能是因为与子女一起居住的老年人会有更多的交流对象，当他们对老年教育的问题有疑惑时，子女会帮助他们梳理和分析相关的政策，这样老年人不仅会更好地了解老年教育的现状，也能更准确地把握和认识老年教育供给政策，因此与子女一起居住的老年人其满意度的倾向会高一些。

(6)对老年教育教学服务的满意度

通过分析不同居住情况的老年人对老年教育教学服务的满意度结果发现：居住情况不同的老年人对该问题在“非常不满意”（F=4.156, p<0.05）和“不满意”（F=5.249, p<0.001）这两个选项上有显著性差异。在“一般”、“满意”以及“非常满意”的选项上差异不显著。具体结果见表 4-43。

表 4–43 不同居住情况的老年人对教育教学服务的满意程度的差异分析

	非常不满意（M ± SD）	不满意（M ± SD）	一般（M ± SD）	满意（M ± SD）	非常满意（M ± SD）
单独居住	0.02 ± 0.155	0.05 ± 0.31	1.68 ± 1.498	0.98 ± 1.728	0.73 ± 1.778
夫妻居住	0.01 ± 0.098	0.1 ± 0.43	1.5 ± 1.502	1.24 ± 1.852	0.66 ± 1.697
与子女一起居住	0.02 ± 0.14	0.11 ± 0.455	1.31 ± 1.491	1.45 ± 1.926	0.64 ± 1.679
与父母一起居住	0.05 ± 0.224	0.6 ± 0.94	1.05 ± 1.468	1 ± 1.777	0.25 ± 1.118
养老院居住	0.2 ± 0.422	0.2 ± 0.632	1.2 ± 1.549	1.2 ± 1.932	0 ± 0
其他	0 ± 0	0 ± 0	1.71 ± 1.604	1.14 ± 1.952	0.71 ± 1.89
F 值	4.156**	5.249***	1.216	0.878	0.57
p 值	0.001	0.000	0.300	0.495	0.723

注：*p<0.05；**p<0.01；***p<0.001。

从表 4–43 的调查结果看，在该问题“非常不满意”的选项上，在养老院居住的老年人情感偏向程度最高。在该问题“不满意”的选项上，与父母一起居住的老年人情感偏向程度最高，其次是在养老院居住的老年人。从该问题的所有选项来看，不论老年人是以什么方式居住，大多数老年人对老年教育教学服务的满意度更倾向于选择“一般”或“满意”，其中以其他方式居住的老年人和单独居住的老年人在“一般”这一选项上的情感偏向性较高。与子女一起居住的老年人和夫妻居住的老年人在“满意”这一选项上的情感偏向性要高一些。

（7）对老年教育服务供给资源分配的满意度

通过分析不同居住情况的老年人对老年教育服务供给资源分配的满意度结果发现：居住情况不同的老年人对该问题仅在“不满意”（F=3.759，p<0.05）这一选项上有显著性差异。在“非常不满意”“一般”“满意”以及“非常满意”的选项上差异不显著。具体结果见表 4–44。

表 4-44　不同居住情况的老年人对教育服务供给资源分配的满意程度的差异分析

	非常不满意（M ± SD）	不满意（M ± SD）	一般（M ± SD）	满意（M ± SD）	非常满意（M ± SD）
单独居住	0.01 ± 0.11	0.05 ± 0.31	1.61 ± 1.505	1.17 ± 1.831	0.67 ± 1.715
夫妻居住	0.02 ± 0.138	0.16 ± 0.545	1.46 ± 1.502	1.17 ± 1.824	0.6 ± 1.624
与子女一起居住	0.02 ± 0.14	0.18 ± 0.571	1.22 ± 1.477	1.35 ± 1.895	0.74 ± 1.782
与父母一起居住	0 ± 0	0.6 ± 0.94	1.05 ± 1.468	1.2 ± 1.881	0.25 ± 1.118
养老院居住	0.1 ± 0.316	0.4 ± 0.843	0.9 ± 1.449	0.8 ± 1.687	1 ± 2.108
其他	0 ± 0	0 ± 0	1.29 ± 1.604	1.14 ± 1.952	1.43 ± 2.44
F 值	0.848	3.759**	1.455	0.344	0.787
p 值	0.516	0.002	0.203	0.886	0.559

注: *p<0.05; **p<0.01; ***p<0.001。

从表 4-44 的调查结果来看，与父母一起居住的老年人和在养老院居住的老年人在该问题“不满意”的选项上情感偏向程度较高，而居住方式是其他的老年人在该选项上的情感偏向程度最低。从该问题的所有选项来看，不论老年人是以什么方式居住，大多数老年人对老年教育服务供给资源分配的满意度更倾向于选择“一般”或“满意”，其中单独居住的老年人在“一般”这一选项上情感偏向性最高，其次是夫妻一起居住的老年人。与子女一起居住的老年人在该问题的情感偏向上更倾向于“满意”这一选项。

（8）对老年教育服务供给监管的满意度

通过分析不同居住情况的老年人对老年教育服务供给监管的满意度结果发现：居住情况不同的老年人对该问题在“非常不满意”（F=3.149, p<0.01）这一选项上有显著性差异。在“不满意”“一般”“满意”以及“非常满意”的选项上差异不显著。具体结果见表 4-45。

表 4–45 不同居住情况的老年人对教育服务供给监管的满意程度的差异分析

	非常不满意（M ± SD）	不满意（M ± SD）	一般（M ± SD）	满意（M ± SD）	非常满意（M ± SD）
单独居住	0.02 ± 0.155	0.07 ± 0.378	1.43 ± 1.507	1.32 ± 1.891	0.67 ± 1.715
夫妻居住	0.02 ± 0.138	0.14 ± 0.503	1.52 ± 1.502	1.15 ± 1.813	0.6 ± 1.624
与子女一起居住	0.03 ± 0.17	0.09 ± 0.414	1.35 ± 1.496	1.35 ± 1.895	0.69 ± 1.732
与父母一起居住	0.1 ± 0.308	0.1 ± 0.447	1.5 ± 1.539	1.2 ± 1.881	0.25 ± 1.118
养老院居住	0.2 ± 0.422	0 ± 0	1.2 ± 1.549	1.6 ± 2.066	0 ± 0
其他	0 ± 0	0 ± 0	1.71 ± 1.604	0.57 ± 1.512	1.43 ± 2.44
F 值	3.149**	0.591	0.412	0.573	0.918
p 值	0.008	0.707	0.841	0.721	0.469

注：*p<0.05；**p<0.01；***p<0.001。

从表 4–45 的调查结果来看，在养老院居住的老年人在该问题“非常不满意”的选项上情感偏向程度要高于别的老年人。从该问题的所有选项来看，不论老年人是以什么方式居住，大多数老年人对老年教育服务供给资源分配的满意度更倾向于选择“一般”或“满意”，其中以其他方式居住的老年人在该问题的情感偏向性上更倾向于选择“一般”，其次是夫妻一起居住的老年人。与子女一起居住的老年人在该问题为“满意”这一选项上的情感偏向性要高一些。

(9)对接受完老年教育后现状的满意度

通过分析不同居住情况的老年人对接受完老年教育后现状的满意度结果发现：居住情况不同的老年人对该问题在“非常不满意”（F=3.824，p<0.01）这一选项上有显著性差异。在“不满意”“一般”“满意”以及“非常满意”这些选项上均差异不显著。具体结果见表 4–46。

表 4–46　不同居住情况的老年人对接受完老年教育后现状的满意程度的差异分析

	非常不满意（M ± SD）	不满意（M ± SD）	一般（M ± SD）	满意（M ± SD）	非常满意（M ± SD）
单独居住	0.04 ± 0.189	0.02 ± 0.221	1.43 ± 1.507	1.32 ± 1.891	0.73 ± 1.778
夫妻居住	0.01 ± 0.098	0.14 ± 0.503	1.44 ± 1.501	1.24 ± 1.852	0.66 ± 1.697
与子女一起居住	0.03 ± 0.17	0.13 ± 0.492	1.19 ± 1.471	1.45 ± 1.926	0.74 ± 1.782
与父母一起居住	0 ± 0	0.3 ± 0.733	1.5 ± 1.539	1.2 ± 1.881	0.25 ± 1.118
养老院居住	0.2 ± 0.422	0 ± 0	0.9 ± 1.449	1.6 ± 2.066	0.5 ± 1.581
其他	0 ± 0	0 ± 0	1.71 ± 1.604	0.57 ± 1.512	1.43 ± 2.44
F 值	3.824**	1.534	1.056	0.575	0.603
p 值	0.002	0.177	0.384	0.719	0.697

注: *p<0.05; **p<0.01; ***p<0.001。

从表 4–46 的调查结果来看，在养老院居住的老年人在该问题“非常不满意”的选项上情感偏向程度是最高的。虽然居住情况在该问题的其他选项上不存在差异，但是从老年人所有选择来看，不论老年人是以什么方式居住，大多数老年人对接受完老年教育后现状的满意度更倾向于选择“一般”或“满意”，其中以其他方式居住的老年人在该问题的情感偏向性上更倾向于选择“一般”，其次是与父母一起居住的老年人。在养老院居住的老年人在该问题为“满意”的这一选项上的情感偏向性要高一些。

综上可看出，一方面，居住方式不同的老年人在老年教育服务供给总的方面和具体问题上均有一些差异，这说明不同居住情况的老年人对老年教育服务供给的要求和认可程度是不一样的。不同的居住情况也代表着老年人原本家庭结构状态和功能的变化。当家庭结构和功能发生变化时，会形成老年人在家庭当中的新特点，对老年人的生活和心理产生不同的影响，会导致老年人在日常生活中角色和地位的变化。这些变化对老年人原有的认识和观念也会有较大的冲击，当他们面对新的生活和新的社会要求时，家庭状态变化较小的老年人更容易接受，而家庭状态变化较大的老年人则不容易很快就接受。因此不同居住情况的老年人在感受老年教育服务供给时会对其有不同的满意程度。

另一方面,不同居住情况的老年人对老年教育服务供给满意度的情况整体偏向于“一般”,这也反映出目前老年教育服务供给的各方面还存在一些问题。

8. 所在地区不同的老年人对教育服务供给满意程度的差异分析

为了更加具体地分析所在地区不同的老年人对教育服务供给情况的满意程度是否有显著差异,本书对所在地区不同的老年人对教育服务供给情况的满意程度进行单因素 ANOVA 分析,结果如表 4–47 所示。

表 4–47 所在地区不同的老年人对教育服务供给满意程度的单因素 ANOVA 分析（n=1314）

	平均值 ± 标准差			F 值	p 值
	东部	中部	西部		
对教育服务供给整体情况的满意程度	3.68 ± 0.95	3.66 ± 0.84	3.32 ± 0.86	10.704***	0.000
对教育机构服务功能的满意程度	3.63 ± 0.94	3.6 ± 0.88	3.31 ± 0.88	9.130***	0.000
对教育活动设备及设施的满意程度	3.67 ± 0.89	3.57 ± 0.89	3.34 ± 0.84	8.054***	0.000
对教育服务内容的满意程度	3.69 ± 0.88	3.59 ± 0.87	3.38 ± 0.86	7.031**	0.001
对教育服务供给方式的满意程度	3.59 ± 0.94	3.57 ± 0.84	3.39 ± 0.85	3.961*	0.020
对教育供给政策的满意程度	3.64 ± 0.86	3.55 ± 0.86	3.39 ± 0.82	4.802**	0.009
对教育服务人员的满意程度	3.66 ± 0.88	3.57 ± 0.83	3.41 ± 0.86	4.491*	0.012
对教育教学服务的满意程度	3.61 ± 0.88	3.54 ± 0.84	3.38 ± 0.85	3.765*	0.024
对教育服务供给资源分配的满意程度	3.59 ± 0.97	3.53 ± 0.87	3.33 ± 0.86	5.044**	0.007
对教育服务供给监管的满意程度	3.55 ± 0.93	3.53 ± 0.89	3.35 ± 0.85	3.551*	0.029
对接受完老年教育后现状的满意程度	3.61 ± 0.94	3.56 ± 0.91	3.41 ± 0.83	3.155*	0.043

注: $*p<0.05$; $**p<0.01$; $***p<0.001$。

由表 4–47 的调查结果可以看出,所在地区不同的老年人对教育服务供给情况的满意程度均具有显著性差异。具体来看,居住在东部地区的老年人在教育服务供给整体情况(F=10.704, p<0.001)、教育机构服务功能(F=9.130, p<0.001)、教育活动设备及设施(F=8.054, p<0.001)、教育服务内容(F=7.031, p<0.01)、教育服务供给方式(F=3.961, p<0.05)、教育供给政策(F=4.802, p<0.01)、教育服务人员(F=4.491, p<0.05)、教育教学服务(F=3.765, p<0.05)、教育服务供给资源分配(F=5.044, p<0.01)、教育服务供给监管(F=3.551, p<0.05)以及接受完老年教育后现状(F=3.155, p<0.05)的满意程度最高,其次是居住在中部地区的老年人,居住在西部地区的老年人在老年教育服务供给情况的这些方面满意度最低。也就是说,东部地区的老年教育供给较为充足,而西部地区的老年教育供给较为贫瘠。

因所在地区不同的老年人在老年教育服务供给的所有方面满意度都具有显著差异,故对这些方面进行进一步的具体分析,结果如下:

(1)对老年教育服务供给整体情况的满意度

通过分析所在地区不同的老年人对老年教育服务供给整体情况的满意度结果发现:所在地区不同的老年人对该问题仅在"非常满意"(F=7.537, p<0.01)这一选项上有显著性差异。在"非常不满意""不满意""一般"以及"满意"这些选项上差异均不显著。具体结果见表4-48。

表4-48 所在地区不同的老年人对教育服务供给整体情况的满意程度的差异分析

	非常不满意(M ± SD)	不满意(M ± SD)	一般(M ± SD)	满意(M ± SD)	非常满意(M ± SD)
东部	0 ± 0	0.21 ± 0.617	1.17 ± 1.469	1.14 ± 1.812	1.1 ± 2.078
中部	0 ± 0.069	0.1 ± 0.446	1.18 ± 1.469	1.52 ± 1.945	0.85 ± 1.885
西部	0.02 ± 0.152	0.21 ± 0.613	1.45 ± 1.502	1.2 ± 1.836	0.44 ± 1.416
F值	2.739	2.453	2.756	2.311	7.537**
p值	0.065	0.087	0.064	0.1	0.001

注:*p<0.05;**p<0.01;***p<0.001。

从表4-48的调查结果来看,东部地区的老年人在该问题"非常满意"的选项上情感偏向程度是最高的，西部地区的老年人在该选项上的倾向性最低。虽然不同地区的老年人在该问题的其他选项上不存在差异，但是从老年人所有选择来看，不论老年人在哪个地区，大多数老年人对老年教育服务供给整体情况的满意度更倾向于选择“一般”或“满意”，其中西部地区的老年人对该问题更倾向于选择“一般”，中部地区的老年人在该问题上更偏向于选择“满意”。这也可能是因为东部、中部和西部存在一定的区域差异、经济差异和文化差异，这些差异使得东部、中部和西部地区在老年教育的整体投入水平上不一样，而这些地区的老年人所接受的老年教育整体水平不一样，因此不同地区的老年人对老年教育服务供给整体情况的满意度也会不一样。

(2)对老年教育机构服务功能的满意度

通过分析不同所在地区的老年人对老年教育机构服务功能的满意度结果发现：居住在不同地区的老年人对该问题的选择在“满意”(F=4.163，p<0.05)和“非常满意”(F=7.085，p<0.01)这两个选项上有显著性差异。在“非常不满意”“不满意”以及“一般”这些选项上均不具有显著性差异。具体结果见表 4–49。

表 4–49　不同所在地区的老年人对教育机构服务功能的满意程度的差异分析

	非常不满意(M ± SD)	不满意(M ± SD)	一般(M ± SD)	满意(M ± SD)	非常满意(M ± SD)
东部	0.01 ± 0.09	0.13 ± 0.495	1.37 ± 1.5	0.94 ± 1.705	1.18 ± 2.131
中部	0.02 ± 0.137	0.09 ± 0.426	1.22 ± 1.478	1.46 ± 1.93	0.81 ± 1.843
西部	0.03 ± 0.172	0.19 ± 0.585	1.54 ± 1.502	1.06 ± 1.77	0.49 ± 1.487
F 值	1.06	2.08	2.737	4.163*	7.085**
p 值	0.347	0.126	0.066	0.016	0.001

注：*p<0.05；**p<0.01；***p<0.001。

从表 4–49 的调查结果来看，该问题在“满意”这一选项上，中部地区老年人的情感偏向程度最高，在“非常满意”的选项上东部地区的老年人情感偏向程度最高,西部地区的老年人在该选项上的情感偏向程度最低。虽然不同地区的老年人在该问题的其他选项上不存在差异,但是从老年人所有选择来看,不论老年人在哪个地区,大多数老年人对老年教育机构服务功能的满意度更倾向于选择“一般”,西部地区的老年人认为“一般”的倾向性最高,其次是东部地区的老年人,最后是中部地区的老年人。这可能是因为不同地区的老年人在对老年教育机构服务功能的认识上都会以本地区的老年教育机构为蓝本而进行评价,但是我国东部、中部和西部地区对老年教育机构服务功能上的投入和行业规范化的差异还是比较大的,这就出现了不同地区的老年人对老年教育机构服务功能的满意度不一致。这也反映出现阶段我国老年教育机构服务功能不够细化。

(3)对老年教育活动设备及设施的满意度

通过分析不同所在地区的老年人对老年教育活动设备及设施的满意度结果发现:居住在不同地区的老年人对该问题的选择在“一般”(F=4.144, p<0.05)和“非常满意”(F=6.206, p<0.01)这两个选项上有显著性差异。但是在“非常不满意”“不满意”以及“满意”这些选项上不具有显著性差异。具体结果见表 4–50。

表 4–50　不同所在地区的老年人对教育活动设备及设施的满意程度的差异分析

	非常不满意(M ± SD)	不满意(M ± SD)	一般(M ± SD)	满意(M ± SD)	非常满意(M ± SD)
东部	0 ± 0	0.16 ± 0.549	1.1 ± 1.451	1.4 ± 1.915	1.02 ± 2.02
中部	0.02 ± 0.137	0.13 ± 0.499	1.18 ± 1.469	1.48 ± 1.935	0.76 ± 1.798
西部	0.02 ± 0.141	0.19 ± 0.585	1.48 ± 1.502	1.23 ± 1.847	0.42 ± 1.391
F 值	1.235	0.636	4.144*	1.169	6.206**
p 值	0.291	0.53	0.016	0.311	0.002

注:*p<0.05;**p<0.01;***p<0.001。

从表 4–50 的调查结果来看,对于该问题西部地区老年人在“一般”这一选项上的情感偏向程度最高。在“非常满意”的选项上东部地区的老年人情感偏向程度最高,西部地区的老年人在该选项上的情感偏向程度最低。虽然在“满意”这一选项上不同地区老年人的选择不存在显著差异,但是中部地区和东部地区老年人的满意程度要比西部地区的老年人更高。这也反映出老年教育活动设备及设施的投入是有地区差异的,东部地区老年教育活动设备和设施能满足老年人的需求,西部地区老年教育活动设备和设施的状况不是很好。

(4)对老年教育服务内容的满意度

通过分析不同所在地区的老年人对老年教育服务内容的满意度结果发现:居住在不同地区的老年人对该问题的选择仅在“非常满意”($F=5.452$, $p<0.01$)这个选项上有显著性差异。但是在“非常不满意”“不满意”“一般”以及“满意”这些选项上不具有显著性差异。具体结果见表 4-51。

表 4-51 不同所在地区的老年人对教育服务内容的满意程度的差异分析

	非常不满意(M ± SD)	不满意(M ± SD)	一般(M ± SD)	满意(M ± SD)	非常满意(M ± SD)
东部	0 ± 0	0.13 ± 0.495	1.17 ± 1.469	1.33 ± 1.893	1.06 ± 2.05
中部	0.01 ± 0.119	0.12 ± 0.482	1.19 ± 1.472	1.5 ± 1.94	0.76 ± 1.798
西部	0.03 ± 0.162	0.15 ± 0.525	1.46 ± 1.502	1.27 ± 1.864	0.47 ± 1.464
F 值	1.94	0.162	2.782	0.933	5.452**
p 值	0.144	0.851	0.063	0.394	0.004

注:*$p<0.05$;**$p<0.01$;***$p<0.001$。

从表 4-51 的调查结果来看,对于该问题东部地区老年人在“非常满意”这一选项上的情感偏向程度最高,西部地区的老年人在该选项上的情感偏向程度最低。这说明东部地区老年教育服务内容能与老年人的需求相符合,而西部地区老年教育服务内容的设置和安排还有很大的提升空间。虽然在该问题的其他选项上不同地区老年人的选择不存在显著差异,但是中部地区老年人认为“满意”的程度要比东部和西部地区的老年人高，西部地区老年人认为“一般”的程度比东部和中部老年人高一些。这也反映出西部地区老年教育内容的设定并不能满足该地区老年人的需要。

(5)对老年教育服务供给方式的满意度

通过分析不同所在地区的老年人对老年教育服务供给方式的满意度结果发现：居住在不同地区的老年人对该问题的选择在“非常满意”(F=3.53, p<0.05)这个选项上有显著性差异。但是在“非常不满意”“不满意”“一般”以及“满意”这些选项上不具有显著性差异。具体结果见表4–52。

表4–52　不同所在地区的老年人对教育服务供给方式的满意程度的差异分析

	非常不满意(M ± SD)	不满意(M ± SD)	一般(M ± SD)	满意(M ± SD)	非常满意(M ± SD)
东部	0.01 ± 0.09	0.2 ± 0.596	1.15 ± 1.464	1.27 ± 1.869	0.98 ± 1.99
中部	0 ± 0.069	0.13 ± 0.499	1.28 ± 1.487	1.42 ± 1.919	0.73 ± 1.774
西部	0.02 ± 0.141	0.16 ± 0.546	1.47 ± 1.502	1.23 ± 1.847	0.51 ± 1.509
F值	1.304	0.527	2.423	0.696	3.53*
p值	0.272	0.591	0.089	0.499	0.03

注：*p<0.05；**p<0.01；***p<0.001。

从表4–52的调查结果来看，对于该问题，在“非常满意”的选项上东部地区的老年人情感偏向程度最高，西部地区的老年人在该选项上的情感偏向程度最低。虽然不同地区的老年人在该问题的其他选项上不存在显著性差异，但大家在满意度的倾向性上更偏向“一般”或是“满意”这两个选项。从调查结果看，西部地区的老年人对该问题更倾向于选择“一般”，中部地区的老年人更倾向于选择“满意”。这说明，由于地域差异，提供给老年人的教育服务方式是不一样的，东部地区所提供的老年教育服务方式比较符合当地老年人的需求，西部地区的老年教育服务方式与当地老年人的需求还是有差距的。

（6）对老年教育供给政策的满意度

通过分析不同所在地区的老年人对老年教育供给政策的满意度结果发现：居住在不同地区的老年人对该问题的选择在“非常满意”（F=5.47，p<0.01）这个选项上有显著性差异。但是在“非常不满意”“不满意”“一般”以及“满意”这些选项上不具有显著性差异。具体结果见表4–53。

表4–53　不同所在地区的老年人对教育供给政策的满意程度的差异分析

	非常不满意（M ± SD）	不满意（M ± SD）	一般（M ± SD）	满意（M ± SD）	非常满意（M ± SD）
东部	0 ± 0	0.1 ± 0.433	1.39 ± 1.502	1.14 ± 1.812	1.02 ± 2.02
中部	0.02 ± 0.152	0.09 ± 0.405	1.27 ± 1.485	1.54 ± 1.95	0.64 ± 1.674
西部	0.02 ± 0.129	0.15 ± 0.525	1.51 ± 1.503	1.28 ± 1.869	0.44 ± 1.416
F值	1.416	1.237	1.587	1.991	5.47**
p值	0.243	0.291	0.205	0.137	0.004

注：*p<0.05；**p<0.01；***p<0.001。

从表4–53的调查结果来看，对于该问题东部地区老年人在“非常满意”这一选项上的情感偏向程度最高，西部地区的老年人在该选项上的情感偏向程度最低。虽然在该问题的其他选项上不同地区老年人的选择不存在显著差异，但是不同地区的老年人对该问题的满意度更倾向于选择“一般”或“满意”。西部地区老年人对老年教育供给政策的满意度更倾向于选择“一般”，而中部地区老年人对该问题的满意度更倾向于选择“满意”。

（7）对老年教育服务人员的满意度

通过分析不同所在地区的老年人对老年教育服务人员的满意度结果发现：居住在不同地区的老年人对该问题的选择在“非常满意”（F=4.637，p<0.05）这个选项上有显著性差异。但是在“非常不满意”“不满意”“一般”以及“满意”这些选项上不具有显著性差异。具体结果见表4–54。

表 4–54　不同所在地区的老年人对教育服务人员的满意程度的差异分析

	非常不满意（M ± SD）	不满意（M ± SD）	一般（M ± SD）	满意（M ± SD）	非常满意（M ± SD）
东部	0 ± 0	0.11 ± 0.465	1.32 ± 1.495	1.17 ± 1.827	1.06 ± 2.05
中部	0.01 ± 0.119	0.09 ± 0.426	1.28 ± 1.487	1.52 ± 1.945	0.66 ± 1.7
西部	0.03 ± 0.172	0.11 ± 0.465	1.46 ± 1.502	1.29 ± 1.874	0.51 ± 1.509
F 值	2.343	0.13	1.055	1.506	4.637*
p 值	0.097	0.878	0.349	0.223	0.01

注：*p<0.05；**p<0.01；***p<0.001。

从表 4–54 的调查结果来看，对老年教育服务人员“非常满意”的选项上，东部地区的老年人情感偏向程度最高，西部地区的老年人情感偏向程度最低。虽然在该问题的其他选项上不同地区老年人的选择不存在显著差异，但是不同地区的老年人对老年教育服务人员的满意度评价更趋向于选择“一般”或“满意”。西部地区老年人对老年教育服务人员的满意度更倾向于选择“一般”，而中部地区老年人对该问题的满意度更倾向于选择“满意”。

（8）对老年教育教学服务的满意度

通过分析不同所在地区的老年人对老年教育教学服务的满意度结果发现：居住在不同地区的老年人对该问题的选择在“非常满意”（F=4.689，p<0.05）这个选项上有显著性差异。但是在“非常不满意”“不满意”“一般”以及“满意”这些选项上不具有显著性差异。具体结果见表 4–55。

表 4–55　不同所在地区的老年人对教育教学服务的满意程度的差异分析

	非常不满意（M ± SD）	不满意（M ± SD）	一般（M ± SD）	满意（M ± SD）	非常满意（M ± SD）
东部	0 ± 0	0.13 ± 0.495	1.39 ± 1.502	1.07 ± 1.78	1.02 ± 2.02
中部	0.01 ± 0.119	0.1 ± 0.446	1.35 ± 1.496	1.4 ± 1.913	0.66 ± 1.7
西部	0.03 ± 0.172	0.11 ± 0.452	1.54 ± 1.502	1.24 ± 1.853	0.47 ± 1.464
F 值	2.343	0.137	1.037	1.262	4.689*
p 值	0.097	0.872	0.355	0.284	0.01

注：*p<0.05；**p<0.01；***p<0.001。

从表 4–55 的调查结果来看,对于该问题东部地区老年人在“非常满意”这一选项上的情感偏向程度最高,西部地区的老年人在该选项上的情感偏向程度最低。虽然在老年教育教学服务满意度这一问题的其他选项上不同地区老年人的选择不存在显著差异,但是东部、中部和西部地区的老年人对老年教育教学服务的满意度评价更趋向于选择“一般”或“满意”。西部地区老年人对老年教育教学服务的满意度更倾向于选择“一般”,而中部地区老年人对该问题的满意度更倾向于选择“满意”。

(9)对老年教育服务供给资源分配的满意度

通过分析不同所在地区的老年人对老年教育服务供给资源分配的满意度结果发现:不同所在地区的老年人对该问题的选择在“一般”(F=3.705, p<0.05)和“非常满意”(F=4.333, p<0.01)这两个选项上均有显著性差异。但是在“非常不满意”“不满意”以及“满意”这些选项上不具有显著性差异。具体结果见表 4–56。

表 4–56 不同所在地区的老年人对教育服务供给资源分配的满意程度的差异分析

	非常不满意(M ± SD)	不满意(M ± SD)	一般(M ± SD)	满意(M ± SD)	非常满意(M ± SD)
东部	0.02 ± 0.127	0.2 ± 0.596	1.12 ± 1.458	1.24 ± 1.856	1.02 ± 2.02
中部	0.02 ± 0.137	0.11 ± 0.464	1.31 ± 1.491	1.4 ± 1.913	0.69 ± 1.726
西部	0.02 ± 0.141	0.2 ± 0.595	1.54 ± 1.502	1.09 ± 1.784	0.49 ± 1.487
F 值	0.036	1.515	3.705*	1.772	4.333*
p 值	0.965	0.221	0.025	0.171	0.014

注:*p<0.05; **p<0.01; ***p<0.001。

从表 4–56 的调查结果来看,对于该问题西部地区老年人在“一般”这一选项上的情感偏向程度高于东部地区和中部地区的老年人。在“非常满意”的选项上东部地区的老年人情感偏向程度最高,西部地区的老年人情感偏向程度最低。虽然在“满意”这一选项上不存在不同地区的显著差异,但是中部地区和东部地区老年人在该选项上的情感偏向性要比西部地区的老年人更高。这也反映出老年教育服务供给资源分配的投入是有地区差异的，并且东部、中部和西部地区老年教育服务供给资源的分配是不均衡的，东部地区老年教育服务供给资源的分配可能更多更好更充实一些，而西部地区老年教育服务供给资源的分配则比较薄弱。

（10）对老年教育服务供给监管的满意度

通过分析不同所在地区的老年人对老年教育服务监管的满意度结果发现：居住在不同地区的老年人对该问题的选择仅在“非常满意”（F=4.864，p<0.01）这个选项上有显著性差异。但是在“非常不满意”“不满意”“一般”以及“满意”这些选项上均不具有显著性差异。具体结果见表 4–57。

表 4–57　不同所在地区的老年人对教育服务供给监管的满意程度的差异分析

	非常不满意（M ± SD）	不满意（M ± SD）	一般（M ± SD）	满意（M ± SD）	非常满意（M ± SD）
东部	0.02 ± 0.127	0.11 ± 0.465	1.44 ± 1.505	1.01 ± 1.744	0.98 ± 1.99
中部	0.03 ± 0.167	0.09 ± 0.405	1.32 ± 1.493	1.4 ± 1.913	0.69 ± 1.726
西部	0.03 ± 0.181	0.12 ± 0.478	1.55 ± 1.502	1.21 ± 1.841	0.44 ± 1.416
F 值	0.474	0.402	1.371	1.821	4.864**
p 值	0.623	0.669	0.255	0.163	0.008

注：*p<0.05；**p<0.01；***p<0.001。

从表 4–57 的调查结果来看，对于该问题东部地区老年人在“非常满意”这一选项上的情感偏向程度最高，西部地区的老年人在该选项上的情感偏向程度最低。虽然在老年教育服务供给监管满意度这一问题的其他选项上不存在地区的显著差异，但是东部、中部和西部地区的老年人对该问题的满意度评价更趋向于选择“一般”或“满意”。西部地区老年人对老年教育服务供给监管的满意度更倾向于选择“一般”，而中部地区老年人对该问题的满意度更倾向于选择“满意”。

(11)对接受完老年教育后现状的满意度

通过分析不同所在地区的老年人对接受完老年教育后现状的满意度结果发现:居住在不同地区的老年人对该问题的选择在“非常满意”(F=5.615, p<0.01)这个选项上有显著性差异。但是在“非常不满意”“不满意”“一般”以及“满意”这些选项上差异均不显著。具体结果见表 4-58。

表 4-58 不同所在地区的老年人对接受完老年教育后现状的满意程度的差异分析

	非常不满意(M ± SD)	不满意(M ± SD)	一般(M ± SD)	满意(M ± SD)	非常满意(M ± SD)
东部	0.02 ± 0.127	0.1 ± 0.433	1.39 ± 1.502	1.01 ± 1.744	1.1 ± 2.078
中部	0.03 ± 0.18	0.09 ± 0.405	1.19 ± 1.472	1.52 ± 1.945	0.73 ± 1.774
西部	0.02 ± 0.129	0.15 ± 0.535	1.45 ± 1.502	1.29 ± 1.874	0.49 ± 1.487
F 值	0.881	1.496	1.919	2.89	5.615**
p 值	0.415	0.225	0.148	0.056	0.004

注:*p<0.05;**p<0.01;***p<0.001。

从表 4-58 的调查结果来看,在该问题“非常满意”的选项上东部地区的老年人情感偏向程度最高,西部地区的老年人情感偏向程度最低。虽然在这一问题的其他选项上不存在地区的显著差异,但是东部、中部和西部地区的老年人对该问题的满意度评价更趋向于选择“一般”或“满意”。西部地区老年人对该问题的满意度更倾向于选择“一般”,而中部地区老年人对该问题的满意度则更倾向于选择“满意”。

9. 不同居住地方的老年人对教育服务供给满意程度的差异分析

为了更加具体地分析不同居住地方的老年人对教育服务供给情况的满意程度是否有显著差异,本书对不同居住地方的老年人对教育服务供给情况的满意程度进行单因素 ANOVA 分析,结果如表 4-59 所示。

表 4-59　不同居住地方的老年人对教育服务供给满意程度的单因素 ANOVA 分析（n=1314）

	平均值 ± 标准差				F 值	p 值
	城市	农村	少数民族聚居地	偏远地区		
对教育服务供给整体情况的满意程度	3.63 ± 0.91	3.4 ± 0.84	2.86 ± 0.69	3 ± 0.88	6.155***	0.000
对教育机构服务功能的满意程度	3.6 ± 0.91	3.37 ± 0.88	3 ± 1.29	3.14 ± 0.95	4.454**	0.004
对教育活动设备及设施的满意程度	3.58 ± 0.91	3.42 ± 0.83	2.71 ± 0.95	3.21 ± 0.98	4.180**	0.006
对教育服务内容的满意程度	3.62 ± 0.91	3.43 ± 0.82	3.14 ± 1.07	3.14 ± 0.95	3.615*	0.013
对教育服务供给方式的满意程度	3.58 ± 0.89	3.43 ± 0.84	2.86 ± 0.38	3.21 ± 0.98	3.266*	0.021
对教育供给政策的满意程度	3.58 ± 0.87	3.45 ± 0.79	2.57 ± 0.54	3.07 ± 1.00	5.554**	0.001
对教育服务人员的满意程度	3.57 ± 0.93	3.47 ± 0.79	3.14 ± 1.07	3.36 ± 0.93	1.197	0.310
对教育教学服务的满意程度	3.56 ± 0.92	3.45 ± 0.77	2.57 ± 0.98	3 ± 0.96	5.121**	0.002
对教育服务供给资源分配的满意程度	3.52 ± 0.94	3.41 ± 0.84	2.71 ± 0.76	3.14 ± 0.95	2.862*	0.036
对教育服务供给监管的满意程度	3.63 ± 0.91	3.4 ± 0.84	2.86 ± 0.69	3 ± 0.88	2.792*	0.040
对接受完老年教育后现状的满意程度	3.6 ± 0.91	3.37 ± 0.88	3 ± 1.29	3.14 ± 0.95	4.390**	0.005

注：*p<0.05；**p<0.01；***p<0.001。

由表 4-59 的调查结果可以看出，不同居住地方的老年人除了在对教育服务人员的满意度方面不存在显著差异外，在教育服务供给整体情况（F=6.155，p<0.001）、教育机构服务功能（F=4.454，p<0.01）、教育活动设备及设施（F=4.180，p<0.01）、教育服务内容（F=3.615，p<0.05）、教育服务供给方式

($F=3.266, p<0.05$)、教育供给政策($F=5.554, p<0.01$)、教育教学服务($F=5.121, p<0.01$)、教育服务供给资源分配($F=2.862, p<0.05$)、教育服务供给监管($F=2.792, p<0.05$)以及接受完老年教育后现状($F=4.390, p<0.01$)等方面均存在显著性差异。具体来看,居住在城市的老年人对老年教育服务供给的满意度水平最高,其次是居住在农村的老年人,再次是居住在偏远地区的老年人,而少数民族聚居地的老年人对老年教育服务供给这些方面的满意度均为最低,特别对教育服务供给整体情况、教育活动设备及设施、教育服务供给方式、教育供给政策、教育教学服务、教育服务供给资源分配以及教育服务供给监管等方面不太满意。

不同居住地方的老年人对当前老年教育服务供给情况的满意度水平是不一样的,就城市、农村、偏远地区和少数民族聚集地的老年人满意度来看,满意程度是逐步递减的。这也可以看出:老年教育服务供给的各个方面是不均衡且不健全的。就老年教育服务方式而言,老年大学一般都在城市,基本上一个县城成立一所老年大学,规模偏小,其场所有些是租住的临时场地,设备不全,主要针对离退休的工人、教师和干部。而偏远地区的老年教育服务严重缺失,有些偏远的地区没有老年大学和社区老年教育组织,这些老年群体是享受不到教育服务的。老年教育供给方式单一化严重影响了老年教育服务的要求和老年生活的质量。

为了更好地反映出不同居住地方老年人对老年教育服务供给满意度的具体差异,故对此进行进一步的具体分析,结果如下:

(1)对老年教育服务供给整体情况的满意度

通过分析不同居住地方的老年人对老年教育服务供给整体情况的满意度结果发现:不同居住地方的老年人对该问题的选择仅在“非常满意”($F=4.727, p<0.01$)这个选项上有显著性差异。但是在“非常不满意”“不满意”“一般”以及“满意”这些选项上均不具有显著性差异。具体结果见表4-60。

表 4-60　不同居住地方的老年人对教育服务供给整体情况的满意程度的差异分析

	非常不满意（M ± SD）	不满意（M ± SD）	一般（M ± SD）	满意（M ± SD）	非常满意（M ± SD）
城市	0.01 ± 0.102	0.15 ± 0.52	1.16 ± 1.464	1.34 ± 1.892	0.97 ± 1.98
农村	0.01 ± 0.111	0.19 ± 0.583	1.42 ± 1.5	1.27 ± 1.865	0.51 ± 1.521
少数民族聚居地	0 ± 0	0.57 ± 0.976	1.71 ± 1.604	0.57 ± 1.512	0 ± 0
偏远地区	0.07 ± 0.267	0.29 ± 0.726	1.5 ± 1.557	1.14 ± 1.875	0 ± 0
F 值	1.358	1.648	1.788	0.458	4.727**
p 值	0.255	0.177	0.148	0.712	0.003

注：*p<0.05；**p<0.01；***p<0.001。

从表 4-60 的调查结果来看，在该问题“非常满意”的选项上在城市居住的老年人情感偏向程度是最高的，少数民族聚居地和偏远地区的老年人的情感偏向程度最低。虽然不同居住地方的老年人在该问题满意度的其他选项上不存在显著差异，但是无论住在哪里，大多数老年人对该问题的满意度还是比较偏向于选择“一般”，其中少数民族聚居地的老年人选择“一般”的倾向性最高，其次是偏远地区的老年人，再次是农村的老年人，最后是城市的老年人。也有一部分老年人认为“满意”，其中城市的老年人选择“满意”的倾向性最高，少数民族聚居地的老年人选择“满意”的倾向性最低。这也反映出老年教育服务供给的整体情况在城市、农村、少数民族聚居地以及偏远地区并不相同。城市的老年教育相对于农村、少数民族聚居地以及偏远地区获取的资源会更多一些，因此居住在城市的老年人接受到的老年教育也会优于居住在农村、少数民族聚居地以及偏远地区的老年人，其满意度水平也会较高。

(2)对老年教育机构服务功能的满意度

通过分析不同居住地方的老年人对老年教育机构服务功能的满意度结果发现：在不同居住地方的老年人对该问题的选择在“非常满意”(F=2.923，p<0.05)这个选项上有显著性差异。但是在“非常不满意”“不满意”“一般”以

及"满意"这些选项上不具有显著性差异。具体结果见表 4–61。

表 4–61　不同居住地方的老年人对教育机构服务功能的满意程度的差异分析

	非常不满意（M ± SD）	不满意（M ± SD）	一般（M ± SD）	满意（M ± SD）	非常满意（M ± SD）
城市	0.01 ± 0.117	0.12 ± 0.484	1.27 ± 1.484	1.26 ± 1.861	0.93 ± 1.952
农村	0.02 ± 0.156	0.16 ± 0.537	1.53 ± 1.502	1.08 ± 1.781	0.58 ± 1.599
少数民族聚居地	0.14 ± 0.378	0.29 ± 0.756	1.29 ± 1.604	0.57 ± 1.512	0.71 ± 1.89
偏远地区	0.07 ± 0.267	0.29 ± 0.726	1.07 ± 1.492	1.71 ± 2.054	0 ± 0
F 值	2.447	0.705	1.851	1.138	2.923*
p 值	0.063	0.549	0.137	0.333	0.033

注：*p<0.05；**p<0.01；***p<0.001。

从表 4–61 的调查结果来看，在该问题"非常满意"的选项上在城市居住的老年人情感偏向程度最高，居住在偏远地区的老年人的情感偏向程度最低。虽然不同居住地方的老年人在该问题满意度的其他选项上不存在显著差异，但是无论住在哪里，大多数老年人对该问题的满意度还是比较偏向于选择"一般"，其中居住在农村的老年人选择"一般"的倾向性要高于居住在城市、少数民族聚居地和偏远地区的老年人。也有一部分老年人认为"满意"，居住在偏远地区的老年人选择"满意"的倾向性最高，少数民族聚居地的老年人选择"满意"的倾向性依然是最低的。

（3）对老年教育活动设备及设施的满意度

通过分析不同居住地方的老年人对老年教育活动设备及设施的满意度结果发现：不同居住地方的老年人对该问题的选择在"不满意"（F=7.849，p<0.001）和"非常满意"（F=3.151，p<0.05）这两个选项上有显著性差异。但是在"非常不满意""一般"以及"满意"这些选项上不具有显著性差异。具体结果见表 4–62。

表 4–62　不同居住地方的老年人对教育活动设备及设施的满意程度的差异分析

	非常不满意（M ± SD）	不满意（M ± SD）	一般（M ± SD）	满意（M ± SD）	非常满意（M ± SD）
城市	0.02 ± 0.131	0.14 ± 0.508	1.19 ± 1.471	1.37 ± 1.902	0.87 ± 1.895
农村	0.01 ± 0.111	0.17 ± 0.556	1.42 ± 1.5	1.33 ± 1.889	0.48 ± 1.479
少数民族聚居地	0 ± 0	1.14 ± 1.069	0.43 ± 1.134	1.14 ± 1.952	0 ± 0
偏远地区	0.07 ± 0.267	0.14 ± 0.535	1.5 ± 1.557	1.14 ± 1.875	0.36 ± 1.336
F 值	1.052	7.849***	2.081	0.101	3.151*
p 值	0.369	0.000	0.101	0.96	0.025

注：*$p<0.05$；**$p<0.01$；***$p<0.001$。

从表 4–62 的调查结果来看，在“不满意”这一选项上少数民族聚居地的老年人情感偏向程度最高。在“非常满意”这一选项上城市居住的老年人情感偏向程度最高，少数民族聚居地的老年人的情感偏向程度最低。虽然不同居住地方的老年人在该问题满意度的其他选项上不存在显著差异，但是无论住在哪里，大多数老年人对该问题的满意度还是比较偏向于选择“满意”，其中居住在城市的老年人选择“满意”的倾向性要高于居住在农村、少数民族聚居地和偏远地区的老年人。也有一部分老年人认为“一般”，居住在偏远地区的老年人和居住在农村的老年人选择“一般”的倾向性比较高。

（4）对老年教育服务内容的满意度

通过分析不同居住地方的老年人对老年教育服务内容的满意度结果发现：不同居住地方的老年人对该问题的选择在“非常满意”（$F=3.815$，$p<0.01$）这个选项上有显著性差异。但是在“非常不满意”“不满意”“一般”以及“满意”的选项上不具有显著性差异。具体结果见表 4–63。

表 4–63 不同居住地方的老年人对教育服务内容的满意程度的差异分析

	非常不满意（M ± SD）	不满意（M ± SD）	一般（M ± SD）	满意（M ± SD）	非常满意（M ± SD）
城市	0.02 ± 0.131	0.12 ± 0.484	1.16 ± 1.464	1.4 ± 1.911	0.92 ± 1.938
农村	0.02 ± 0.124	0.13 ± 0.495	1.47 ± 1.502	1.32 ± 1.884	0.5 ± 1.5
少数民族聚居地	0 ± 0	0.57 ± 0.976	1.29 ± 1.604	0.57 ± 1.512	0.71 ± 1.89
偏远地区	0.07 ± 0.267	0.29 ± 0.726	1.07 ± 1.492	1.71 ± 2.054	0 ± 0
F 值	0.855	2.224	2.264	0.649	3.815*
p 值	0.464	0.084	0.08	0.583	0.01

注：*p<0.05；**p<0.01；***p<0.001。

从表 4–63 的调查结果来看，在“非常满意”这一选项上在城市居住的老年人情感偏向程度最高，在偏远地区居住的老年人的情感偏向程度最低。虽然不同居住地方的老年人在该问题满意度的其他选项上不存在显著差异，但是无论住在哪里，大多数老年人对该问题的满意度还是比较偏向于选择“一般”或“满意”。其中居住在农村的老年人选择“一般”的倾向性要高于居住在城市、少数民族聚居地和偏远地区的老年人。也有一部分老年人对该问题认为“满意”，居住在偏远地区的老年人选择“满意”的倾向性反而高于居住在城市、农村以及少数民族聚居地的老年人。

（5）对老年教育供给方式的满意度

通过分析不同居住地方的老年人对老年教育供给方式的满意度结果发现：不同居住地方的老年人对该问题的选择在“一般”（F=3.403，p<0.05）这个选项上有显著性差异。但是在“非常不满意”“不满意”“满意”以及“非常满意”这些选项上不具有显著性差异。具体结果见表 4–64。

表 4–64 不同居住地方的老年人对教育服务供给方式的满意程度的差异分析

	非常不满意（M ± SD）	不满意（M ± SD）	一般（M ± SD）	满意（M ± SD）	非常满意（M ± SD）
城市	0.01 ± 0.083	0.17 ± 0.563	1.18 ± 1.469	1.37 ± 1.902	0.85 ± 1.879

续表

	非常不满意（M±SD）	不满意（M±SD）	一般（M±SD）	满意（M±SD）	非常满意（M±SD）
农村	0.02±0.124	0.14±0.517	1.46±1.502	1.27±1.865	0.55±1.561
少数民族聚居地	0±0	0.29±0.756	2.57±1.134	0±0	0±0
偏远地区	0.07±0.267	0.14±0.535	1.5±1.557	1.14±1.875	0.36±1.336
F值	1.646	0.286	3.403*	1.317	2.14
p值	0.178	0.835	0.017	0.268	0.094

注：*p<0.05；**p<0.01；***p<0.001。

从表4-64的调查结果来看，对于该问题少数民族聚居地的老年人在“一般”这一选项上的情感偏向程度最高，其次是居住在偏远地区和农村的老年人，最后是在城市居住的老年人。虽然不同居住地方的老年人在该问题满意度的其他选项上不存在显著差异，但是也有一些在城市居住的老年人对该问题满意度的评价倾向于选择“满意”。究其原因可能是因为老年教育在各个城市的普及度、成熟度均要好于农村、少数民族聚居地和偏远地区，相应的老年教育服务供给方式在城市也要好于农村、少数民族聚居地和偏远地区，因而在城市居住的老年人满意度会高一些，而其他居住地方的老年人则认为一般。

(6)对老年教育供给政策的满意度

通过分析不同居住地方的老年人对老年教育供给政策的满意度结果发现：不同居住地方的老年人对该问题的选择在“非常不满意”(F=5.141, p<0.01)、“不满意”(F=6.885, p<0.001)、“一般”(F=2.857, p<0.05)和“非常满意”(F=2.694, p<0.05)这些选项上有显著性差异。仅在“满意”这一选项上不具有显著性差异。具体结果见表4-65。

表 4-65 不同居住地方的老年人对教育供给政策的满意程度的差异分析

	非常不满意(M ± SD)	不满意(M ± SD)	一般(M ± SD)	满意(M ± SD)	非常满意(M ± SD)
城市	0.01 ± 0.102	0.14 ± 0.508	1.21 ± 1.475	1.43 ± 1.919	0.8 ± 1.832
农村	0.02 ± 0.124	0.09 ± 0.409	1.56 ± 1.501	1.28 ± 1.87	0.5 ± 1.5
少数民族聚居地	0 ± 0	0.86 ± 1.069	1.71 ± 1.604	0 ± 0	0 ± 0
偏远地区	0.14 ± 0.363	0 ± 0	1.5 ± 1.557	1.43 ± 1.989	0 ± 0
F 值	5.141**	6.885***	2.857*	1.482	2.694*
p 值	0.002	0.000	0.036	0.218	0.045

注:*p<0.05;**p<0.01;***p<0.001。

从表 4-65 的调查结果来看,在“非常不满意”这一选项上居住在偏远地区的老年人情感偏向程度最高。在“不满意”和“一般”这两个选项上少数民族聚居地的老人情感偏向程度最高。在“非常满意”这一选项上在城市居住的老年人情感偏向程度最高。这也反映出老年教育供给政策在城市、农村、少数民族聚居地和偏远地区的落实程度可能不一样,或是不同居住地方的老年人对政策的了解和认识程度有所不同。

(7)对老年教育服务人员的满意度

通过分析不同居住地方的老年人对老年教育服务人员的满意度结果发现:居住在不同地方的老年人对该问题的选择在“不满意”(F=2.901,p<0.05)这个选项上有显著性差异。但是在“非常不满意”“一般”“满意”以及“非常满意”这些选项上不具有显著性差异。具体结果见表 4-66。

表 4-66 不同居住地方的老年人对教育服务人员的满意程度的差异分析

	非常不满意(M ± SD)	不满意(M ± SD)	一般(M ± SD)	满意(M ± SD)	非常满意(M ± SD)
城市	0.02 ± 0.154	0.12 ± 0.471	1.25 ± 1.481	1.31 ± 1.882	0.87 ± 1.895
农村	0.01 ± 0.111	0.09 ± 0.423	1.49 ± 1.502	1.38 ± 1.905	0.5 ± 1.5
少数民族聚居地	0 ± 0	0.57 ± 0.976	1.29 ± 1.604	0.57 ± 1.512	0.71 ± 1.89

续表

	非常不满意（M ± SD）	不满意（M ± SD）	一般（M ± SD）	满意（M ± SD）	非常满意（M ± SD）
偏远地区	0.07 ± 0.267	0 ± 0	1.5 ± 1.557	1.43 ± 1.989	0.36 ± 1.336
F 值	1.118	2.901*	1.352	0.466	2.535
p 值	0.341	0.034	0.257	0.706	0.056

注：*p<0.05；**p<0.01；***p<0.001。

从表 4–66 的调查结果来看，在“不满意”这一选项上，少数民族聚居地的老年人的情感偏向程度最高。虽然不同居住地方的老年人在该问题满意度的其他选项上不存在显著差异，但是大多数老年人对该问题满意度的评价倾向于选择“一般”，也有一些老年人倾向于选择“满意”。其中在偏远地区居住的老年人和在农村居住的老年人在“一般”这个选项上倾向性比较高。

（8）对老年教育教学服务的满意度

通过分析不同居住地方的老年人对老年教育教学服务的满意度结果发现：不同居住地方的老年人对该问题的选择在“非常不满意”（F=7.017，p<0.001）、“不满意”（F=2.739，p<0.05）、“一般”（F=2.678，p<0.05）和“非常满意”（F=3.308，p<0.05）这些选项上有显著性差异。但是在“满意”这一选项上不具有显著性差异。具体结果见表 4–67。

表 4–67　不同居住地方的老年人对教育教学服务的满意程度的差异分析

	非常不满意（M ± SD）	不满意（M ± SD）	一般（M ± SD）	满意（M ± SD）	非常满意（M ± SD）
城市	0.02 ± 0.154	0.12 ± 0.471	1.27 ± 1.484	1.3 ± 1.877	0.85 ± 1.879
农村	0.01 ± 0.079	0.1 ± 0.436	1.6 ± 1.499	1.25 ± 1.855	0.5 ± 1.5
少数民族聚居地	0.14 ± 0.378	0.57 ± 0.976	1.29 ± 1.604	0.57 ± 1.512	0 ± 0
偏远地区	0.14 ± 0.363	0 ± 0	1.71 ± 1.541	1.14 ± 1.875	0 ± 0
F 值	7.017***	2.739*	2.678*	0.39	3.308*
p 值	0.000	0.043	0.046	0.76	0.02

注：*p<0.05；**p<0.01；***p<0.001。

从表 4–67 的调查结果来看,在“非常不满意”这一选项上居住在少数民族聚居地和偏远地区的老年人情感偏向程度最高。在“不满意”这一选项上少数民族聚居地的老年人倾向性更高。在“一般”这一选项上偏远地区的老年人情感偏向程度最高,其次是居住在农村的老年人。在“非常满意”这一选项上在城市居住的老年人情感偏向程度最高。这也反映出城市、农村、少数民族聚居地和偏远地区的老年教育教学服务的供给程度可能不一样。城市的老年教育本身就比较成熟,它的服务模式、服务体系以及服务意识都要完备一些,所以城市老年人的满意度水平会较其他居住地方的老年人高一些。但是现阶段的老年教育并没有做到完全成熟,因此大多数老年人的满意度评价更倾向于选择“一般”。

(9)对老年教育服务供给资源分配的满意度

通过分析不同居住地方的老年人对老年教育服务供给资源分配的满意度结果发现:不同居住地方的老年人对该问题的选择在“不满意”(F=5.091, p<0.05)和“非常满意”(F=3.315, p<0.05)这两个选项上有显著性差异。但是在“非常不满意”“一般”以及“满意”的选项上不具有显著性差异。具体结果见表 4–68。

表 4–68　不同居住地方的老年人对教育服务供给资源分配的满意程度的差异分析

	非常不满意（M ± SD）	不满意（M ± SD）	一般（M ± SD）	满意（M ± SD）	非常满意（M ± SD）
城市	0.01 ± 0.117	0.2 ± 0.602	1.25 ± 1.481	1.19 ± 1.832	0.87 ± 1.895
农村	0.02 ± 0.146	0.12 ± 0.473	1.51 ± 1.502	1.25 ± 1.855	0.51 ± 1.521
少数民族聚居地	0 ± 0	0.86 ± 1.069	1.29 ± 1.604	0.57 ± 1.512	0 ± 0
偏远地区	0.07 ± 0.267	0.29 ± 0.726	1.07 ± 1.492	1.71 ± 2.054	0 ± 0
F 值	0.914	5.091**	1.85	0.668	3.315*
p 值	0.434	0.002	0.137	0.572	0.02

注: *p<0.05; **p<0.01; ***p<0.001。

从表 4–68 的调查结果来看，在“不满意”这一选项上居住在少数民族聚居地的老年人情感偏向程度最高，其次是居住在偏远地区的老年人。在“非常满意”这一选项上在城市居住的老年人倾向性要高于其他居住地方的老年人。虽然不同居住地方的老年人在该问题的其他选项上不存在显著差异，但是从调查结果也能看到，大家对该问题的满意度普遍倾向于选择“一般”。

（10）对老年教育服务供给监管的满意度

通过分析不同居住地方的老年人对老年教育服务供给监管的满意度结果发现：不同居住地方的老年人对该问题的选择在“非常不满意”（F=6.196，p<0.001）和“满意”（F=2.64，p<0.05）这两个选项上有显著性差异。但是在“不满意”“一般”以及“非常满意”这些选项上不具有显著性差异。具体结果见表 4–69。

表 4–69　不同居住地方的老年人对教育服务供给监管的满意程度的差异分析

	非常不满意（M ± SD）	不满意（M ± SD）	一般（M ± SD）	满意（M ± SD）	非常满意（M ± SD）
城市	0.03 ± 0.164	0.12 ± 0.471	1.37 ± 1.497	1.19 ± 1.832	0.8 ± 1.832
农村	0.02 ± 0.146	0.1 ± 0.436	1.54 ± 1.502	1.26 ± 1.86	0.5 ± 1.5
少数民族聚居地	0.29 ± 0.488	0.29 ± 0.756	1.29 ± 1.604	0 ± 0	0.71 ± 1.89
偏远地区	0.07 ± 0.267	0 ± 0	1.07 ± 1.492	2.29 ± 2.054	0 ± 0
F 值	6.196***	0.706	1	2.64*	2.336
p 值	0.000	0.548	0.392	0.049	0.073

注：*p<0.05；**p<0.01；***p<0.001。

从表 4–69 的调查结果来看，对于该问题少数民族聚居地的老年人在“非常不满意”这一选项上的情感偏向程度最高。在“满意”这一选项上在偏远地区居住的老年人情感偏向程度最高，少数民族聚居地的老年人的情感偏向程度最低。虽然在该问题的其他选项上不存在显著性差异，但是从调查结果来看，老年人对老年教育服务供给监管的满意度普遍倾向于选择

"一般"。

(11)对接受完老年教育后现状的满意度

通过分析不同居住地方的老年人对接受完老年教育后现状的满意度结果发现:不同居住地方的老年人对该问题的选择在"不满意"(F=11.729, p<0.001)和"非常满意"(F=3.126, p<0.05)这两个选项上有显著性差异。但是在"非常不满意""一般"以及"满意"这些选项上不具有显著性差异。具体结果见表4-70。

表4-70 不同居住地方的老年人对接受完老年教育后现状的满意程度的差异分析

	非常不满意(M ± SD)	不满意(M ± SD)	一般(M ± SD)	满意(M ± SD)	非常满意(M ± SD)
城市	0.01 ± 0.117	0.12 ± 0.471	1.24 ± 1.479	1.34 ± 1.892	0.9 ± 1.924
农村	0.03 ± 0.165	0.11 ± 0.449	1.47 ± 1.502	1.3 ± 1.875	0.53 ± 1.541
少数民族聚居地	0 ± 0	1.14 ± 1.069	0.86 ± 1.464	0 ± 0	0.71 ± 1.89
偏远地区	0.07 ± 0.267	0 ± 0	1.5 ± 1.557	1.71 ± 2.054	0 ± 0
F值	1.051	11.729***	1.529	1.387	3.126*
p值	0.369	0.000	0.206	0.246	0.025

注:*p<0.05; **p<0.01; ***p<0.001。

从表4-70的调查结果来看,在"不满意"这一选项上居住在少数民族聚居地的老年人情感偏向程度最高。在"非常满意"这一选项上在城市居住的老年人倾向性最高,其次是少数民族聚居地的老年人。虽然不同居住地方的老年人在该问题的其他选项上不存在显著差异,但是从调查结果也能看到,大家对该问题的满意度普遍倾向于选择"一般"。这说明老年人接受完老年教育后虽然也能感受到自己身上的变化,但是这种变化或提升并没有达到或是超越自身的期望。

总之,目前的老年教育事业主要通过老年大学来完成,老年人自身的观念和认知、操作能力极大地限制了老年教育服务的发展,老年教育主要是通过线下学习完成课程。老年群体的身体因素和对信息化更新速度的操作能力差异,使得“互联网 + 老年教育”在实践中难以执行。这样就造成了场地有限、资源短缺、人员缺口大、服务不到位、覆盖面小,老龄群体得不到教育满足。老年教育不能充分体现人性化和社会化教育。其次,老年教育服务还包括图书馆、社区教育等途径,但因经济发展状况不同,除了由政府资助的老年大学以外,图书馆、社区的老年教育服务在很多社区得不到满足和落实,所在区域的老年教育服务也得不到保障。

三、访谈分析

通过对 105 名老年人和 25 名从事老年教育服务管理工作和研究工作的专家、学者进行半结构访谈,将其访谈内容整理分析后发现:老年群体和老年教育服务从业人员在对老年教育服务供给主体、供给内容、供给方式、供给保障的认识上存在一定的差异。

区别之一:在访谈过程中,56% 的老年人对老年教育以及老年教育服务供给不甚了解,普遍认为老年教育的宣传不到位,特别是农村地区,老年教育几乎没有听说过。而 85% 的老年教育从业者对老年教育有一定的了解,但主要还是以城市老年大学为主。

区别之二:通过访谈,80% 的老年人认为老年教育服务供给的主体应该是政府,政府应该大力提倡和积极提供老年教育服务;而 78% 的老年教育从业者却认为老年教育服务供给应该是由政府主导,市场组织、社会组织以及个人多元主体参与,共同努力提供有关服务内容。

区别之三:访谈中,85% 的老年教育服务从业者认为应该给老年人提供以文体娱乐、休闲养生、医疗保健类为主的教育服务内容;而接受采访的老年群体中 82% 的老年人却急需心理呵护、情感陪护、家庭关系处理等方面的教育培训。

区别之四:在老年教育服务供给的方式问题上,受访者均表示城乡差异较大,城市老年教育服务机构较为健全,由政府主办"老年大学",但是供给远远小于需求,甚至出现老年大学"一位难求"的窘境。而绝大多数老年人认为政府应该承担主要责任,以多种方式提供服务供给;相当数量的老年教育从业人员则认为市场组织、社会组织以及个人的主体功能作用发挥不良,未起到很好的补充和引导作用,光靠政府很难满足老年群体庞大的市场需求。这足以表明,市场组织、社会组织以及个人志愿服务等主体作用没有很好发挥,政府在引领、组织、协调、监督方面还不够到位,为老年教育提供的服务方式单一,统筹各种力量共同服务老年教育的意识有待加强。

区别之五:在老年教育服务保障方面,81%的受访老年人不了解国家老年教育的法律法规或当地相关的老年教育的政策法规,有教育诉求但无法得以实现或保障;老年大学的从业人员对老年教育相关政策法规一般都有所涉猎,但宣传力度不大,基本处于自发状态;社区服务等从业人员又往往把老年教育服务混同于一般的养老服务,认为搞一些文体活动、艺术培训比赛等就是满足老年人的教育诉求了。

综上所述,老年教育服务供给的需求多样化不仅由经济、政治、文化发展不平衡所决定,同时还受个体兴趣爱好的影响。根据调研,目前我国老年教育服务包括学历教育、职业教育、技能培训、家庭教育、心理健康、人际合作、科普、法律、卫生保健、文娱休闲等方面内容。其主要问题是教育内容还不够丰富,供给的质量和形式均有待提升。课程安排较为陈旧,以文娱休闲、卫生保健、技能培训等为主,而心理健康、家庭教育、学历教育、法律、互联网等方面的内容涉及较少,不能很好地对老年人心理健康进行有效疏导,满足不了老年人再就业、再社会化和自我更新的需要,降低了老年教育的吸引力。随着经济的发展,经济条件不同的老年人会有不同的需求,这决定了老年教育服务内容的多样化。当前我国老龄人口教育水平显著提高,有相当一部分老年人也受过一定程度的教育,有的甚至还接受过高等教育。对于这些受过学校教育的老年群体而言,他们有更高的价值追求,逐渐提高的教育水平决定了老年群体的需求出现从低层次的物质需求向高质量、高层次精神方面需求转型变化的趋势。因此,高质量和多样化成为当前老年教育的显著特征。通过本次调查,我们也能了解到老年人并不是一个统一体,他们在各方面的实际差异很大,这也是我们在进行老年教育服务供给时必须认真考虑的问题。

第五章　我国老年教育服务供给存在的不足及原因分析

不同时期、阶段、区域老年教育服务供给问题各不相同，但从总体来看，我国老年教育供给存在的问题主要集中于主体、内容、方式以及保障四个层面。本章主要基于对老年教育服务供给的现实状况分析，发现当前我国老年教育服务供给主要出现了多元主体格局尚未形成、供给内容存在供需矛盾、服务供给方式单一以及供给保障机制存在缺失等现象，并针对这些现象分别进行了深入的因素探讨，进一步明确制约我国老年教育服务供给困境的深层次原因，从而为对策建议的科学提出提供依据和基础。

一、我国老年教育服务供给存在的不足

供给问题集中反映出当前我国老年教育服务存在的短板和不足，通过对问卷和访谈结果进行整理和分析。

（一）主体存在缺位

供给主体是老年教育服务供给体系中的服务提供者和组织者，决定着供给的规模程度和质量水平，各主体供给功能是否明确和相互关系是否协调直

接影响着老年教育服务供给内容是否充足、供给方式是否多元,以及供给保障是否能够得到有效提供。然而,当前我国老年教育服务供给主体仍明显存在政策力度不够、企业参与度不高、需求主体认识不足等问题。

1. 政策力度不够

虽然党和政府将老龄事业纳入经济社会发展的范畴中,大力支持老龄事业的发展,但仍旧存在养老保障水平与老年人生活水平和质量提高的普遍要求不相适应的情况。政府对老年教育事业的管理程度不高,没有明确的管理制度来约束社会各界力量投身于老年教育服务中来。[①]没有设置统一的管理部门和组织协调机构,使得老年教育服务部门繁多,有的归教育局管制、有的归老龄委管理、有的归民政部门管理,甚至有的由社区统筹,各管理部门间的业务交杂,使得各方都有参与老年教育服务事业,但都有管理不精、权责不清的问题。长此以往,这种老年教育工作发展的参差不齐局面,使得各管理部门在思想上对自己的权利和义务不明确,就会产生自己未涉及的工作就由别的部门来组织的思想,部门间的工作交接不及时、联系不紧密,就造成了工作的遗漏和疏忽。

2. 企业参与老年教育服务供给程度不高

企业单位参与老龄事业往往以盈利为目的,民营老年教育机构收费贵、补贴较少,与学费便宜、受政府财政补贴与支持的公办老年大学相比,有明显劣势。因此,民办教育机构并不受老年人的欢迎,他们不会选择民办老年教育机构,而是去政府管理支持的公办老年学校。对此,企业单位为了确保盈利和收入,他们开始拓展产业空间,发展与老年教育服务事业相关的其他产业,而不是一味地靠课程盈利,将发展重心放在了以服务老年人为目的的文娱用品上。这类企业不受政府管制,以盈利为主要目标,盲目去生产产品,虽

① 贾素平:《养老机构管理与运营务实》,南开大学出版社 2013 年版,第 161–201 页。

说是为老年人接受教育提供服务和物质支持,但是由于他们自身对老年人的教育需求不明确,因此提供的文娱用品并不适用于老年人。

3. 老年人对教育服务需求的能动性不强

老年人缺少对老年教育事业的系统认识,受传统家庭养老思想影响,他们对终身教育没有概念,也不会主动去进行文化拓展和社会交往,提升自身文化素养。而且大部分老年人在退休之后基本会与外界失去联系,再加上他们不会使用微信来联系朋友和同事,维系友谊、扩充朋友圈的机会很少,长久下来他们会习惯不与外界社交的环境,无法重新建立朋友圈,使得社交圈越来越小,他们的社会适应能力变差,因此就怕与人接触,更不敢主动去报名参加老年大学。老年人自身身体状况不好,伴随着年龄的增长,身体机能下降导致记忆力衰退、听力和视力下降、反应迟钝,以至于他们没有精力去吸纳学习新事物,他们的生活适应能力变差,就会产生自卑心理,不敢进入老年大学学习。

(二)内容不够充分

供给内容是老年教育服务供给体系的关键环节,决定着老年教育服务能否满足老年群体的切身需要。通过调查发现,当前我国老年教育服务供给内容存在质量不高、分配不均、数量不多等问题。

1. 老年教育服务供给内容质量不高

我国老年教育学校的教育内容大多以娱乐、养生、休闲、医疗保健等日常化的学习内容为主,与老年人生活保障息息相关的心理健康、家庭教育、金融理财、网络技术等教育内容却涉及很少,没有真正做到以人为本去促进老年人身心健康发展。当今老年大学都是按需设教育内容,不像正规大学一样根据学生发展目标提前设定好。[①] 给予老年人充分的自由去选择自己喜欢的学

① 施祖美:《老年教育策论》,社会科学文献出版社 2011 年版,第 121-135 页。

习内容,但是这样会造成老年教育质量的不均衡,他们只是擅长做自己喜欢的事情,但没有紧跟社会潮流去提升自己的专业技能。调查中发现,许多老年人不会使用智能手机,这就是一个很大的问题。随着社会的发展,电子设备必定会取代传统的物品,以支付手段为例,买东西大多使用微信或支付宝来付款,而老年人不会使用智能手机,出门只能带现金,这就对他们的日常生活造成了影响。由于老年人文化水平各有差异,他们对学习的需求不一样。不同的人在知识吸收和理解上的程度也不相同,对此要丰富老年教育服务供给的内容,满足不同年龄段老年人和不同文化水平老年人的学习需求,保证老年人实现展示自我价值的人生需求。

2. 老年教育服务供给内容分配不均

由于我国各地区经济发展的不均衡和财政支持的差异,各地区的老年教育服务供给出现供需不均和资源分配不合理的问题。老年教育服务供给在城市和农村之间呈现出极为明显的不平衡状况,这主要表现在城市老年教育受到极大的财政支持,加之城市老年人本身的文化水平高,城市的老年教育机构发展呈现良好态势。在内容选取上也丰富多样,能够针对老年群体的多元化需求进行有效供给和满足。然而在乡镇地区,老年教育服务供给则不尽如人意,难以提供适合农村老年群体的普遍需求,这主要是由于农村地区受通信技术和地域的限制,使得财政投入捉襟见肘,教育资源也无法得到合理配置。长期的两极分化使得农村老年人无法享受到与城镇老年人同等的教育待遇,本地区的老年教育服务供给缺乏,使得他们的教育需求得不到满足,加之农村老年人对老年教育的热情度不高,认识不足,进一步拉大了城乡老人的生活质量之间的差距。

3. 老年教育服务供给数量不多

整体来看,偏远地区老年教育机构数量相对偏少。正规的老年大学一般都设立在城市地区或县城,从布局上来看,基本上在每一个县城都会设立一所老年大学,而在辽阔广袤的农村和乡镇地区则没有设置老年大学等专门的老年教育机构。并且在偏远地区,老年教育机构数量则更为稀少,甚至偏远的县城也没有老年大学,乃至社区老年教育组织,这就使得身处经济发展水平落后地区的老年群体享受不到与城市老年人同样的老年教育服务。城市老年大学仍然存在老年教育学位数量紧缺、供不应求的现象,调查了解到,许多退休老人空有想去老年大学上学的愿望,但由于学位紧张,他们往往抢不到入校学习的名额。

(三)供给方式多样性不足

供给方式是老年教育供给体系的重要组成部分,决定着供给内容对老年群体需求满足的成效。当前我国老年教育服务供给方式过于单一,多样性不足,主要体现在办学形式单一和发展模式相对单一两个方面。

1. 我国老年教育办学形式单一

老年大学是我国老年教育服务供给的主流办学形式,由于是政府牵头、国家支持,该学校收费低,深受老年人的喜爱和欢迎。大量的老年人希望迈进老年大学,使得老年大学学位紧缺,无法容纳过多的学生。老年人的高需求必然会出现服务低的现象,老年教育机构服务不到位,资金短缺和场地空置,人员专业化欠缺。这就造成了老年人的教育需求得不到满足,同时又使得教育资源闲置和浪费,没有做好物尽其用。为了缓解老年人入学压力,远程老年教育这种新型教育模式得以出现,但却不受老年人欢迎,多数老年人不喜欢待在家里通过电视、广播、网络等信息化设备来学习。许多老年人表示自己不会操作智能设备、不懂得该如何学习,虽然远程老年教育有让人不出门就足以了解天下事的功能,但不是老年人所喜闻乐见的学习模式。它的出现没有缓解老年大学的教学压力,老年教育服务供给形式单一问题也并没有得到缓解。

2. 我国老年教育服务发展模式单一

我国文化教育发展实际上集中于中、大经济较发达地区，这些城市的老年受教育群体多为退休公务员、教师、国企职工，但是这种教育大多集中于文化水平高的城市人群，而在偏远县城甚至农村地区的老年人却无法享受老年文化教育。这种地区间文化发展的极不平衡与教育公平发展理念相违背，多数农村的老年人被剥夺了应有的受教育权利。调查了解到，我国农村地区的老年人并不知道老年教育，更谈不上去主动进入老年教育机构学习。虽说城镇地区的老年教育发展呈现良好态势，但也有自身发展弊端，他们不注重教学创新，在教学上墨守成规，采用传统课程资源模式使得老年教育服务供给机械化，由于缺乏规范化管理，教师一味注重讲授式教学，忽视老年学生的自主学习，教养为主的教学模式很难融入当前老年教育的实际教学中。这就背离了我国社会致力于创建学习型社会，建立终身教育体系的长远发展目标。

（四）供给保障机制不足

供给保障是否到位关系着老年教育服务供给体系的整体运行能否得到有效实行，起着支撑和维系作用。老年大学制度保障不健全、师资队伍不稳定，以及经费投入力度偏低是主要问题所在。

1. 老年大学制度保障不健全

教育管理部门由于在宏观统筹和战略布局上的缺陷，没有制定健全的政策和相应的机制保障老年教育供给。虽然各地为了推动老年教育事业的发展和进步，为做好老年教育服务供给，颁布了法律法规，但大多只是围绕老年教育机构设立的地方性管理法规，并未出台针对性较强的教育保障机制来保障老年人的受教育权利。例如许多公办老年大学受国家财政政策支持的限制，规模无法扩大，为保证学校的正常开班，管理者提高办学门槛，限制生源，将许多普通且有教育需求的老年人卡在大学门外,导致公办老年大学的普惠性不高,老年人的教育需求无法得到满足。而民办老年大学在土地、房屋、税收方面设限,并且学费较贵,招生难度加大,出现困难。民办大学没有与公立大学竞争的优势,也无法很好地生存下去。由此可见,由于没有完备的政策和制度保障,公办老年大学和民办大学同样难以长久地为老年教育提供好的服务供给。

2. 老年教育师资队伍不稳定

当前,我国老年教育缺少一支高素质、专业化且热爱老年教育事业的高质量教师队伍。调查显示,我国老年教育机构基本没有专职教师,这些学校留不住人才,许多教师只是成为老年教育事业的过客,由于老年教育机构的工资待遇和工作环境无法满足教师的多样化需求,教师的离职率不断上升,离职倾向也日渐高涨。[①] 老年教育机构中的教师普遍认为,老年教育事业就是无偿的爱心事业,为了获得高水平的生活,他们会跳槽去别的教育机构。为应对教师离职出现的师资队伍短缺现象,老年教育管理部门一般会通过聘请兼职或代课教师来满足日常的授课需求,并根据被聘请教师的资历和价值来给付相应的工资,一般以工作市场为标准,具有较强的临时性和低专业性。长此以往,这种不稳定的教师资源,使得教学内部衔接不当,教师对老年人的理解不足、对学校的办学理念了解不全,会无法保证高质量地完成教学任务。由于兼职教师工资较低,无法吸引到好的教师队伍,许多专业教师并不愿意进入老年教育机构任课。通过对我国在校有关涉老人才教育专业的大学生进行的调查发现,他们进入老年大学从业的意愿低,并且职业认同感也不高。虽然他们有较强的专业素养,但他们并不看好我国的老年教育事业的发展,对老年教育机构持不信任态度,使得老年教育教师队伍不仅数量少且质量低。

① 万蓉:《社区教育与老年教育的融合:以开放教育机构参与老年教育为突破》,《教育发展研究》2020年第17期。

3. 老年教育经费投入力度偏低

各地区对老年教育服务的投入力度不大,特别是农村偏远地区的老年教育学校,学校环境差,基础设施的配置远不及城市学校。只靠单一的政府财政支持难以长久维持农村地区老年教育学校的生存,由于位置偏远,这类学校无法及时与外界社会取得联系,更没有渠道去联系市场、社会组织、学习者的投资。调查显示,城市地区老年大学不仅自身环境好,长期受到财政的支持,甚至有行业企业、社会机构、爱心人士定期公益性捐赠资金或是设立老年教育发展基金,支持市区老年教育机构的稳步发展。这一状况与农村地区的老年教育学校形成鲜明对比,由于政府的投入机制没有覆盖到信息不通畅的落后地区,落后地区少了社会各界资金力量的支持,使得学校环境差、教学设备陈旧、教师学历低、教师缺少参加培训的机会等问题格外突出。

二、原因分析

通过上述对老年教育服务供给主体、供给内容、供给方式和供给保障的问题分析,初步明确了当前我国老年教育服务供给存在突出困难,而这一困难的形成同时也有着多方面的深层原因,主要表现在服务供给主体作用没有充分发挥、服务内容的供需匹配机制不完善、多元化供给方式尚未建立,以及供给保障机制不健全等方面。

(一)理念滞后

理念是行动的先导。老年教育服务供给主体的理念难以适应新的时代和现实发展要求是其作用发挥不到位和功能缺失的主要原因,具体又体现在社会对终身教育和老年教育认识存在偏差、政府主导地位没有得到充分体现,以及社会和个人对老年教育服务理念的认识不到位。

1. 认识存在偏差

老年教育尽管已经成为国家主张和提倡的重要理念,但在实施过程中仍存在过于重视青少年学校教育,而忽视了对老年教育服务的提供和支持。政府重视力度不够是导致我国老年教育服务供给水平较低的主要原因。终身教育既是形成全社会精神文明的基础,也是使个人具有健康精神生活的重要途径。老年教育作为终身教育理念的重要体现,其供给充分与否直接关乎着终身教育体系的建设程度。近年来,老年教育服务供给逐渐得到了政府、社会以及老年教育机构的重视,以老年大学为主体的供给数量和规模也得到了有力提升。尤其是各地政府将学校建设列入发展规划,可以看出相较于以往对老年教育的较强忽视已有所好转。但是,老年教育作为终身教育的最后一环,同时教育的对象就是步入年迈、体力不足,而急需社会进行帮扶和反哺的老年群体,因此使得政府和社会各界仍然没有对老年教育服务高度重视。面对老年教育服务需求的日益增长和多样化,政府不仅在服务供给数量上仍难以满足老年群体的规模需求,同时在供给质量上也存在供需匹配较弱的现象。这都在很大程度上源于政府对老年教育的观念认识不够,没有看到发展老年教育对提升老年人口素质、应对人口老龄化危机、促进社会文明进步的重要意义,对老年教育服务的有效供给缺乏深刻认知和战略定位,事实上,老年大学仍处于教育的边缘地位。

2. 政府的主导地位没有得到充分体现

既然老年教育服务是一项社会公共服务,那么充分发挥政府在供给中的主导地位则是理所当然。当前,老年教育服务供给主体间关系不明确的关键就在于政府的主导地位没有得以充分彰显和发挥。一是政府的引领作用没有发挥好。对于政府而言,仍然没能将提供老年教育服务作为应对人口老龄化的有效手段,理念思想上的不重视使得在相关政策供给和扶持,以及人力、财力和物力投入方面都存在缺位现象,从而导致社会整体对老年教育服务的认可度与支持度较低。二是政府的协调作用没有充分发挥。在老年教育服务供给中,政府既是主体又是主导,主导作用的发挥就是要政府发挥积极引领作用,从而能够统合社会组织、市场组织和个体等其他供给主体,形成老年教育服务供给体系,整合有利资源要素,使得供给规模和质量能够最大限度满足老年群体的教育需求。

3. 社会和个人对老年教育服务理念的认识不到位

一方面,社会对老年教育事业认识不足,受传统老人居家养老观念的影响,我国的老年人多居住在家中,没有接受老年教育的意识。社会虽然关注老年人的生活,但大多将重点放在了让老人老有所养、老有所依上,只是片面地丰富了老年人的生活条件,让老年人吃饱穿暖,但忽视了丰富他们的精神世界,认为老年教育服务体系是可有可无的。另一方面,老年群体没有认识到老年教育对创建终身学习型社会的重要意义。老年群体认为自己投入不高,老年人本身没有参与教育活动的意识和期望,更不用说认识到要在剩余的人生中接受教育的重要性了。因此,在对老年教育服务认知不到位的情况下,不仅要将老年教育同简单的娱乐结合起来,更要重视老年群体多样化的教育需求,缩小老年教育的外延。只有转化整个社会宏观环境对老年教育的认知偏差,才能够真正建立起老年教育服务的有效供给体系。在这一进程中,政府作为服务供给的主导者,首先应该在发展老年教育的指导思想上进行调整和升级,使得社会公众和老年群体转变对老年教育服务的固有理念。

(二)内容供需匹配失衡

当前,老年群体对心理健康教育、家庭教育和卫生保健教育的高需求与低供给之间的矛盾之所以愈发明显,关键在于服务内容的供需匹配机制尚未完善。

1. 需求导向的公办老年教育服务供给机制尚未建立

首先,公办老年大学是老年教育服务的主要供给途径,由于其隶属各级党委组织部老干部局,缺乏统一的专业指导部门,其他相关部门的配合也相对乏力,因此难以根据老年群体对优质教育服务的需求变化而及时调整工作方式和保障供给。其次,在学校教育教学内容上,学校教材内容仍较为陈旧和滞后,缺乏创新。现阶段老年大学开设的课程既难以反映知识经济时代的技术变革和思想理念要求,又无法满足不同层次老年人的需求。在老年学校的教学内容设置上,与老年人生活有密切关系的心理健康、家庭教育、就业技能、金融理财、电脑网络等内容涉及很少。加上缺乏科学理论的指导,学校管理者和教师的教学理念无法得到更新,在经历长时间的学习后老年人对墨守成规且不丰富多彩的课程内容产生厌倦心理。最后,对公办老年教育机构的财政投入既没有明确列入年度计划,又普遍缺乏顶层设计和长远规划,从而难以支撑老龄社会发展和老年群体日益丰富的精神文化需求对教育服务内容的要求。

2. 社会老年教育机构的供给内容缺乏统一性

除公办老年教育大学之外,社会各类老年教育机构很少对老年教育教学的内容进行深入研究,其在教材选取、课程内容设置、授课方式选择等方面具有较强的随意性,缺乏统一规划和实施标准,在教材选取方向、课程内容设置和教学方式方法选择、教学效果评价上存在各自为政、零碎散乱的特征,对教育内容和手段的科学研究匮乏,从而导致各类老年教育机构所提供的教育教学内容和方式手段难以满足老年群体的教育需求。与此同时,社会各类老年教育机构之间并不存在隶属关系,且沟通协调活动也较少,在没有政府进行引导和统合的基础上,难以形成合力来推动老年教育内容的更新和教育手段的变革。

(三)多元化供给方式存在缺位

当前我国老年教育服务供给水平不高的一个重要原因就在于没有建立健全老年教育服务的多元化供给方式。伴随着社会的高速发展,老年群体的教育需求也日益丰富。这就使得传统上以公办学历教育为主体的老年教育服务的单一供给方式难以适应这一多元需求的改变,相应地,建立多元化的供给方式则成为必然。

1. 供给方式固化单一

由于区域之间和城乡之间社会经济发展不均衡,政府财政存在较大的差异性,进而在不同地区老年教育服务供给的规模和质量也不尽相同。同时,地方老年教育服务保障体制不健全、不完善,一方面体现在对老年教育服务供给的领导和协调力度不足,具有较强专业理论的人才较为匮乏;另一方面,由于互联网等现代信息技术更新较慢,这种以政府财政拨款和计划调配为主的供给方式使得服务水平难以得到质的提升。

2. 社会组织供给老年教育服务较为分散

老年教育同样也是一项社会公益性事业,包括政府在内的社会各界组织的积极参与是其未来服务供给的必然趋势。社会教育机构种类多,能够提供多样化的教育供给,满足老年群体的不同教育需求。当前,社会组织在提供老年教育服务中虽然发挥着较为积极的作用,但主要集中在个别高校、职业学校及群团组织,不仅数量较少,而且所提供的老年教育服务也较为分散,难以发挥较大的影响力,因而急需政府对其进行扶持和援助。同时,社会组织提供老年教育服务的方式途径也尚待规范化,政府探索实施多元的社会老年教育供给措施方面存在行政缺位,难以将分散的社会组织充分整合和利用起来,从而无法充分发挥社会老年教育机构的办学质量,扩大其覆盖范围。因此，这就需要政府不仅要在政策和资源上对其进行帮扶，而且要对其资质和能力进行审核与考察，提高其供给水平。

（四）保障机制不够健全完善

形成健全的老年教育服务供给保障机制是整个供给体系能够有效顺利运行的重要方面，而当前供给保障不足的主要原因就在于相应的保障机制还不够健全，缺乏系统性和长效性。

1. 法律法规的缺失

在法律层面，虽然我国已经出台专门的文件来引导社会各界支持老年教育事业发展，但是只停留在宣传要求上，还没有制定专门的老年教育政策法规来强制约束社会各方面更好地展开老年教育服务供给工作。在社会组织参与方面，因为缺少相应的法律支持和政策保障，各类民间办学机构、社会组织和团体、企业和个人均很少参与和投资老年教育事业，参与主体不够使得老年教育资源的投入不仅来源单一和总量不足，更缺少良性的保障机制。单位虽然有心去支持老年教育事业，但又担心资金的投入缺少法律的保障，没有经济支持的老年教育机构的办学规模受到很大限制。缺失强有力的法律约束，各部门不会从根本上对老年教育的发展目标、重点任务、基本原则、管理体制、运行机制、施教主体、保障措施等关键问题做出明确、系统、全面的规划。

2. 政府资金投入和师资供给不足

充足的资金和人力资源保障是提高老年教育服务供给水平不可或缺的要素。一方面，在政府经费投入不足的情况下，单纯地依靠接受公益组织捐赠和学员学费支撑办学，其效益和质量可想而知，老年教育机构经费极为缺乏。据调查显示，现有的老年学校普遍存在着办学场地不够、办学条件简陋、办学规模较小、硬件设施不完善等问题，老年教育机构设备不齐全，课程设置、教学水平满意度低。尽管我国政府机构每年通过财政划拨给老年教育事业一定的教育服务经费,但这些经费被地方主管部门挪用于基础教育事业的发展,对处于财政紧缺时期的他们来说,发展基础教育比发展老年教育更有利于社会的可持续发展,长久地忽视老年教育服务。另一方面,在师资上投入不足,使得老年教育缺乏专业人才,为数不多的老年教育机构教育水平还参差不齐。学校不重视师资队伍的建设与培训,没有将资金用来提升老年教育教师职业幸福感上,教师在面临工资低、工作压力大时必然会离职。教师有从事老年教育的理想和追求,但抵不过教师待遇差的现实问题,教师的付出与回报不成正比,使得离职率高。由于省市没有针对老年教育师资设立专门的培训考核体系,无法实时检测教师的老年教育技能,特别是知识理论素养和实践教学技能。没有明确的培训考核体系,使得很多教师存在懈怠心理,他们消极参加培训,这种形式主义使得教师队伍松散,甚至离职,造成人才流失。

3. 政府疏于对老年教育机构的管理

政府部门对老年教育机构发展情况的监管与评价不够。虽然定期组织会议关注推进老年大学和教育机构的老年教育服务供给情况,但只是简单地听下层部门汇报工作的进展,流于形式的会议,使得管理者出现懈怠心理,他们不会真正深入老年教育一线,去支持引导学校为老年人提供更好的服务。[①]管理部门没有创建老年教育服务供给体系,他们对各级老年教育机构的管理衔接不紧密,省、市、县、乡镇之间的工作没有有效衔接,各机构间的联系脱节,省市级的教育管理者虽有心去支持乡镇偏远地区的老年教育事业,促进教育服务供给,但由于管理脱节,就出现省市老年教育机构发展明显高于乡镇地区的现实问题,造成区域间老年教育服务供给不平衡现象。

---

① 刘青峰:《中国教育服务公私合作研究:基于地方政府管理的视角》,人民出版社 2019 年版,第 202–204 页。

第六章　提升新时代老年教育服务供给的对策建议

习近平总书记在党的十九大报告中强调，建设现代化经济体系，"必须坚持质量第一、效益优先，以供给侧结构性改革为主线"。所谓供给侧，是指生产者在某一特定时期内，在某一价格水平上愿意并且能够提供的、与国民经济发展需求相平衡的、一定数量的商品或劳务，它是相对于需求侧来讲的。供给侧结构性改革，供给是基础，结构性是关键。要更多从供给侧发力，正确处理和对待供给侧与需求侧两者辩证统一的关系，努力实现供给与需求平衡发展，提升供给体系的稳定性，形成需求牵引供给、供给创造需求的良性互动局面，进而实现供需的高水平动态平衡。[①]

供给侧结构性改革是未来我国老年教育可持续发展的主要路径。基于供给侧结构性改革，结合我国老年教育事业的发展现状，从老年教育服务供给主体、供给内容、供给方式、供给机制四个维度进行体系建构。针对日益突出的老年教育结构性供求失衡矛盾，着力推进老年教育服务供给侧改革，提质增效，重点是补齐老年教育服务供给的短板，创新老年教育服务供给的内容与方式，以新的供给不断提升老年教育服务供给的管理制度水平，加快老

① 杨振轩:《中国老龄产业发展与政府职能界定》,《上海大学学报(社会科学版)》2021年第2期。

年教育的内涵式建设，推动老年教育服务的发展壮大。首先，准确定位老年教育服务供给主体角色，找准重难点，做到精准发力。[①] 加强政府对老年教育产业布局的宏观调控，真正实现优质资源的合理配置。鼓励社会力量参与老年教育事业发展，加大公共基础服务设施建设，发挥市场配置资源的决定作用，推动终身教育场所、休闲场所、体育馆、图书馆、健身馆免费或有偿向老年人开放。持续加强老年教育服务供给的创新能力，提高老年教育服务供给的质量和效率，着力破解老年教育发展内部不平衡、不充分的问题。其次，着力完善老年教育服务供给的内容，扩大老年教育的供给资源，优化老年教育供给环境，完善老年教育供给结构，提高老年教育的质量与效率。最后，创新老年教育服务供给的方式与路径，推动老年教育的高质量和可持续发展，激发市场主体活力，为老年教育的顺利开展提供制度保障。

新时期，我国老年教育存在许多的问题，供给侧改革要求解决老年教育发展的瓶颈和困境。从供给侧层面看，老年教育服务存在供给主体单一、供给质量较低、低端资源供给过剩、有效教育供给不足等问题，老年教育需求增速很快，但优质服务不能满足老年群体的需要，高端优质的教育服务较少，且难以引领老年教育产业的发展，出现教育资源闲置问题。

一、积极构建一个主体、多元参与的老年教育服务供给主体体系

老年教育服务供给主体是指为了满足老年群体的教育需求，而提供或生产教育产品或劳动的主要实践者。各级政府部门、事业单位、企业、协会、个人等都可能是老年教育服务的供给主体。在新时代的要求下，结合我国老年教育的施行现状，我国老年教育的服务供给主体应当包括政府、社会组织、市

① 饶冠俊:《基于供给侧结构性改革视角下的老年教育现代化研究》,《继续教育研究》2021 年第 2 期。

场组织和个体。进入新时代以来,老年教育的供需矛盾发生显著变化,转化为人们对老年教育的需要与老年教育资源的供给不匹配、不平衡的矛盾。明确老年教育服务供给主体是老年教育正常开展的前提与基础。[①] 国家要加强顶层设计,构建多元化的老年教育主体模式与实践路径,协调好老年教育服务供给主体之间的关系。制定并发布老年教育的相关文件,政府积极响应国家号召,鼓励社会资本进入老年教育事业。逐渐形成以政府调控、统筹和监管为主,社会组织、市场组织和个体上下联动、相互配合、积极参与的"四位一体"的老年教育供给主体格局(图 6-1),加快推动老年教育供给侧结构性改革,发挥老年教育杠杆联动作用,试图解决人口老龄化现象和老年教育事业的发展问题。

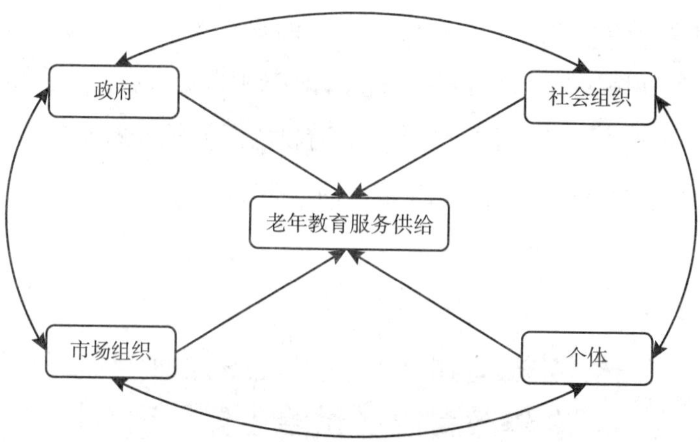

图 6-1　老年教育服务供给主体构成关系

新时期,加快我国老年教育服务供给,首先要建立多元化的供给服务主体体系,充分调动政府、高校、社区以及社会教育机构的积极性,共同参与到老年教育服务供给体系中来,发挥各自优势,形成供给"合力",提升服务供给的质量和水平,具体包括以下几个方面。

① 张枝实:《供给侧改革视角下加快老年开放教育发展的对策》,《成人教育》2019 年第 5 期。

(一)政府发挥老年教育供给主体的调控、统筹和监管作用

作为老年教育供给服务调控、统筹和监管的主体,政府在老年教育事业发展中要发挥好职能作用。首先,老年教育既是教育工程也是民生工程。老年教育是我国教育事业和老龄事业的重要组成部分,老年教育作为终身教育的最后一环,仍然是教育事业的一项伟大工程,需要有关教育部门进行系统设计和规划。教育事业的发展需要多方位的支持和帮扶,老年教育的师资、物资等资源与老年教育大事业的发展不是一个机构或部门就能承担的,因此,老年教育事业的发展需要政府发挥积极正向的引导和统领作用。老年教育的参与主体是老年群体,老年教育不仅仅是老年人的事,也不仅仅局限于老年事业,而是一个关系人民群众切身利益、关系千家万户、关系社会和谐稳定和全面建成小康社会的重大民生问题。[①] 办好人民满意的老年教育,实现“老有所教”“老有所学”。老年教育服务涉及较多的产业,这与老年群体的利益息息相关,把惠及人民利益的事情做好,就需要政府必须主动承担起调控、统筹和监督的责任。

政府方面存在的问题有以下几个:首先,政府未建立健全科学合理的法律制度。主要表现在没有形成专门的老年教育专项法律法规,特别是政府未出台老年教育法和成人教育法。老年教育的相关法律文件缺乏具体细化,可实施性和可操作性不强,没有在法律层面规定老年人接受教育的权利与义务;没有建立起自上而下的法律体系,老年教育的上下位法规定不够明确。其次,老年教育的管理主体不够明确。国务院办公厅 2016 年发布的《老年教育发展规划(2016—2020 年)》提出要形成政府、市场、社会组织和学习者等多个管理主体,但未明确规定各部门的具体职责,缺乏细化的责权规定。进而政府对老年教育的重视程度不够,没有坚定老年教育的决心和信心。老年

① 张枝实:《供给侧改革视角下加快老年开放教育发展的对策》,《成人教育》2019 年第 5 期。

教育是终身教育的最后环节,国家对基础教育与高等教育的关注和投入较大,尽管老年教育已经纳入国家事业的战略层面,但出现“知行不一”的现象。最后,老年大学缺乏现代意识。老年教育作为终身教育体系构建的一部分,作为实现中国梦的重要力量,要面向国际树立现代意识。

针对上述问题,2016年国务院办公厅印发《老年教育发展规划(2016—2020年)》,明确提出要形成政府、市场、社会组织和学习者等多主体分担老年教育经费的机制,又指出老年教育经费应主要用于老年教育公共服务。既然要把老年教育纳入公共服务体系,政府的投入就应该是主体,要像基础教育和高等教育一样,经费要纳入政府的财政预算。老年教育属于政府公共服务的重要组成部分,其公益性决定了它不能完全依靠市场来调节以实现有效的供给,因此政府要作为老年教育服务供给的主要主体。同时,有学者指出政府在公共服务供给中发挥作用的四个方面:政府应当是公共服务的安排者;政府应当是基本公共服务的生产者;政府应当是公共服务多元主体的培育者;政府应当是公共服务的监督者。① 老年教育也是公共服务的一部分,因此,综上所述,政府在老年教育的供给主体中提供调控、统筹和监督,具有积极性和优先性,系统科学的构造和设计需要政府发挥统领作用,在老年教育供给侧结构性改革中政府需要做好顶层设计,争取社会广泛支持。

例如北京市党委和政府重视老年教育服务供给体系建设,积极推动老年教育事业发展。做好顶层设计,统筹北京市各部门老年教育工作;优化老年教育布局,扩大宣传,将教育服务供给扩大到基层和社区;因地制宜合理使用本地特色教育资源,依托北京高校健全老年教育服务体系,实现高校与老年教育学校间的资源共享和协调发展。北京市政府着手统筹规划大力推进老年教育事业的发展,以服务于国家和北京人口老龄化战略和终身学习型社会

---

① 任宗哲等:《中国公共服务城乡均等化供给——基于制度分析的视角》,社会科学出版社2013年版,第270页。

建设,将老年人的终身学习服务定为今后教育拓展的新任务。[①]北京市政府高度重视发展老年教育,通过颁布相关法规和政策来引领和支持本地区的老年教育服务供给。《北京市老年人权益保障条例》指出:“本市鼓励和支持兴办各类老年学校,为老年人参加学习创造条件。”《北京市“十二五”时期老龄事业发展规划》指出:“大力发展老年教育。建立市、区、县街道、社区四级老年教育网络,发挥老年大学、社区学院在老年教育中的带头作用。创新老年教育载体,通过展开多样的老年活动,开设一系列老年教育课程,进一步整合各类老年教育资源。”《北京市中长期教育改革和发展规划纲要(2010—2020)年》指出:“要调动各种社会力量广泛开展老年教育。综上可知国家已经从法规与政策层面对发展老年教育事业做出明确规定,通过制定各类法律法规来约束要求各地区的老年教育服务供给,对老年人教育服务保障机制和老年人受教育的权利都做出了明确规定。”

再如上海市政府力争完善老年服务体系,根据《上海市老年教育发展“十三五”的规划》内容显示:上海市已经筹建 11 个老年教育支持服务指导中心,据统计有 7000 名从事老年教育的教师在此教育中心参加指导和服务培训,指导中心致力于老年教育理论研讨、教材内容探求、师资技能培训等多种内容;建设市老年教育师资库,为老年教育储备优秀的人才,共有 639 名教师入信息库,这些教师由市级骨干教师、区级专业教师、校级专兼职教师和志愿者组建而成。这些教师依托上海市高校、区教育局、社会组织存在,他们相互协同,共同完善上海市老年教育服务体系。为推进老年教育的更好普及和发展,上海市政府因地制宜,根据本市的教育发展实际和上海老龄化事业发展状况,开发 100 本适宜的“上海老年教育普及教材”,该教材是一种涵盖纸质书、电子书、网上课堂、无线终端移动课堂“四位一体”的新型电子教材,因此上海出版了国内第一套成规模、成体系的老年电子读物,推出国内第一款正

① 于林林:《基于供给侧结构性改革的社区老年教育问题的思考》,《江西电力职业技术学院学报》2019 年第 1 期。

式上线的老年教育资源展示 APP,它的发行不仅完善了上海的老年人教育服务体系,甚至对全国的老年教育服务工作有极大的促进作用。①

还如山东省进一步加快老年教育事业的发展,严格按照《国务院办公厅关于印发老年教育发展规划(2016—2020 年)的通知》《山东省人民政府关于印发山东省"十三五"教育事业发展规划的通知》有关要求,创新本省老年教育事业发展体制机制,将老年教育事业纳入山东省经济和社会发展长远规划中,努力打造具有山东特色的老年教育体系。坚持政府为老年教育事业做好服务、统筹和监督,市场主体积极参与教育服务的原则,加强管控和调节力度。在政府引导下完善公共财政投入,同时鼓励社会各界力量大力兴办老年教育事业,合理开拓老年教育市场。②

除了主体多元化以外,还要注重加强财政支持力度,提供充足的资金保障。例如,合肥市教育主管部门加大财政保障支持,提供办公经费保障老教委正常工作开展。将老年教育经费按照"生均加专项"的拨款方法纳入教育财政预算。遵照省级老年大学示范校标准,规定市老年大学生拨款经费不少于 120 元;特别关注县区老年大学和乡镇街道老年学校的发展情况,根据实际办学需要和学校发展规模,按需提供经费支持。并随着经济社会发展和老年教育事业的需要逐步增加,政府将老年大学的办学经费,包括教学业务、教材图书、科学研究、教师调研、设备投资等教育经费纳入财政统筹,不断改善老年教育学校的办学条件。

(二)社会组织是老年教育服务供给主体中的关键一员

随着老年教育事业的发展和人口老龄化趋势的显著变化,国家大力鼓励和支持社会组织参与到老年教育事业中,社会组织在老年教育事业发展中发

---

① 国卉男、秦一鸣:《普惠性老年教育的特征、现状与发展建议——基于上海老年学校的调研》,《教育与职业》2021 年第 6 期。

② 陈曼:《老年开放大学发展对策研究》,《兰州教育学院学报》2018 年第 7 期。

挥积极的辅助和支撑作用。激发社会组织举办或参与老年教育的积极性,推进老年教育服务供给主体多样化。社会组织不以盈利为目的,提供免费或廉价的老年教育服务,且有政府的规范与监督保障,一般包括物业服务公司、社区养老机构、高等院校、事业单位、民办教育机构、民办非企业单位等。

物业服务公司在老年教育的供给中具有显著的条件和优势,充分调动物业服务公司的积极性,有益于老年教育事业的开展。有学者指出,物业服务公司作为老年教育供给主体有四大优势:物业服务公司基本掌握小区内各个家庭基本信息,将有利于开展老年教育等养老服务活动;物业服务公司拥有小区内场地、相应设施等硬件的管理权,能够充分利用这些资源开展老年教育活动;物业服务公司与老年人接触交流机会比较多,由物业服务公司开办老年教育活动更容易得到老年人的认可和支持;老年人不用离开自己熟悉的环境,在自己家门口享受各种老年教育资源,提升老年人参加老年活动的便利性与积极性,从而能够充分保障老年教育的可持续性。由于物业服务公司的非营利性质,老年教育的正常运转需要政府提供相应的财政支持和帮助。在老年教育的供给过程中,可以激发物业服务公司的办学主体活力,提高社会组织的老年教育供给的积极性。①

养老机构是老年群体的重要聚集地,在老年群体的生活等方面起到保障作用,养老机构也成为老年教育供给服务的主体之一。大力推动养老机构开展老年教育,有助于实现"养教结合""医养教结合"。养老机构中有多样的服务项目,养老机构开展老年教育具有优越性和便利性,一方面,在养老服务项目中增加老年教育服务,老年群体可以学习健康知识和安全知识,提高老年群体的知识素养,用相关的理论知识指导实践,减少老年群体危机危险的发生概率,提高老年群体的幸福指数和生活质量。多样化的生活方式,能够促进老年群体的生活积极性,形成良好的生命生活情感和状态。开展老年教

---

① 周欣帅:《社会资本参与养老服务的模式与路径——以河南省为例》,《管理工程师》2021 年第 1 期。

育，提高老年群体的综合素养，在终身教育的最后阶段致力于将老年人培养成全面发展的人。另一方面，现行的国家养老机构的主要功能是服务老年人的起居生活，保证老年群体的生活质量，在满足正常生理需求情况下，增加许多文化教育、休闲娱乐的项目，不断转变养老机构的功能，促进养老机构的转型升级。养老机构是受国家政府扶持的机构，是具有福利性质的养老服务机构。在供给侧改革的背景下，满足老年群体多样化、多层次的生活和精神需要，弥补老年教育的短板，扩大老年教育的资源供给，转变养老机构的结构与功能，实现老年教育的转型与再平衡。

学校是老年教育服务供给主体的重要成员，在老年教育服务供给中发挥重要的作用，主要是高等院校在教学、师资、设备、场地方面具有丰富的教育资源储备，能够满足老年群体多样化的需求。山东省老年教育管理部门与山东省高等院校和职业院校展开通力合作，协商共建老年教育服务供给事业。为老年大学教师和学校内的老年人提供支持和帮助。鼓励高等院校开设与老年教育相关的专业，为老年教育事业输送高质量专业化人才，强化了从事老年教育工作教师的专业素养，保障了老年教育事业的师资队伍建设。同时推动高等院校和职业院校面向老年人开设适宜的课程和资源，拓宽老年人接受教育的途径。创新教育方式开展非学历教育，鼓励艺术类、医药类、师范类院校结合自身院校特色，开展适宜老年人身心全面发展的老年教育课程，力争在全社会共享老年教育课程和教学资源，在全社会推广宣传老年教育服务供给。

目前，社会组织在老年教育服务供给中存在许多不足：首先，社会组织的力量薄弱。在经费方面，社会组织难以完全承担起老年教育的经费问题，需要政府补贴支持和公益捐助；在师资建设方面，专职教师较少，多为兼职教师，没有形成专业化的教学团队，且难以保证高质量的教育教学；在学习资源方面，社会组织所提供的设施设备、场地等明显不够，难以满足老年人的需要。此外，社会组织的功能不完善。老年群体是弱势群体，对老年人的帮扶多集中在休闲娱乐方面,社会组织对老年教育缺乏整体的规划与安排,课程设置不够全面,老年群体可能得不到相应的教育服务,且没有形成评价监督机制。其次,社会对社会组织的认同度低。受传统固有学校教育的影响,在观念上对社会组织的认识有偏差,认为社会组织是非正规的,不受国家政府保护的机构。政府对不同类型和层次的社会组织的优惠扶持政策不同,某些社会组织难以得到有序的开展,容易形成教育中断现象,老年学生的辍学率、退学率较低。

首先,有条件的社会组织可以考虑成立老年教育研究院,针对积极老龄化背景下的老龄化现象进行深入研究,通过正规的学校教育提高老年教育的影响力,探究未来老年教育的发展趋势和路径,为新时代老年教育的发展提供规划指导意见。这一点可以参考美国的做法,美国各州立大学几乎都开设了专门针对老年人的课程体系,开展正规的学分课程,老年人在参与课程,并通过考核以后,可以获得相应的"学分",达到一定学分时,学校将会给老人授予"老年教育学位",让老年人不仅学在其中,而且拥有学习满足感、获得感以及得到学位以后的荣誉感,进一步激发老年人参与学习的热情,提高老年教育的质量和水平。在教学模式上,这部分教学的课程时间通常不长,从几个星期到几个月不等,很少有跨年的,这主要是考虑到老年人的身体状况可能不适合开展时间跨度较长的课程,而且普通高等教学机构还要承担正常的教学任务,没有足够的师资力量和教学设施,为老年教育提供较长的学习周期。在课程开设方面,主要是针对老年人的实际需求,包括生活急救、医疗常识、居家护理等。[①] 再如英国,与美国类似,也是由普通高等院校组织开展。但与美国不同的是,英国高等教育机构提供的老年教育课程是全日制和非全日制体系并存的,全日制院校提供的课程内容比较丰富,早在20世纪60年代,英国就开始促进传统大学对老年人开放。牛津大学、剑桥大学等近30家一流

---

① 高茜、许玲:《"互联网+"时代美国老年教育服务供给模式探析》,《中国职业技术教育》2020年第33期。

高校组成的“罗素联盟”基本都对所在区域的老年人开放。老年人除了可以申请旁听部分课程和公开讲座,还可以享受专门为他们提供的教育服务,在成人教育班长期或短期就读。但是由于老年人身体状况不适合全日制教育,因此非全日制体系逐渐成为主流。非全日制教育体系内容主要是提供校外老年人教育,老年学员通过注册学员获得学习身份,在学习系统中选择感兴趣的课程,在课程结束后,由院校相关部门发放荣誉毕业证书。

其次,在高等院校开设老年教育专业,培养老年教育的服务人员,加强老年教育的师资培养,提升老年教育师资的水平,促进其专业化发展。有学者指出,从老年教育的特殊性、重要性及老年人的身心特点看,必须建立老年教育学,并指出我国老年教育学已具备学科建制的外在和内在条件,因此可率先在有条件的高等师范院校设立“老年教育学”学科(专业),主要培养从事老年教育方面的管理人员和教师。[①]

再次,扩大老年群体的准入范围,鼓励高等院校对老年群体开放图书馆、教学场地、课程等优质老年教育资源,准许包括老年群体等在内的全体公民参与,鼓励老年群体进入学校学习。此外,建立高等院校附属的老年大学或老年教育机构,鼓励学生进老年大学进行教育实践、实习,统一由政府和高等院校管理;充分利用节假日教育资源闲置时间,通过政府购买服务、联合办学等形式灵活开展老年教育活动,充分利用高等学校的人力物力资源;充分发挥高等院校丰富的师资资源,鼓励教师研发老年教育课程,编制老年教育教材,开展线上线下的老年教育活动或课程。高等院校要充分利用自身的教育资源,努力为社会服务,实现政府与高校的双向协同,大力发展老年教育。完善社会组织支持服务体系,形成良好的老年教育统筹建设与运营机制,将老年教育的供给服务落到实处,推动老年教育的内涵式发展。

最后,要积极开展老年教育基础设施建设,这一点可以参考“浙江模式”

① 杨德广:《建立老年教育学刍议》,《教育研究》2018 年第 6 期。

和“宁波经验”。浙江省党委和政府积极支持宁波市老年教育服务工作,因此宁波市老年大学积极与浙江省老年电视台合作,在浙江省的引导下,宁波市将现代远程教育技术引入老年教育服务工作中,在现代远程教育技术中摸索前行。在学习浙江省老年电视台的先进技术后,宁波市建立市级老年大学分校。继而建立逐层网状互助体系,宁波市将先进技术和经验传授给县级老年教育管理部门,引导县级建立 10 所老年大学分校。逐层互助对各地的老年教育实施起到极大的促进作用。为顺应老年教育发展大潮,乡镇街道也逐渐兴起老年教育,据统计目前有 135 个乡镇拥有老年教育教学点。远程教育技术的引入为老年人学习提供便利,他们可以在自己住所附近的老年教育分校或老年教育活动中心的电视室里观看自己感兴趣的教育内容。离老年教育分校远的老人,更是可以做到“不出门,便知天下事”,他们可以在家中通过电视来进行自学。宁波政府和各教育管理部门致力于支持老年教育服务建设,对创建于 1985 年的宁波老年大学进行完善和改造,加大财政支持和资金投入力度。于 1988 年修缮教学楼,扩充教室,配备多功能教学厅和实习实践教室,拓宽老年人学习空间。随着电子设备的发展,又配置电视机、电脑、摄影机等专用于教学的电子助学教具。2006 年继续进行基础设施建设,加盖高标准、教学设施现代化、配套多功能的新教学大楼,同时改变传统的教室设施,增加电脑室、琴棋书画室、烹饪室、古筝室等特色教室。针对老年教育优质供给不能满足老年人经常性参与教育活动的需求,宁波市建立了社区大学老年教育中心,与宁波广播电视大学合作,并针对宁波老年教育制订了教学计划,制定了教育资源标准,提高老年教育服务标准化、制度化建设。[①] 此外,宁波市还注重师资力量培养,提高师资队伍的专业性,提升教育质量和水平。不断增强老年大学服务社会的功能,满足了老年人的“大学梦”。总之,宁波政府能够紧随国家社会变化,不断改进本地区老年大学的基础设施,努力为老年

① 李沅栋:《老年教育发展的供给侧结构性改革策略——以浙江省为例》,《继续教育研究》2021 年第 1 期。

教育提供适宜的硬件配置,让老年人享受到高质量的教育服务。

(三)市场组织在老年教育发展中起到积极参与作用

老年教育事业的发展不仅需要国家政府的宏观调控,也需要充分发挥市场在资源配置中的重要作用,激发活力,厚植动力,推进老年教育发展。政府对老年教育的提供能力有限,老年群体的层次不同,其需求也呈现多样化和特殊化,作为老年教育服务供给主体的政府,不能完全满足所有老年群体的需要,只能满足社会大多数老年人的最基本需求。部分老年群体对老年教育有超额性或特殊性需求,这就需要市场发挥其重要作用,利用市场交易的方式来解决出现供给需求不匹配的问题。随着我国经济事业的发展,老年群体在经济体中发挥的作用越来越大,老年教育市场化程度也越来越高。要以老年教育供给为导向,正确处理政府和市场的辩证关系,老年教育的发展更加多样化,老年教育主体将会实现多元化、体系化。[①]

市场组织是以盈利为目的,通过企业公司的生产交流、交换活动为老年教育提供一定的支撑和帮扶。从以往的老年教育供给服务实践来看,企业单位等营利组织在提供教育服务的同时,往往坚持利润最大化的导向,也能起到显著的社会效益。因此市场组织在老年教育服务供给中发挥着重要的作用,一方面能够满足需求主体的多样化需求,弥补政府供给存在的问题;另一方面能够实现相关利益的获得。主要包括企业组织、私人组织、非国家养老教育机构等营利性老年教育机构。企业组织是重要的开展主体,这一点往往容易被忽视,其可以起到的作用包括以下几个方面:首先,企业可以发挥其特有的资源优势和办学特色,提供老年教育所需的资金经费、场地设备等资源以及创新办学思路,帮助老年教育的正常运行,能够为老年教育服务提供技术支撑。其次,企业能够发挥市场内在微观调控,对市场运作经验和规律把

① 陈开梅:《我国老年产业发展前景研究》,《经济论坛》2012 年第 10 期。

握比较细致和全面,能够利用市场的运作机制弥补公共投入的不足,且更好地培养老年教育发展的活力与动能。再次,老年教育服务管理分工明确,责权清晰,积极推动企业的经济效益。最后,借助政府以官方宣传的方式,破除老年人对企业开办的老年教育服务机构的偏见,充分利用外部力量解决资源供给不足的困境。私人组织也在老年教育服务供给体系中发挥重要作用,由企业家、慈善家发起的老年教育服务组织,其具有营利的性质。首先,企业家、慈善家有强大的老年教育公益心,有较高的信仰和追求,希望依托自身的资源服务老年群体。其次,私人组织要想在社会中存在与发展,就必须获取相应的利润,更多的是准老年教育服务供给的形式。既响应国家和政府的号召,集聚社会力量与资本参与老年教育事业,又能够拓展个人的相关产业生产与输出,进而获得更多的效益。

但市场组织也存在一定的问题。首先,缺乏有效的监督监管机制。监督工作不到位容易导致老年教育服务的无效开展。对市场资本过度的趋利行为,产生老年教育服务产业的竞争与垄断行为。其次,市场调节存在自发性,具有明显的逐利性,如果没有政府的适当管制,市场调节反而可能产生一系列新的问题。香港地区的相关实践可以提供适当的参考借鉴。

以香港明爱为例,明爱下设 13 个长者社区中心(长者中心):明爱元朗长者社区中心、明爱元朗长者社区中心(天泽中心)、明爱郑承峰长者社区中心(深水埗)、明爱香港仔长者中心、明爱中区长者中心、明爱观塘长者中心、明爱丽阁长者中心、明爱梨木树长者中心、明爱牛头角长者中心、明爱西贡长者中心、明爱沙田长者中心、明爱东头长者中心、明爱天悦长者中心。各中心都专门针对长者开设了长期课程。如明爱元朗长者社区中心,面向 55 岁以上长者共开设了 39 门课程,包括文化艺能课程、保健卫生课程、现代生活科技课程三大类。其中,文化艺能类包括日常应用中文、英文、敲击乐、粤语金曲、电子琴、国画、书法、篆刻、歌咏等 15 门课程;保健卫生类包括太极拳、太极剑、强身功夫扇、元极舞、养生保健、拉丁舞、集体舞、社交舞等 13 门课程;现代生活科技类包括九方输入法、投影片制作、会声会影、计算机进阶班、大易输入法、脸书多面睇、数码相片处理等11门课程。再以香港东华三院为例，2007年后成功申办了11间具有香港本地特色的长者学苑，开展老年教育。它们分别是：港岛民生长者学苑、筲箕湾长者学苑、南区长者学苑、沙田马鞍山长者学苑、何文田长者学苑、九龙城长者学苑、观塘长者学苑、九龙湾长者学苑、沙田市中心长者学苑、沙田第一城长者学苑、荃青长者学苑。各学苑成立管理委员会，由有意愿、有能力的长者担任委员，参与协助长者学苑的日常管理服务，对日常工作和重大决策提出意见，反映长者的心声。[①] 如东华三院南区长者学苑由王少清长者中心及鹤山学校合办，主要为50岁或以上南区人士提供持续学习的机会。2013—2014学年开设了社交网站Facebook进阶应用、长者数码相片存取应用、数码相簿制作、长者计算机中文速成输入法班、电邮信箱E-mail基础应用、智能电话应用程序班、网上视听娱乐、长者Android平板计算机及手机应用、长者夏威夷小吉他体验班、小食烹饪班等课程。学员不但可以在正式的学校环境下学习，掌握新事物和新技能，也可与学校的学生互相学习和沟通，达到长幼共融之目的。

（四）个体是老年教育供给主体的重要组成部分

个人对老年教育服务提供一定的帮助和支持。首先，离退休教师、老龄志愿者等由于共同的服务志愿，自行成立老年教育理事会或委员会，由老年人自行组织、自行管理。其次，志愿服务的最大优势是人工成本较低，可以平衡服务提供者（主要是养老服务组织）与服务接受者之间由于价格差异带来的有效需求不足的问题。社会义工、学生义工所构成的志愿群体，形成科学规范的老年教育专项服务团队，并按照专业等个体优势，划分等级，实行分类管理，在科学的治理过程中，让老年教育成为社会共识，提高老年教育开展的

① 张晓琴：《香港老年社区教育服务概观》，《中国成人教育》2014年第10期。

规范性，而且可以实现老年教育供给主体多元化。最后，老年人可以采用自主付费的形式来寻求解决教育问题，进而满足个体的超额需求。①

总之，为满足老年群体多样化的教育需求，要构建起一主多元化的老年教育服务供给主体体系，各责任部门和机构之间形成有效的协作配合，引导社会资本进入老年教育，激发社会各方面的力量，共同致力于老年教育事业的发展。在老年教育的供给侧改革中，寻求老年教育服务供给主体如政府、社会组织、市场组织、公民个体等有效对话、互动、矛盾与共存的多元主体供给体系，以老年教育服务为主要的服务内容，打造"四位一体"主体供给，具体包括政府、社会组织、市场和长者个体，主体全面，覆盖性广。通过多元化、开放性的老年教育供给主体格局，要以发挥各主体优势为基础，能够实现"1+1>2"的效果，建立良好的沟通交流机制和完善的协同合作机制。基于利益相关者理论，各参与主体要坚持"共同参与、职权分明、对话互动、利益共享"的老年教育服务供给原则，充分发挥杠杆作用，落实主体责任和资源配置，提高老年教育的可持续发展能力。

二、完善和丰富老年教育服务供给的内容

随着知识经济社会的发展和人口老龄化趋势的显现，我国老年教育也表现出发展不平衡不充分的特点，主要体现在城乡差距、区域差距、个体间差距等方面，老年群体对老年教育的需求不同，呈现多样化、高质量化的特征，进而制约了老年教育内容和形式的多样性。教育内容是老年教育的载体，课程内容适当，符合老年人实际需求，才能达到老年教育的目的。② 老年教育服务

① 张慧芳、崔发周:《我国新时代老年教育的功能完善与改革策略》,《教育与职业》2021 年第 5 期。

② 胡国华、刘春惠:《老年教育供给侧改革与发展研究——基于河北省老年教育的供需分析》,《继续教育研究》2019 年第 5 期。

供给内容可以划分为以下多个方面。

(一)以需求为导向完善内容满足老年群体基本诉求

通过调查问卷结果统计(图 4-3)和访谈,可以发现当前老年群体对老年教育服务内容需求排在前三名的分别是心理健康教育、家庭教育和卫生保健教育。基于此,本书立足于老年教育服务供给视角,聚焦于满足上述需求,从而做好老年教育的基础性工作,进而为高质量的老年教育服务供给打下良好的群众基础和市场基础。

同时,根据统计分析结果来看,我们还要提高服务供给的多样性和针对性。比如要加大对西部地区的供给投入,针对 80 岁以上年龄段、收入在 2001—2500 元的老年人群供给相适应的老年教育服务;还要注意少数民族地区、偏远地区的老年人群的特殊性,不断提升老年人对老年教育服务供给的获得感和幸福感。

本书重点就需求内容给出适当的对策建议,具体如下。

1. 心理健康教育

和谐友好的人际关系不仅影响文明社会的构建,也影响老年人的身心健康和生命生活的质量。老年群体具有特殊性和复杂性,社会性需求较大。对退休老年群体而言,人际交往是其交流信息、获取友谊、增进情感、丰富晚年生活的重要途径。老年人退休后,从职业人员回归到自然人、社会人,从工作环节进入人生总结环节,老年人需要形成健康良好的社交圈,处理好家庭关系、亲朋好友关系,提高社会适应度,这有助于老年人得到身心的满足感、幸福感。根据马斯洛需求理论,人的需求从底层的温饱递进到个人价值的实现,大致包括生理层次和精神层次两个部分。老年教育是满足老年群体的精神文化需要和情感需要的重要途径。但老年群体的心理健康教育仍存在许多问题:(1)随着老龄化的发展,我国“空巢老人”“独居老人”“孤寡老人”的数量增加,多数老年人缺少精神和情感关怀,出现空虚、寂寞感;(2)政府及有关部门对老年群体的心理健康关注不够,缺乏良好的干预机制。帮助老年人树立积极乐观的心态和培养健康的生活方式是开展心理教育的重要目的。首先,在老年大学中开设心理健康教育相关的课程,帮助老年群体形成良好的精神状态;在老年教育机构中开展社会交往活动,帮助老年人形成正确的认知和良好的情绪情感体验。同时,及时更新观念、更新知识、丰富生活,更好地适应现代社会的发展,不断提高生活质量与生命质量。其次,在各级各类老年教育机构中建立健全老年人心理健康辅导体系,帮助老年群体解决心理上的问题,并做到及时的关注和适时的追踪。最后,建立专业的心理辅导团队,聘请优秀的心理辅导教师,帮助老年人进行心理与情感调适。

美国老年教育服务供给紧密贴近老年人情感需求,纵观全美,几乎所有的老年教育服务机构都强调课程内容要有“实用性”,重视情感关怀。这主要是由于老年人的身体素质和脑力已经在逐渐衰退,比年轻人更需要特定领域的学习信息,例如医疗护理、情绪排解等,与现代化的医疗环境进行有效互动,特别是信息化的医疗环境。他们还需要学习如何与他人沟通,适应不同的社会角色,参与社会活动,实现主动衰老。而且他们已经不再是青年人、中年人,不需要再为社会做贡献、实现自己的人生价值,学习内容贴近生活,能够帮助他们更好地照顾自己,享受生活,安度晚年。特别是以美国为代表的西方国家,与中国“养儿防老”“老有所养”“老有所乐”的养老观念完全不同,个人主义发展到极致的结局是老年人的生活经常是“独居”“空巢”,即便有子女,也不会像中国一样得到相对周全的照顾。[①] 因此美国老年人有现实的需要,不断学习适用于自己养老的生活技能,为己所用。强调内容与时代接轨,美国是世界上经济最发达的国家,也是社会高度多元和开放的国家,科技进步速度快,因此美国老年教育强调让老年人也要“跟上时代”,了解社会

① 刘海珍、张鹤:《浅论中美老年教育服务供给对比》,《黑河学院学报》2017 年第 9 期。

变化,理解年轻群体的想法。和中国老年人一样,美国老年人也喜欢"谈天说地""关心国家大事",因此有条件的机构会专门给老年人开办"时事论坛",模仿美国脱口秀节目或其他访谈类节目,让老年人针对时下热点新闻发表见解,甚至开一场辩论会,畅所欲言,让老年人的表达欲望得到充分的展现,既抒发了心情,又增加了交流,接收了新的思想,心情好、思想活跃,对身心健康十分有利。满足不同层次老年人的需求,老年人因其学识水平的不同、阅历的不同、职业的不同等,对老年教育内容的要求也不尽相同。美国老年人特别热衷于写回忆录,因此一些老年教育机构会专门请编辑来帮助老年人整理材料。在这个过程中,老年人也不断学习编辑、排版和出版方面的知识,也是一种接受教育。还有的老年人喜欢棋牌游戏,老年教育机构会组织开展棋牌竞赛游戏,让老年人参与其中、乐在其中,相互切磋棋艺,丰富晚年生活。

2. 家庭教育

和睦的人际关系是社会稳定和进步的必要条件,良好的人际关系是老年群体的最大幸福和乐趣,对老年人的身心健康有很大的帮助。随着社会的发展,我国已实现了全面小康,社会对老年人的物质投入和精力投入逐渐加大,生活水平和精神世界不断提升,能够形成良好的生活环境。但老年人的情感关怀教育也存在一定不足:(1)随着老年群体人口的增加,我国的家庭结构和模式发生转变,呈现出"4+2+1"的模式,家庭多以儿童为中心,对孩子的精力和投入较大,老年群体的家庭地位降低,出现对老年群体忽视的现象;(2)老年人一般承担家里的家务,老年群体的精神文化生活得不到有效保障,老年人得不到相应的教育权利。重视老年人在家庭中的重要作用,发挥老年人"余热"作用,主动承担起第三代的抚养和教育工作,形成良好的家庭氛围。鼓励老年人参与到家庭教育活动中,在互动中帮助老年人形成正确的生命生活观念。

例如美国老年游学营,又被称为"老年旅社",成立于20世纪70年代中期,是当前美国老年教育机构中,非营利性质的,且规模最大、最有影响力的教育机构。老年游学营虽然在美国创立,但同时在全世界近百个国家和地区开设教学点,实行国际化经营。截至 2020 年底,共开设超过 1 万个教学活动中心,吸引了超过 25 万老年人参加活动。在美国,老年游学营招收年纪在 55 岁以上的老年人入营,并为每个入营的老年人建立“活动个人档案”,每个老年人在老年游学营中所参加的活动、日常的点滴以及取得的进步,都会详细记录在老年游学营中。很多老年人在老年游学营中认识了新的朋友,学习到了新的知识,让他们的晚年生活增添了不一样的色彩。老年游学营的模式是相对集中的,通常 20—50 名营员为一组,每期活动大约需要 2—3 个星期,活动包括学习、娱乐和健身三个部分。例如在得克萨斯州,老年游学营开设的课程内容包括学习使用手机、平板等通信工具,让老年人能够赶上时代潮流,内心油然而生出再次“创造世界”的“雄心壮志”,更好地与家人,特别是年轻人进行沟通,更好地感受家庭的温暖和家人的陪伴。

美国老年教育重视老年人的实际需求,特别是尽可能地满足人际关怀需求,让老年人有意愿主动参加教育活动,感受家庭般的温暖,这也是长期以来老年教育理论所倡导的学习需求的“个体属性”与“社会属性”相结合的主张,也体现了老年教育的核心与本质,即“促进老年人身心健康”“丰富老年人参与学习的渠道与机遇”。

英国全境共开办了 450 多所继续教育机构,绝大多数都开设有老年教育课程。21 世纪以来,一些继续教育机构转型为开放大学,优化了老年教育课程体系。根据相关数据,英国开放大学学员年龄层次比较明显,有超过 20% 的学员年纪超过 50 岁,是名副其实的“老年教育机构”。开放大学的入学手续简单,几乎无门槛,只要想参加老年教育,缴纳一定的费用就可以入学学习,而且学习时间灵活,没有学时限制和学制规定。老龄学员可以根据个人需求,完全自主独立地选择课程,不受学校的影响,学校也不会去安排。并且开设线上课程,老年人借助电子设备可以远程学习,非常方便,广受欢迎。英国属于典型的公民社会,社区学院是提供老年人教育的重要力量。英国法律规定,每个公民都有获得教育的权利,政府有责任和义务采取切实措施,为老年人接受教育创造条件。

3. 卫生保健与科普教育

当前,我国对老年教育的科普知识做得比较成功,科普教育内容多样化,包括自然科学、社会科学、生命科学、人文科学等多个方面;教育形式多元化,包括专题讲座、网络教学等形式。国家重视老年教育多维度知识的学习,针对近年来老年群体使用互联网技术存在现实障碍的问题,国务院多次发布通知,要求重点行业,例如交通行业、银行业等,在使用新的信息技术工具的同时,保留传统工具,明确指出要为老年人创设方便的条件,不能让为老年人服务受制于技术进步。从实践效果看,确实为老年人提供了方便,配套良好的科普教育运行机制能够满足老年人的整体需求。

但老年人的科普教育也有不足:(1)当前老年教育机构多关注老年人的生活教育、生存教育,对生死教育涉及的课程与内容较少,老年人对“生老病死”存在一定的恐惧与焦虑,进而影响老年人身心健康的均衡发展;(2)老年群体对现代科学信息技术不熟悉,出现老年群体被智能社会边缘化的现象,在运用智能技术方面遇到众多困境。多样化、多层次的科普教育对老年人参与社会,发挥个人主观能动性有重要作用。老年人的生死教育有助于老年群体在生命的最后阶段实现其生命价值,可以开设生命教育课程,传播生命教育的思想,让老年人能够有正确的生命观、积极的老年观,提升老年群体的生命质量。积极开展老年智能技术教育,学习使用微信、网购、预约挂号等内容,帮助老年人跨越“数字鸿沟”,促进老年教育信息化、智能化。如法国马赛第三年龄大学,贴近老年人实际,开设了社会学、老年学等学科,教学内容也立足于老年人的需求,包括卫生保健和营养常识、历史与现代、法语源文化以及当代法国法律等,满足老年人不同的学习需求。

(二)以供给为导向丰富内容拓展老年教育服务产品市场

理想的老年教育服务的供给内容应包含多个方面,如图 6–2 所示。

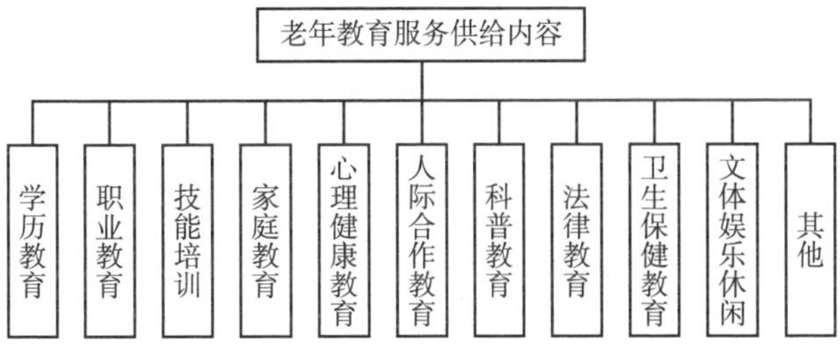

图 6–2　老年教育服务供给内容

政府可以考虑提供以下内容服务老年群体。

1. 思想政治与法制教育

老年群体的政治精神面貌关系到社会的稳定与发展,对政治、经济、文化等各个方面都有全局性、战略性的影响。老年教育机构是加强老年群体思想政治教育、党史教育、社会主义核心价值观教育的重要途径与平台。首先,老年大学主要由离退休干部组成,他们是党执政兴国的重要资源,教育引导离退休老年干部保持较高的政治素质和道德素质,发挥其政治优势和经验优势,引导和释放其正能量。学习党史,能帮助老年群体树立正确的政治信仰,相信共产党的力量,讲好党史国史故事,传承红色基因。将党史学习与多种教育方式相结合。开展党史故事的朗诵等红色教育活动,加强老年群体的情感共鸣,弘扬家国情怀,找准老年思想政治教育的切入口,开展志愿服务活动,提升老年群体的政治素质和道德素质,帮助老年群体树立正确的价值观,在人生的最后阶段实现其自身价值。其次,要创新老年教育的方式,针对老年人的思想状态和生活特点,采取人性化、生活化、精准化的策略将会取得更大的实效性。此外,根据老年人不同层次的需要,开展退休准备教育、生活适应教育、安全教育等多种课程,进而丰富老年人的文化与精神需要。

随着法律制度的完善,老年群体在法治社会中仍然处于弱势地位。1996年颁布《中华人民共和国老年人权益保障法》,后经2009年、2012年、2015年三次修订,明确规定老年人的受教育权,积极开展维护老年人合法权益的法制教育。积极开展维护老年人合法权益的宣传,使老年人知法懂法守法,增强老年人的法制观念和自我保护意识。但老年法律教育存在以下问题:(1)老年群体对法律知识的认知不足,法律意识淡薄,法律行为缺失;(2)政府与法律部门未形成系统的法律教育教学,缺乏正规的评估机制,对老年群体是否真正接受和运用法律不了解,执行不到位。加强老年人的法制教育,是全面推进依法治国的必然要求,也是维护老年群体合法权益的重要途径。首先,老年教育机构开设法律课程,针对老年人赡养、婚姻、继承、财产、诈骗等侵权问题,创新教学方式,结合老年人的生活实际,以法律案例、故事和视频的形式进行分享,帮助老年人厘清事件的法律关系,明确法律责任,逐渐掌握维权的方式并提高依法维权的能力。其次,多种途径开展法律宣讲,包括社区宣传、新媒体宣传,完善宣传内容结构与细节问题。法律机构与老年教育机构形成教育合力,成立老年人权益保护组织,要为老年人提供法律援助和法律咨询,培养老年人的法律意识,增强老年人的法律素养,提高老年人的防诈骗意识。

2. 职业技能教育

老年教育是开发老年群体人力资源的重要途径,能够实现老年群体的潜在素质向现实素质的成功转化,促进人力资源的再次利用。有学者认为职业教育应面向老年群体,老年教育应包括职业教育的内容,以职业教育为途径开发老年人力资源,能促进"银发产业"发展,亦是现代职业教育体系中能够突出老年人教育导向的部分。[①] 教育部颁布的《现代职业教育体系建设规划（2014—2020年）》也提到了在开展现代职业教育中，要坚持"终身学习"的理念。老年群体在终身教育的理念之下，同样也需要继续学习职业教育，将自己的职业技能在老年机构中进行交流与互动，提高老年群体的职业教育积极性。《老年教育发展规划（2016—2020年）》坚持了供给侧改革的基本思路，同时也提出院校参与举办老年教育的观点模式，提出要考虑进一步向老年人倾斜，提供更多的优质教育资源，而且职业院校要挖掘本地文化特色，建设特色课程。因此，老年群体的职业教育主要由中等职业学校和高等职业学校承担，坚持产教融合的方式，在职业教育中不断挖掘老年人力资源，特别是要让有能力、有意愿的老年人也参与到自我教育、自我服务的队伍中来。老年教育的本质是素质教育，因而要培养全面发展的人。2016年7月，教育部等9部门联合发布了《关于进一步推进社区教育发展的意见》明确提出以促进全民终身学习、形成学习型社会为目标，以提高国民思想道德素质、科学文化素质、健康素质和职业技能为宗旨的社区教育发展意见。政府与教育部门对老年群体技能掌握重视程度较低，将关注重点集中于养老服务方面。个性化的技能培训能够帮助老年人更好地实现人生价值，老年教育服务要明确规划老年人的技能培训课程，通过社区、高校、老年大学等教育机构，开展适合老年人的技能培训，拓宽技能的范围，让老年人针对自己的优势和兴趣，选择合适技能进行学习，使老年人也能充分利用其职业技能服务社会，进而体现个人的价值感和自我效能感。

目前我国老年职业技能教育也存在许多困境：（1）老年群体的观念与相关实践存在一定的脱节，尤其是对老年教育必要性的认识还存在不足，这一点对开展好老年人职教事业十分不利，阻碍了老年人继续社会化的进程。老年群体主要追求精神文化的需要，对技能的需要较低，在观念上，认为接受老

① 谭绍华、谭莉莎：《职业教育开发老年人力资源的价值认知、原则遵循与策略建构》，《重庆广播电视大学学报》2018年第5期。

年教育就是“休闲教育”而忽视对技能的要求与训练。(2)老年教育法规陈旧,角度偏失,缺乏老年人受教育权保障。(3)老年教育体系缺失,教育模式单一,束缚老年技能补偿的延伸。(4)政府与教育部门对老年群体技能掌握重视程度较低,将关注重点集中于养老服务方面。个性化的技能培训能够帮助老年人更好地实现人生价值,老年教育服务要明确规划老年人的技能培训课程,通过社区、高校、老年大学等教育机构,开展适合老年人的技能培训,拓宽技能的范围,让老年人针对自己的优势和兴趣,选择合适技能进行学习,使老年人也能充分利用其职业技能服务社会,进而体现个人的价值感和自我效能感。

政府及教育部门要转变教育观念,重视老年人职业教育的发展,促进老年人掌握更多的职业技能。还要开展职业教育咨询工作,帮助老年群体发挥个人价值,实现二次就业。老年教育机构与职业院校形成合力,充分利用职业院校的资源,保证老年群体职业教育的开展与运行。这可以有效缓解人口出生率下降带来的劳动力逐年减少的问题,一定程度上可以解决现阶段出现的“用工荒”问题。

针对这一问题,有一些比较好的做法可以借鉴。例如美国为加强老年人教育供给体系,颁布了几部法律,包括《老年人权益保障法》《老年人教育法》等;此外,在其他法律中也有相关条文,例如《禁止歧视老年人法》就明确规定:“受教育权是所有美国公民所享有的,受教育权一律公平,不因年龄、种族、性别等有所不同。”另外,《美国老年人福利法》规定,美国老年人都有从联邦政府获得必要扶助的权利,这种扶助不仅仅是身体健康方面的,也包括精神层面,其中接受职业教育是重要的一项内容。在法律执行层面,美国联邦政府专门设置美国老龄委员会,专司解决美国老龄人口比重不断提高所带来的社会问题,开展职业教育,就是解决问题的一个重要途径。另外,美国各州政府也普遍建立了负责解决老年人职业教育的工作委员会,履行政府职责。加强相关法律和政策的制定。和美国类似,英国也颁布了专门的法律和政策,作为老年人职业教育的保障。

英国政府大力推动老年教育服务,特别是联邦政府和地方政府之间进行明确的权责划分,联邦政府负责老年教育的基本资金保障,地方政府负责建立本地区的老年教育服务机构,以及相应的教学方案。20 世纪 80 年代初,英国进一步提出,老年教育的开展要形式多样,特别是对于身体不便者,也要考虑将其纳入老年教育服务体系中来,让他们能够享受精神文化生活;然后是开展多样化课程,让不同需求的老年人都能够感受到老年教育的必要性。通过立法和出台政策,英国老年人职业教育供给体系有效运作,切实为老年人提供了高质量的教育服务。

3. 文娱教育

随着物质生活的极大丰富和社会文明的不断进步,老年人的观念也发生转变,从追求物质生活质量向注重追求精神文化生活质量转变,丰富生活、陶冶情操成为老年群体新的追求。但在这些方面还存在问题:(1)休闲娱乐设施比较简陋,且部分设施质量不过关。部分场地不能得到充分的利用,出现闲置现象。(2)老年教育机构对老年文化教育的管理缺乏科学性和系统性,文化教育形式简单化,只注重娱乐教育的形式,缺乏内涵。大力发展老年人的文体娱乐教育,有益于老年人的身心健康,进而影响老年人的精神生活和思想观念。首先,建设和完善相关的老年文体教育服务设施,依据老年群体“就近娱乐”“就近健身”的需求,建立有特色的文化娱乐场所,还要创新文体活动的形式,充分利用传统节日,弘扬中国优秀传统文化,进而调动老年人的主动性和积极性,以推动文化多元发展和融合,为建设国家现代化城市服务。其次,组建一支高素质的老年文体教育服务工作队伍,以专业带动文体娱乐爱好者参与到文体教育活动中,挖掘老年人的兴趣点,实现“兴趣育人”的教育目标。

以英国南安普顿大学为例,其建立的第三年龄大学吸引了当地不少老年人，在2019年底新冠肺炎疫情暴发前，有大约60个主题教学班，老年人学员超过1000人。每周末或每两周末开展一次线下教学活动，每次教学活动都有一个主题。老年人可以自主选择参加哪种主题的课程，也可以向学校提出申请，“定制”一些主题的课程。除了上述举措外，澳大利亚第三年龄大学学员间的沟通协作也是一个非常重要的内容。特别是第三年龄大学为学员提供了多样的课程，除了常见的语言文化艺术、家庭护理常识以及心理学基础知识以外，还会有旅游、哲学、诗歌、计算机等课程，给不同兴趣需求的老年人提供充足的学习机会，让他们加入学校兴趣团体，开展自助活动和自助学习。在这种自助学习的老年教育模式中，第三年龄大学开展学员小组式学习，建立学习小组，学员们自己选举出组长，开展小组自我学习，展开组间评比。例如英国一些第三年龄大学，侧重招收业务水平、学历水平相对较高的学员，这种“自助”教学就可以开展得很好，取得了成功的经验。

再如澳大利亚墨尔本大学，其也开设了第三年龄教育学院，在课程搭建上具有自己的特色。课程包括长短期，长期课程的内容相对丰富，学时较多，短期课程的内容比较集中，侧重于实际需求，二者各有侧重，各有特色。在授课地点上，第三年龄学院也比较灵活，既有线下固定的地点，又有线上远程教育平台，方便学员学习。课程内容也比较广泛，包括日常生活、理论学习以及其他很多方面，具有很强的实用性。

4. 学历教育

老年教育是终身教育的重要组成部分，老年群体也是重要的人力资源。我国现行的老年教育以非学历教育为主，学历教育为辅，包括为老年人提供所需的正规教育和非正规教育，2014年江苏开放大学开展了老年教育试点，在学校内开展继续教育，专门面向老年人，这是我国第一所专门开展老年教育服务试点的高校。2016年南通开放大学和老年学历教育教学基地，通过在老年大学开设教学班等方式，组织开展老年学历教育和远程开放教育。

老年教育层次发生重大的转变，从以前的志趣教育进入学历教育阶段，这是老年教育向深层次发展的必然趋势。在知识经济时代，老年群体对文化知识的追求愈加强烈，高层次的老年群体试图追求更高深的系统教育，进而选择接受学历教育。多数研究表明，文化程度越高老年人的心理健康状况越好。[①]

老年群体在学历教育方面存在以下几个问题：(1)在观念上认为老年群体接受的教育为非学历教育和非正规教育，对学历教育的重视程度不够；(2)政府和高校没有提供足够的机会与资源，对老年教育学历提升宣传教育不到位。为满足老年群体接受正规学历教育的需求，实现老年人的终身教育与发展，要形成政府与高等学校协同联动机制，为老年群体提供接受高等教育的机会。在老年大学中开设老年学历教育班，为老年群体提供相应的学业课程教学；配备优质的教师团队，努力打造良好的继续教育教学团队；创新教学模式，在老年人修完学业课程后，经考试合格后颁发由国家认证的学历证书，帮助老年人坚定学历继续教育的信心，不断更新知识，与时俱进。

这一点，可以借鉴英国经验。英国将老年教育与学历相结合。以英国老年教育机构——第三年龄大学为例，它是一种由老年人组成的学习型合作组织，通过非正式的方式为退休或没有全职工作并希望学习新技能的老年人提供广泛的学科课程，成员间可以共享许多教育、创意和休闲活动，教育内容结束后会颁发相应的学历证书，作为“对自我积极参与学习的精神奖励”。学历教学的内容设置不以功利为导向，其模式特征之一是“自助型”，即老年人自助组成学习组织，以非正式教育的方式开展学习，包括共享创意、休闲活动等。1981 年英国剑桥地区成立了英国第一所第三年龄大学，按照考核结果颁发相应学历，提升老年人的学习积极性。

① 许丽琴：《大力推进老年大学建设为老年教育续写新篇章》，《新农村》2021 年第 3 期。

再有，开展学历教育，其经费主要靠政府拨款，另外也会有企事业单位的扶持，以及一些社会团体的赞助，经费来源渠道多样，因此资金压力不大。这也是英国老年教育服务供给的一个特点所在。

三、政府要创新方式加强老年教育服务供给

针对当前我国老年教育的供需现状，要不断加大供给侧结构性改革，推动老年教育的高质量发展，实现老年教育现代化发展。各地政府重新审视老年群体的资源优越性和老年教育的价值意义，转换思维视角，以社会学、经济学和教育学的理论作为支撑，制定和颁布老年教育服务供给的法律法规，出台相应的税收优惠等激励性政策，加大财政经费的投入，扶持社会力量办学，不断创新老年教育服务供给的方式，进而提高各主体参与老年教育事业的积极性。总体而言，要形成多种方式齐头并进、共同使用的格局，如图 6–3 所示。

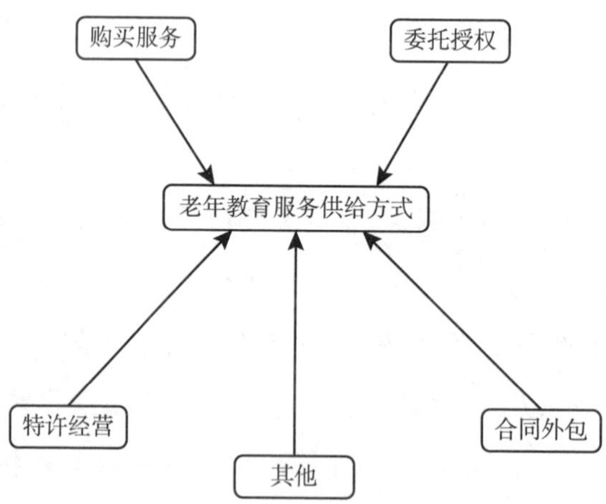

图 6–3　老年教育服务供给方式

具体而言,可以从以下几个方面开展。

(一)加大政府购买服务进一步拓宽供给主渠道

有学者指出,政府购买服务是公共治理视域下市场有限介入的制度设计,被视为是社区老年教育供给方式市场化运作的主要途径。[①]老年教育也是政府公共服务的重要组成部分,政府购买老年教育服务是老年教育事业发展的必然趋势。政府通过购买服务的方式,引导支持更多的社会力量参与到老年教育事业的发展中,由社区养老机构等社会组织或市场组织承接老年教育服务供给任务。根据我国老年教育的供给现状,在老年教育的政府购买方面要做到以下几个内容:首先,形成系统完善的老年教育政府购买服务的运营机制,制定明晰的老年教育数量和质量标准,完善老年教育的招标流程,制定明晰的财政拨款和保障机制。其次,建立健全对第三方组织的评价和监督机制,对老年教育购买对象的资质和能力进行审核与考察,保证老年教育服务活动的正常开展。根据老年群体多样化的教育需求,增加老年教育内容的购买比例,使得购买的课程内容能够基本覆盖老年群体的教育需要,进而促进老年教育的购买服务落地实施。在老年教育机构的实施过程中,做好老年教育的监察工作,对老年教育服务问题进行及时反馈,做好老年教育服务的追踪与治理。

山东省坚持国家方针政策,强化保障力度,力争采用多种方式强化对老年教育的服务供给,强化老年教育师资队伍建设和学习资源建设工程,同时联合各高校和研究所积极创新老年教育服务供给,进而推动老年教育稳步发展。合肥市党和政府从思想层面重视老年教育的发展,将老年教育与小康社会建设、和谐社会建设有机结合起来。并组建专门的领导班子统筹管理老年教育服务事宜,有领导定期检查基层各学校老年教育事业的发展情况,深

① 程仙平:《精准化:老年教育公共服务体系构建的实施框架》,《教育理论与实践》2019年第31期。

入学校听取各校的工作汇报,了解老年人对教育服务的真正需求,切实引导老年学校教育服务事业的发展,及时调整发展状况,对老年学校教育服务发展薄弱的部分进行调整和充实,帮助老年人解决教育服务中的实际问题。同时定期入校关注老年教育教师的发展情况,用强化监测的方式不断加强教师队伍建设。定期的老年教育知识和教育技能考核,会激发教师的终身学习意识,促使教师的老年教育服务相关专业知识愈发扎实。不仅对教师进行考核,也会根据教师考核结果,分析教师发展的现状,有针对性地创造条件培训教师,不断提高老年教育教师的教学水平。合肥还大力推广老年教育先进典型,开展创建省、市级老年大学示范校活动,创建特色学校学科活动和院校名牌专业,供广大老年教育学校学习先进经验,及时总结推广成功经验。引导各地区老年教育积极探索老年教育服务的特点和规律,学习先进老年教育知识经验。校外校内共同发展,在校外加强院校示范,在校内定期开展老年教育先进单位和优秀工作者评比活动。充分发挥榜样的带头示范作用,进行分类指导。推动基层老年教育工作开展好的单位继续规范发展,对工作开展一般的单位,给予特殊指导和帮助,促使他们在巩固现有老年教育发展成果的基础上稳步提高。督促工作进程缓慢的单位立即整改,提高老年教育服务工作。坚持普及与提高相结合,在推广老年教育先进典型院校的进程中,不断扩大老年教育覆盖面,以点带面不断提高教育质量和水平。

(二)通过委托授权充分发挥第三方参与供给的积极性

政府将老年教育服务供给职能以授权的形式委托给第三方老年教育组织,由第三方代替政府行使相关的权利与职能,进而保障老年服务供给的正常运行。首先,以角色备份为特征的委托方式,要找准第三方老年教育组织的角色定位,明确详细的委托任务,规范委托的相关流程,使得老年教育工作正常开展。其次,以权利分配为特征的委托方式,在组织系统内部,实行自上而下的权利授权。最后,以协同工作为特征的委托方式,各部门要依据委托授权机制，明确各主体责任，从整体上把握老年教育服务供给的有关内容。政府要鼓励支持原创性、普及性的社会组织参与到老年教育事业中，同老年大学等开展老年教育服务合作。灵活多样的老年教育服务供给形式，能够充分地发挥第三方参与老年教育事业的积极性和主动性，保证老年教育服务供给的可持续发展。

（三）利用合同外包不断推进老年教育服务供给的市场化

合同外包的方式是老年教育服务供给的主要方式之一。需要政府与市场组织共同协商，拟定老年教育服务外包的协议或合同，进而实现企业供给政府、政府供给老年群体的服务供给路径。首先，规范企业组织的招标体制，保证多方企业开展公平竞争。明确老年教育企业供应商资格条件，要有良好的商业信誉和税收资金的良好记录，具有履行协议或合同的相关设施设备和专业技术能力。其次，对企业产品进行质量检查检测，并确定老年教育服务外包的对象。双方在明确的协商后，拟定具有法律效力的协议或合同。要明晰合同的具体条款，包括老年教育服务供给内容、服务的时间和费用等，根据合同规定的权利和义务，政府要提供相关的财政资金，企业要提供政府和社会群体满意的产品和服务。

合同外包的方式是老年教育服务市场化的一种表现，能够很好地实现社会分工，将老年教育服务产品的生产者与管理者分离，既能解决政府的生产力不足问题，也能使得企业获得相应的利益，更好地体现政府与市场的职能分工。

例如北京加大建立四级老年教育网络，发挥老年大学、社区学校的带头模范作用，开展多样化的老年教育活动。通过网络技术加大对老年教育的宣传力度，对老龄政策进行全方位的普及和宣传，进而增加社会各界对老年教育服务的认识，明白发展老年教育事业是保障和改善民生的重要组成部分。同时借助信息技术来提升老年教育服务能力，创新教育方式，开设建设北京市老年教育资源共享和学习服务的信息化公共服务平台,将互联网技术融入老年教育中,推进老年教育服务供给线上与线下一体化,鼓励各类线上学习网站组织开展多途径的老年教育活动,让老年人在网上建立学习互助圈,满足他们的多种学习需求,激发他们对老年教育学习的参与度和热情度。坚持党和政府领导、社会参与、全民服务,充分调动社会各界来服务老年教育。进一步促进我国老年教育服务的高质量发展,实现老年人老有所教、老有所学、老有所为、老有所乐的老龄化事业发展目标。

(四)通过特许经营促进老年教育资源的合理配置

特许经营是将老年教育服务引入市场的一种重要供给方式。明确老年教育服务特许经营的投资规模,第三方老年教育组织要具备老年教育服务的经营资质和条件,与政府签订协议或合同,市场组织通过支付特许经营的费用,进而得到上级政府的许可权。按照拟定的合同,市场组织要履行相应的义务,在一定的法律规范下开展相应的老年教育服务供给活动,进而获得相应的利润。

这种老年教育供给方式具有较大的优势,相比基础教育与高等教育,政府对老年教育的财政投入较少,不能进行大规模的老年教育投资,将老年教育服务的特许经营权利交给市场,能够减少政府的财政支出,节约老年教育方面的财政资金,用以促进老年教育资源的合理配置。市场组织可以充分发挥市场机制的运转作用,用“看不见的手”进行市场调节,促进老年教育事业的顺利开展。

例如老年社区教育行政组织更协作。虽然香港将老年社区教育归口安老服务范畴,行政管理上由劳工与社会福利局统筹负责。但是在社区教育服务项目的开发方面,香港非常注重跨界别与专业的协作。如 2007 年开始推行的“长者学苑”计划,学校与社工机构相互合作,在推动香港长幼共融和长者终身学习方面取得了非常好的效果。又如,香港元朗区福利办事处确定

2013—2014 年度的工作方向和重点是“建构协作平台，共建关怀社区”，提出要“建构跨界别及专业的协作平台”，推动地区不同界别及团体协作，深化社区教育，体现“敬老爱老”精神，缔造长者友善共融小区；推动跨界别协作，继续推广“居家安老为本、院舍照顾为后援”的政策，持续优化小区支持服务；加强社区教育，深化“伤健共融”的理念，使公众接受和协助残疾人士，建立互信关系及一个共融的社区；加强地区跨界别和多专业的合作，共同关注和推动以精神健康、正向态度为宗旨的生活模式；推动跨界别协作提供多元化的康复服务，鼓励残疾人士积极参与，发挥所长；等等。可见，跨界别协作是香港因应长者服务需求所做出的必然选择，也是香港老年社区教育发展的趋势。教育机构多样化，可以满足老年人多元化的需求。再如，美国老年教育供给机构包括公办和民办两种，公办教育机构有相对较好的资金保障，但教学质量可能不及民办教育机构。教育机构种类多，能够提供多样化的教育供给，满足老年群体的不同教育需求。另外，美国普通高等学校也参与到老年人教育供给体系中，这是“美式老年人教育”的一个鲜明的特点，具体可以借鉴的包括以下方面：第一是可以为一些老年学员提供继续教育课程，费用可以适当减免，如果申请学位，则收取学费；第二是有条件的地区可以考虑成立老年寄宿教育班，配备好保健医生，让老年人体验集体生活，在集体中增加人际交往和知识学习；第三是可以考虑在高校附近建设独立的老年人学院，让老年人有更多的机会参与学习。

（五）志愿服务等新兴方式作为老年教育服务供给的有益补充

除了对我国现行的老年教育供给方式进行完善与创新外，要积极采用新型的供给方式。

第一，我国的志愿服务形式在助老、助学、助医、助教等多个领域得到了深入开展，针对老年人的养老护理方面做得比较好，但老年人的志愿教育服务供给方式还很少见。志愿服务供给方式主要是由具有爱心的个体或团队，以自发自愿的方式为老年教育提供教育产品或服务。建立低龄老年志愿者组织,由于退休老年群体有较多的时间和经验,有服务高龄老年人的能力和条件,进而在高龄群体中开展教育教学,并招募专业的志愿者、社会志愿者,对老年人展开不同的教育活动,既能够满足低龄老年群体的精神文化需求,又能够使得高龄老年人获取一定的知识和教育。

第二,实行老年教育"代金券"的老年教育服务供给形式。将政府的补贴折算成"教育券"或"学习券",将一定数额的"代金券"发放给老年群体,老年群体借助"代金券"的形式,作为学习老年教育课程的机会或费用,进入老年教育组织接受免费的学习与培训,老年教育组织依据"代金券"到相关财政管理部门领取相关财政经费补贴。政府采购引进的社会力量的办学方式,具有灵活性和开放性,是推动探索老年教育的重要路径,对改善老年大学"一座难求"的供需不匹配的现状有推动作用。

第三,实行"教育养老"的服务模式。教育养老是积极养老中的一种养老方式,即教育与养老相互结合、相互促进。借鉴国外教育养老的经验,并结合我国老年教育现状,设立远程教育、主题学习日、短期寄宿学校、非正式学习小组等多种模式,使参与正规老年教育、非正规老年教育或非正式老年教育的学习者能够获得良好的学习体验。真正地实现教育与养老相结合,推动老年教育事业的发展。

第四,打造"医养教"融合的老年教育服务模式。随着物质生活水平的提高,老年人将关注点提高到教育水平。实现从"医养"到"医养教"融合的转变与升级,在满足生理需要和安全需要的基础上,提供休闲娱乐等服务来满足老年人的情感与社交需求,进而提供优质的教育资源来满足老年人的文化与教育需要。采用分层、分类的方法,实现人性化和精准化教育帮扶。对于失能和半失能的群体,提供专业的医疗和家居服务。对于能自理的群体,主要提供健康和教育的知识宣传讲解服务。对于高需求的群体,提供线上教育、远程教育等,加强线上老年教育的资源供给。

第五,充分利用互联网等现代科技手段,不断创新老年教育服务方式与活动内容,拓宽服务范围与工作空间。美国老年教育供给的形式主要是线上和线下相结合的。传统的教育形式是线下开展,例如依托社区教育资源,开办老年教育活动基地,主要是服务本社区内的老年人。传统的社区老年教育的优势在于,它的运作经费相对有保障,主要来自地方政府的投入和社区基金,一些企业也会投资慈善事业,其中就包括捐助社会老年教育机构,普及率高,美国社会结构中,社区是很重要的一个组织,社区是城市居民自我管理、自我服务的重要社会单元,社区开展线下老年教育,普及率高,覆盖面广。再有,社区开展的线下教育,收费相对低廉。[①] 对于美国老年人来说,经济收入下降,养老成本与日俱增,在参加老年教育活动方面,不少老年人会因成本望而却步,但社区提供的教育活动成本相对低廉,加上社区老年教育会得到一些慈善组织的捐赠,因此收费较低,可以吸引到老年人参加。除了线下以外,近年来,随着信息科技的发展,特别是互联网技术的普及,老年教育也越来越多地在线上开展。近年来,越来越多的政府机构,如美国国家卫生研究院,将卫生健康有关的信息和服务公开在网络平台上,互联网已经成为此类信息的重要来源。医疗和社区组织努力改善电子健康技能,为老年人提供利用互联网和数字设备获取健康信息的途径。同时在图书馆和社区中心举办现场培训项目,增加老年人使用互联网获取健康信息和建议的机会。这些趋势都表明,通过有效的干预措施,“互联网 + 老年教育”将帮助老年人学习必要的在线健康信息获取技能和策略,使其能够真正利用丰富且快速增长的在线健康信息资源。与此同时,社会参与是“积极老龄化”的重要组成部分,通过对周围世界信息的了解,包括最新的技术和职业技能,老年人直接受益于与不同代际群体间的交往互动,也可以在参与学习活动中获得归属感和成就感。

英国老年教育供给的形式也以线下和线上相结合的模式开展。线下教

① 张宸豪、徐雄伟:《美国老年教育研究——基于老龄化理论演变分析》,《成人教育》2020 年第 3 期。

育是通过教师和老年人在课堂上面对面地开展教学活动。在老年教育入学阶段，只要有意向参与学习的老年人就可以进入课堂，在学时、学习周期上几乎没有硬性规定，这一点和美国老年教育有相对比较严格的学习周期规定不同。随着时代的进步，自助型的老年教育模式开始突破空间的限制，借助电子信息技术开展网络自助平台。21 世纪初，英国试图通过使用互联网等信息技术来拓展虚拟学习课程，旨在为受到地理位置影响、身患疾病或行动不便的老年人提供帮助。2003 年，英国第三年龄大学中有部分成员提议，为由于某种原因无法参加老年教育的人设计一种“虚拟”的第三年龄大学。虚拟的第三年龄大学鼓励老年人组织成立自己的非正式学习小组，选择感兴趣的话题，并在网站上分享该领域的社会经验。正因为老年教育机构具有不设入学考试、不限课时、自由选课、远程教学与面授教学相结合、学费低廉等优势，因此老年人比较容易重新进入学习空间。尤其是远程学习对老年人而言，更加具有独特的意义，它可以大大减少老年人因交通不便、身体不适等原因造成的诸多不便。除此以外，对于那些不太愿意参与专门给老年人提供学习活动、更倾向于与其他年龄段的成人共同学习的老年人而言，也具有独特的意义，因为他们可以在一种更加自由、更加开放的情境中进行程度更高或者水准更高的专业性学习。英国 U3A Online 课程是专为老年人设计的短期课程，这些课程都不设入学资格，完成后不授予学分，纯粹是为了满足学习者的个人兴趣。课程由志愿者编写，他们都是各自领域中经验丰富的导师或课程指导者。这些课程的目标对象是第三年龄大学的学员、无法参加第三年龄大学传统学习的学员和那些由于各种原因无法参加（行动不便、残疾等）传统课程学习的学习者。英国 U3A Online 课程有两类：指导型课程（tutored course）和无指导型课程（untutored course）。前者在学习过程中有互动，并有一个固定的课程开始时间，学习者需要支付 5 英镑的费用。每门课程通常有 8 个单元，每周（偶尔每两周）完成一个单元的学习，每个单元的学习时间在 3—5 小时，学习者可以在自己觉得合适的时间学习，他们还需要将自己的学习活动告知指导教师，以获得评价。在学习过程中，学习者可以通过电子邮件向指导教师求教。在大多数课程中，U3A Online 会建立一个电子邮件讨论列表，以促进学习者和指导教师之间的讨论。学习者也可以 2—3 人组成一个小组在讨论后协作完成作业。后者的学习过程中，学习者之间没有联系和互动，也无法从指导教师那里获得反馈，可以随时开课，课程对会员免费。学习者可以在课程开始后随时下载课程内容，根据自己的安排进行学习。目前，英国 U3A Online 提供 19 门在线课程，其中 13 门为无指导型课程，6 门为指导型课程，内容涵盖写作、艺术和历史等方面。未来，英国 U3A Online 将吸引更多对老年教育感兴趣的人，为学习者提供更多在线课程；同时也将开发更多与目前的在线课程不同的在线资源，包括音频、视频、互动的学习等；还会启动试点计划，尝试引入在线学习小组；增加在线辅导课程，通过使用 Instant Presenter 软件，使学习者更多参与网上学习。

四、构建全方位老年教育服务供给保障机制

老年教育服务供给要结合相关的工作理念，包括终身教育理论、可持续发展理念，实现老年教育的内部治理与外部治理，促进老年教育的精准化服务，形成可持续发展的老年教育供给服务。扩大政策制定的内容范围，提高老年群体社会福利和医疗照顾等服务方面，拓宽老年教育服务项目，使得老年教育服务项目多样化；整合老年教育资源，促进教育资源共享与合理配置；老年教育内容开放化，实现老年教育内容生活化和实用化；关注老年群体的社会公平与平等，促进老年教育服务供给的转型升级，形成全方位的老年教育服务供给保障机制，如图 6-4 所示。

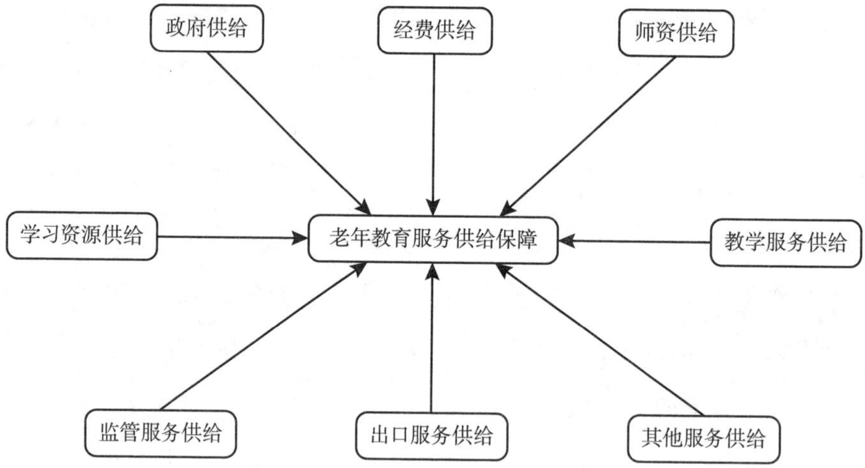

图 6–4　老年教育服务供给保障机制

重点要做好以下几个方面的工作。

(一)加快老年教育政策“废改立”工作

我国政府一直高度重视老年教育工作,相继出台了许多涉及老年教育服务供给方面的政策文件,在前面对现行有关老年教育服务方面的政策进行全面梳理的基础上,我们认为还需要对其进行相应的评估,进而推动老年教育政策的“废改立”工作。

评估是指依据一定的标准和程序,对政策效果的“3E”即效益、效率、公平,“3P”即公共参与、可预测性和正当的诉讼程序等价值进行判断的一种政治行为。基于公共政策评估理论,我们可以确定老年教育服务供给政策的可评估性,并且为我们提供了政策评估的分析范式。政策评估分为政策结果评估、政策效益评估及政策效力评估三个方面。政策评估的标准主要是生产力标准、投入产出标准、系统功能标准和社会公平标准功能四项。① 依据政策评估的标准,在政策文本研究和调研的基础上,分析政策在执行后的效果,我们

① 杨道田:《公共政策学》,复旦大学出版社 2015 年版,第 162–165 页。

将我国现有的老年教育服务政策划分为以下四类。

第一类:需要长期坚定执行的政策。这类政策文件对老年人受教育权利、供给主体和保障方式等做了明确规定,在执行中也非常有效,对于这部分政策,应该长期坚定地施行。例如《中华人民共和国宪法》规定"人人都有受教育的权利",通过国家立法的形式规定老年人有受教育的权利。《中华人民共和国教育法》提及"国家鼓励发展多种形式的成人教育,使公民接受适当形式的政治、经济、文化、科学、技术、业务教育和终身教育"。2019 年 1 月施行的《中华人民共和国老年人权益保障法》明确规定老年人有继续受教育的权利,把老年教育纳入终身教育体系,鼓励社会办好各类老年学校,各级人民政府对老年教育应当加强领导,统一规划,加大投入。2019 年 2 月,中共中央、国务院印发了《加快推进教育现代化实施方案(2018—2022 年)》,提出要构建终身学习的现代教育体系,加快发展老年教育,推动各类学习型组织建设。这类政策多以国家立法的形式出台,对我国老年教育服务供给政策具有指导性、方向性、全局性作用,是开展老年教育服务工作的法律依据。这些政策是老年人依法享受受教育权和社会各类组织与个人开展老年教育服务供给工作的法律保障,需要坚定不移地执行,保护老年群体和从事老年教育服务工作的合法权益。另外,有些政策在执行过程中产生了积极影响,值得推广。例如 2019 年 4 月,国务院办公厅《关于推进养老服务发展的意见》指出要优先发展社区老年教育,建立健全"县(市、区)—乡镇(街道)—村(居委会)"三级社区老年教育办学网络,建立全国老年教育公共服务平台,推进老年教育资源、课程、师资共享。现行政策在老年教育的认同程度上差异较大,城乡老年人的教育供给水平明显高于乡村地区的老年人。在老年教育资源配置上,政府更侧重于优先发展城市老年教育体系,对乡村老年教育发展还处于初步探索阶段。而上述政策从老年教育全局出发,保障了不同群体老年人的受教育权利,为落后地区提供了政策依据,在未来政策施行过程中要进一步推广,特别是老、少、边、穷地区要借鉴这类政策,为当地建立老年教育服务供给保障体系提供参考，不断优化城乡老年教育布局，要进一步丰富老年教育服务供给内容，满足不同层次老年人的教育需求。这类政策在群众中认可度高、评价好，可以为各地区完善当地老年教育服务供给体系提供政策导向，需要大力推广。这类政策在老年教育服务供给保障过程中效果明显、具有推广价值的，应进一步在全国范围内推广实施，运用这类政策促进中西部老年教育服务供给落后地区的发展，为老年教育欠发展地区提供可参考的政策方案。

第二类：需要废止的政策。这类政策是在施行过程中负面效应明显，普遍引起公众质疑和不满的政策。对这类政策要进行废止，深入分析政策施行中产生的不满和矛盾的原因，在下一步政策制定过程中注重化解矛盾，不断促进老年教育服务供给体系的完善和发展。早在2011年，国务院就颁布《老龄事业发展"十二五"规划》，提出要从体制机制、责任主体、资金保障等方面进一步推进完善老年教育供给体系建设，扩大老年大学的财政投入和办学规模，支持社会力量参与发展老年教育。这一政策未明确提及老年教育服务的明确供给部门，在老年教育服务供给工作中以政府供给为主，不利于老年教育服务供给的责任落实，执行政策过程中存在互相推诿的现象，引起了老年教育机构和老年群体的不满，应进行修改或废止，在新的政策中明确老年教育服务供给主体。例如2012年2月教育部发布《关于加快发展继续教育的若干意见》，明确指出切实把加快发展继续教育摆在更加重要的战略位置，重视发展老年教育，以社区教育机构和老年大学为依托建设老年教育网络。随着老年人口数量大量增加，社区教育机构和老年大学提供的教育服务保障能力已经不能满足现实需求，需要在此基础上制定新的政策来满足老年群体的教育需求。例如《老年教育发展规划(2016—2020年)》，对推进老年教育工作进行了统筹规划，从规划背景、要求、任务、计划和措施五个方面进行了宏观规划，但在具体施行中难以全面把握，可操作性不强，各级行政部门在政策执行中的效果也不理想。这类政策强调从全局开展工作，但受经济、老年人口数量等客观因素影响，各地区对政策的执行力度不大，不能解决当前存在的关键问题,导致工作困难重重,难以顺利推进,反而制约了老年教育的发展。对这类政策要根据实施情况进行废止,在新的政策制定过程中要进行广泛的调研,结合地区实际情况进行统筹规划,对政策要进行细化和完善,提高政策的可执行性。例如 2017 年 6 月,国务院办公厅发布的《关于制定和实施老年人照顾服务项目的意见》指出,要支持兴办老年电视(互联网)大学,完善老年人社区学习网络。老年教育资源向老年人公平有序开放,并提出减免学习学费、落实学习场地、提供学习资源等举措。这类政策内容少量化指标,具体表现为在老年教育办学机构设置的硬件标准方面少量化内容,在供给内容的质量、数量方面难以考核。政策在施行过程中不能满足老年教育现实发展需求,造成了老年人在享受教育服务过程中权益得不到保障,脱离了老年群体和老年教育服务供给的现实条件,广受老年群体诟病,应及时废止或在新的政策制定中进行修正。运用新的政策解决这些问题,推动老年教育持续健康发展,是当前和今后一个时期积极应对人口老龄化、大力发展老龄服务事业和产业的迫切任务。在今后的政策制定过程中,要发挥政府在制定规划、营造环境、加大投入等方面的作用,统筹协调各部门老年教育工作。此外,这类政策内容欠可操作性,具体表现为在老年教育管理机构的组织架构设计中,对各职能部门的分工没有明确和各部门之间的运作机制没有明确。

第三类:需要修订和完善的政策。要依据老年教育现状做出调整,以适应老年教育供给需求。例如,2012 年 9 月全国老龄委发布的《关于进一步加强老年文化建设的意见》进一步大力要求发展老年教育,要把老年教育纳入终身教育和社区教育体系,加强领导,统一规划。当前我国已进入老龄化社会,2020 年底我国 60 岁以上老年人口已经达到 2.55 亿,占总人口的 17.8%,未来 20 年我国人口老龄化形势将更加严峻,老年教育服务供给缺口也日益扩大,仅依靠终身教育和社区教育体系来提供老年教育需求是远远不够的,对这类政策要适时根据老年教育需求进行调整,在制定新的政策过程中要专门出台对老年教育供给保障的政策,提供多元化的供给方式,满足日益扩大的老年教育需求与供给不足的矛盾。例如2013年9月,国务院印发的《关于加快发展养老服务业的若干意见》指出完善人才培养和就业政策,制定优惠政策,鼓励大专院校对口专业毕业生从事养老服务工作,充分发挥开放大学的作用,开展继续教育和远程学历教育。注重老年教育的师资培养。我国老年教育专业人员缺乏,专业师资力量匮乏。老年教育相关政策与规定中,对老年教育师资队伍建设涉及管理内容非常有限,老年教育师资队伍供给不足、管理不当、整体结构不合理。单纯地依靠院校培养老年教育服务从业人员是不能满足现实需求的,在下一步政策制定过程中,要结合现有的师资力量进行广泛的人才扩充,制定老年教育人才保障政策,扩大老年教育行业对人才的吸引力。

总之,这类政策内容太宏观,具体表现为对老年教育的保障机制上只有宏观的指导性意见,没有具体的实施细则,政策的可执行力较差。下一步政策制定的重点在于量化细节,提高政策的可执行性,要突出保障老年人在现代社会中接受教育权利的实现,并且能够打破身份、阶层、学历等外在条件的限制,让老年人能够平等地享有受教育机会,实现老年教育服务全面性。要充分考虑我国不同地区和民族老年人群体,保障每名老年人的基本教育权利,促进老年教育在服务供给上的公平性。各个地区对照本地区实际情况,结合本地区老年人口数量、老年教育服务供给现状、已经出台的老年教育供给政策和落实状况做出调整和细化。

第四类:需要新制定的政策。制定这类政策是为了解决当前老年教育服务供给面临的新问题、新困难和新挑战,满足当前老年教育服务供给需求和日益增长的老年教育诉求,积极提供高质量的老年教育,促进老年教育事业健康发展。

完善老年教育法律保障与政策支持,实现政策文件的宏观规划与微观细化相结合。在宏观层面,制定老年教育服务供给的专项发展规划与老年教育产业实施的指导意见;在微观方面,制定明确的老年教育原则、组织运行、责任主体等具体的、可操作性规范的制定，细化老年教育法律规范，用科学完善又精准灵活的政策对老年教育服务加以引导。

第一，制定系统配套的老年教育服务供给政策。在制定出台《老年教育服务供给法律规范》的同时，出台各类老年教育供给内容的配套政策与法律法规，使得老年教育服务供给政策整体化、体系化。政府是老年教育服务供给的主体，要制定老年教育供给主体及相关的法律文件，明确各供给主体的权利与义务，完善政府购买等供给方式的具体措施和办法。

第二，制定权威的老年教育专项法律法规。明确老年教育的立法依据，规范立法机构，加强老年教育立法建设，由教育部牵头，制定《成人教育法》《老年教育法》，在法律层面给予老年群体接受教育的权利与义务，将老年教育提高到国家法律层面，巩固老年教育的地位，为老年教育的可持续发展提供强有力的法律支撑，使得老年教育有法可依、有法必依。

在建立健全这些政策时，提以下五个方面的意见和建议。

1. 健全老年教育法规制度

在政策制定方面，对老年教育法规制度进行完善。我国老年教育实践理论指导的缺乏，制约着我国人口老龄化背景之下老年教育的可持续发展，加快制定老年教育领域的法规制度，可以为全面、科学地修订老年教育管理内容提供依据和指导。根据老年教育的现实需要和政策来共同促进老年教育法规制度的发展。各级人民政府对老年教育应当加强领导，在下一步政策制定过程中，要加强老年教育供给服务保障机制中建立完善的老年教育立法工作，保障老年人的受教育权利。同时，在老年教育政策法规的制定过程中要明确法规制度的监督主体。应积极探索与我国老年教育发展相适应的执行与监督制度，完善老年教育法规制度监察的主体、客体和内容，构建老年教育法规体系的执法与监督机制，让老年教育活动在法律监督范围内开展，保障老年教育机构和老年受教育者的权益。

2. 完善教育经费投入机制

制定老年教育服务供给资金保障制度。针对社会力量参与老年教育的实践措施,制定相应的税收优惠政策,形成规范化、标准化的资金运转机制,做到精准施策。在政策和财政方面大力扶持老年教育的兴办,提高国家对老年教育的重视程度和社会对老年教育的认同感,坚定老年教育发展的信心和决心,实现老年教育事业的高质量运营与发展。

我国在老年教育经费保障上未建立完整的管理体系,老年教育经费投入难以满足教育发展需要。对此,在下一步制定政策时提出以下建议:一是老年教育财政投入政策,明确老年教育服务经费的来源。二是通过制定政策支持个人参加老年教育,依法吸收受教育者个人或家庭的教育投入。在老年教育收费问题上,物价管理部门要合理设置教育费用,保障老年受教育者及其家庭能够负担教育费用。三是制定财政补贴政策,积极吸收社会各界投资老年教育服务。同时鼓励社会福利基金和个人慈善组织机构和个人捐助老年经费。四是制定校办产业支持政策,引导老年大学与企业开展校企合作经营活动,发挥老年劳动力特长,将老年大学或机构内部生产的产品积极营销给市场。

3. 优化城乡老年教育布局

以往的政策侧重于城市老年教育,导致乡村老年教育发展缓慢,下一步政策制定要重点解决城乡老年教育不均问题。制定政策过程中要做好调查研究,为确立城乡统筹发展提供方向,在充分了解城乡老年群体需求基础上进行布局。要突出政策的针对性,根据国家老年教育总体工作目标,提出建设城乡老年教育工作的具体要求。政策制定要结合实际情况,加大城乡统筹的力度,使老年教育与经济社会的发展相适应,更好地服务于城乡统筹,在城乡统筹中发展老年教育。出台的新政策要注重政策受益面的广泛性,具体到要确立城乡老年教育的发展方向和办学模式不同需求,从老年教育全局上把握问题,相互促进,协调发展。

4. 扶持社会老年教育产业

老年教育服务供给作为一种准公共产品,具有很强的福利性,这也就导致社会资金开办的老年教育企业和机构在经营中营利性不强,需要政府出台扶持政策对这类企业进行扶持。首先,下一步政策制定过程中要出台保护社会老年教育产业的文件,坚持政府服务、统筹和监督,动员多方力量,共同参与到老年教育供给体系搭建中去,其重点是提升政府的支持力度。其次,加强老年教育工作的顶层规划和统筹,各级人民政府根据各地自身情况制定老年教育产业相关规划和政策,要制定出相关工作细则,要为社会资本和社会组织进入老年教育产业提供政策和资金支持。再次,充分利用电视、报刊、微信公众号等各种自媒体资源进行老年教育政策宣传,引导老年人进行教育消费,加大对老年教育产业政策宣讲,鼓励老年教育机构通过多种形式举办老年教育宣讲会。最后,要为老年教育机构和养老服务机构相关企业等提供技术和保障资金,让老年教育供给主体数量增加、质量提高,从根本上促进老年教育供给的发展。

5. 加强老年教育队伍建设

政府部门在老年教育师资培养、引进、晋升等方面出台政策,建立完善的老年教育人才培养机制。首先,要出台优惠政策鼓励各类人才进入老年教育服务工作队伍,积极为老年教育人才创造就业机会,让他们进得来、留得住,大力解决老年教育在编人员不足的问题,为保障老年大学教学提供充足的师资力量支持。其次,国家要统筹教育资源,在政策制定时大力支持高校开设老年教育相关的专业,为老年教育服务相关专业人才培养提供师资和资金支持,培养老年教育服务从业人员,为老年大学的教学和管理工作提供专业人才保证。再次,要出台政策提高老年教育教师队伍的地位和待遇,加强师资队伍的组织建设,提高老年教育从业人员的职业认同感与归属感。政府在制定新政策时要加大对老年教育队伍建设的资金投入,解决好老年教师和相关服务人员的编制和待遇问题,吸引更多的优秀人才加入老年教育工作队伍中来。最后,出台政策鼓励高校毕业生及相关行业优秀人才老年教育机构从事老年教育及老年服务工作,支持各级各类学校在职教师参与老年教育志愿服务工作,鼓励学有专长离退休人员担任老年教育机构兼职教师。对从事过老年教育服务工作的工作人员在下一步就业过程中给予优惠政策。

为确保老年人受到高质量的教育,我国台湾地区提高老年教育的师资力量建设,提高老年教师的入职门槛,他们要想从事老年教育事业,就应经过层层严格选拔,参加社会规定培训,教师修读完规定学习内容之后,方可上岗。① 这一举措保证了从事老年教育事业教师队伍的高水准、高标准、高质量。与以往师资力量不同的是,乐龄大学里有一直以老年人为主体的教师队伍建设,他们辅助教师展开教学,老年人自己服务自己,自己帮助自己。

(二)继续扩大老年教育服务经费投入供给

老年教育事业是我国教育的重要组成部分,老年教育事业的发展需要多方面的经费支撑。要建立以政府投入为主、社会力量参与、财政资源整合的多渠道经费筹措机制。首先,学者刘晴指出老年教育是一项公益事业,学费标准较低,需要国家政策倾斜、加大财政投入,切实保障老年教育发展资金。② 地方政府应该增加老年教育的配套经费,并切实保证资金使用的规范性和透明度。建立明确的老年教育经费投入机制,确保老年教育经费的逐步增长。例如,台湾地区兴起建立教育覆盖面广、影响力大的多元老年休闲教育机构,以乐龄老年教育活动中心、老年乐龄大学为教育机构载体,真正对休闲教育

① 陈淑锦:《台湾老年休闲教育研究》,硕士学位论文,福建师范大学继续教育学院,2019 年。

② 刘晴:《老年教育供给侧改革的“四则运算”》,《高等继续教育学报》2018 年第 5 期。

起引导支持作用。同时加大对老年休闲教育机构的补助,通过法律保障和政策引领支持以及加大资金投入力度和经费补贴鼓励老年教育机构的开展。避免出现资金短缺、教育设备资金投入不足的落后问题。

其次,拓宽投融资渠道,鼓励社会资本采取建立基金、发行企业债券等方式筹集资金,用于建设老年教育机构、购置教服务等,落实彩票公益金支持老年教育服务体系建设的要求,探索用于老年教育服务的经费投入的思路路径。2017 年国务院印发的《"十三五"国家老龄事业发展和养老体系建设规划的通知》中明确指出要落实和完善鼓励政策,引导各类社会资本投入老龄事业,倡导社会各界对老龄事业进行慈善捐赠,形成财政资金、社会资本、慈善基金等多元结合的投入机制。

(三)强化老年教育教师队伍的数量补给和水平提高

高等院校与老年教育机构合作,鼓励高等院校开设老年教育专业,充分发挥高等院校丰富的资源,加强老年教师的师资培养和培训,提供老年教育专业化的教育教学团队,鼓励职业学院开设老年教育服务相关的专业,提升老年教育的服务水平,提高专业人员的服务水平,要把教师的职业道德放在首位。

首先,构建老年教育人力资源库,在教师选聘时,选择经验丰富、技能扎实、甘于奉献、与时俱进的优秀老年大学毕业生,对学生进行返聘教学。其次,完善在职教师的岗位培训和继续学习制度,鼓励任职教师参加国家、省市组织的优秀教师培养计划,在教师的培养中提升老年教师的教育教学水平和专业知识素质,不断完善老年教师的师资水平和工作能力,保障师资队伍的专业发展。再次,建立健全教师的晋升和奖励机制,制定老年教师的晋升准则,规范教师的绩效考核、职称评选机制,明确科学规范的教师管理方案和教师聘选等完备的人事管理制度,更好地保障教师的权利和待遇,调动教师的教学科研和行政管理工作的积极性,提高教师的综合素质和职业素养。最后，要建设师资素质现代化的队伍。老年教育是建成可持续发展社会的重要力量，老年人要面向现代化社会，成为新时代现代化老年人。

以上海市为例，在强化老年教育工作队伍建设的同时加强学习资源建设工程。首先强化教师队伍建设，坚持启动"老年教育名师培育工程"和"老年教育专兼职教师能力提升工程"，根据本市的老年教育事业发展的需要，完善师资力量培训，发挥骨干专业教师的带头模范作用，让骨干教师引领兼职教师的发展，提升教师队伍整体的专业化水平。适当增加老年教育管理员数量，同时培养专门的科研人员和专职教师，形成涵盖省、市、县、乡镇、村五级老年教育科研和管理队伍体系。其次加强老年教育学习资源建设，鼓励高校研究院依据本校特色和老年人实际需求开设多种类型的课堂。不仅提供思想道德、科学文化、法律法规等理论化的学习资源，也提供职业技能、生活技巧、理财技能等技能化的学习资源。同时又根据老年人的喜好开设休闲娱乐、养生保健等休闲化学习资源。在丰富学习资源的基础上创新教学方法，创设新型体验模式、远程在线学习模式，鼓励老年人掌握现代教育技术手段，展开自主学习。依托老年教育信息化平台建设，建立终身服务平台，开发适合老年人应用的学习客户端，将传统教育技术与现代教育技术结合起来，扩大老年教育服务的覆盖面，促使老年人主动学习。

再以澳大利亚墨尔本大学为例，澳大利亚第三年龄大学中，成立时间最久、规模最大、影响力最大的是墨尔本第三年龄大学。其课程涉及范围广泛，充分满足老年人提升自身修养、丰富业余生活的需求。墨尔本第三年龄大学的组织管理较为规范，委员会委员定期在学员内部选举产生。行政管理与教学均由志愿者完成。墨尔本第三年龄大学入学不需要任何考试测评，学习结束也不颁发证书，老人们可以完全自主地按照自己的兴趣需求来安排自己的学习活动。作为社会福利性机构，墨尔本第三年龄大学费用低廉，学员只需支付象征性的年费。墨尔本第三年龄大学章程规定，墨尔本第三年龄大学成立的目标为"在终身教育、健康老龄化、积极老龄化理论的指导下，创造共享知识、经验、技能的机会，提高老年人的教育水平，为老年人谋求福祉”。根据墨尔本第三年龄大学章程规定，任何已经退休或者即将退休的老年人，都可以注册为墨尔本第三年龄大学的学员。申请成为墨尔本第三年龄大学的学员，首先递交一份申请表，缴纳一些费用，等待委员会决定是否通过该申请。一旦委员会通过该申请，委员会秘书需要通知该学员，并且将该学员的姓名、通信地址等信息登记在册。在墨尔本第三年龄大学中任教的教师，或是已退休的讲师、教师，或是对于分享知识感兴趣、在某一领域有专长，致力于开发充满活力、丰富多彩的课程的个人。墨尔本第三年龄大学官方网站上附有各学科课程教师的简介资料。在墨尔本第三年龄大学中任职的教师需满足的条件：第一，拥有对老年教育课程的热情并能有计划、有组织地完成课程讲授；第二，具有良好的协调沟通能力；第三，拥有良好的调动能力，激发老年人学习的积极性；第四，能够根据学生的背景、需要和能力调整课程内容；第五，熟练掌握计算机；第六，有耐心、有幽默感；第七，最好有教学经验，对成人教育有一定了解。墨尔本第三年龄中教师的职责包括：第一，课程讲授与开发；第二，课程管理，包括保证课程出席率，应对课堂意外情况的发生，向学员公布学校的通知等。

（四）建立健全老年教育多重管理服务保障供给

1. 完善老年教育教学服务供给

完善老年教育课程供给。随着信息时代和智能技术的发展，“互联网+教育”在老年教育服务中得到有效的应用与推广，人工智能的出现，使得老年群体对信息技术的应用需求逐渐增加，教学形式从线下教学转到网络教学。首先，由于知识经济时代和终身教育理念的推动，老年教育课程出现转型升级，从休闲娱乐到学术讨论，从单一化到多元化，从无序化到系统化、专业化。课程设置要考虑传统与新技术新媒体的结合，要充分考虑老年人的群体特征和学习需求，要体现普适性与本土性的统一，突出地方特色，满足“因材施教”的需求。其次，随着“适老化”理念的提出，政府及教育部门结合老年群体的身心发展规律和老年教育的教育教学规律，开发出适合老年教育的特色课程，在防疫的背景下，增加生命安全课程、健康防护课程、道德教育课程和智能信息技术课程，提升老年群体的知识和道德素养。最后，形成科学规范的课程体系，加强专业课设置，强化基础课程的教学，还要丰富公共课程的学习，提高课程的全面性、综合性，能够覆盖老年人的多层次需求，从而不断提升老年人的综合素质。

改善教育教学方式。课堂教学是开展老年教育的主渠道，要充分发挥好“第一课堂”的作用，不断完善“第二课堂”和“第三课堂”的教学服务，创新教学方法，提倡项目化教学、合作教学模式，既能够激发教师教学活力，又可以提高老年群体的参与度。积极发展和完善远程老年教育，开办“老年开放大学”和“网络课堂”，努力打造“互联网＋老年教育”的数字化平台，使老年人足不出户就能享受到多样化、个性化和便捷化的优质远程教育服务。

以澳大利亚墨尔本大学为例，在墨尔本大学在校大学生的帮助与支持下，墨尔本第三年龄大学的网站建设得十分完备，内容丰富，内容涉及学校概况、教师与志愿者、课程、课外活动、学员注册、相关链接、学校新闻、通知等。这有助于墨尔本第三年龄大学学员了解相关信息的变化，更有助于提高墨尔本第三年龄大学的知名度，有益于第三年龄大学运动的蓬勃发展。为切合香港老年人的教育需要和教育期望，满足教育服务的质量和数量，致力于谋求教育服务多元化和选择多元化。香港教育服务的资金来源渠道多元化，不仅包括政府财政资助，也有来自慈善募捐、服务收费的资金补充。有了充足的资金支持，社会各界加大从衣、食、住、行等方面关注老年人的需要，积极探索老年人养生、医疗、休闲、医疗等教育服务产品，依据老年人的生存居住条件，提供多样的教育服务内容。

2. 增加老年教育学习资源供给

扩大老年教育设施、设备的供给。首先,国家将老年教育的设施设备等资源建设纳入老年教育的专项政策文件中,政府要加大财政投入,在政策文件中明确老年教育的经费投入比例或份额,对老年教育的财政使用有明确的细化,明确规范老年教育硬件建设和软件建设。加强老年教育服务的信息化建设,增加多媒体设备,提高教学质量。其次,政府要积极鼓励社会力量参与办学,加大对老年教育的参与度。老年教育机构积极与高等院校、职业院校进行合作,实现优质教育资源的充分利用与共享。改善政府独立办学的现状,打破社会福利性质办学的壁垒,各主体形成有效的联动机制,整合各种教育资源,探索老年教育发展的新思路。最后,注重老年教育教材的开发和理论研究,加强对老年教育教材的使用和管理。老年教育教材是体现教学内容和教学方法的重要载体,也是老年人学习的重要依据。老年大学要结合老年人的教育需求和当地文化特色,增加教材的思想性、趣味性、实用性,增加教材的吸引力,借鉴教材研究开发的经验,编制出一套系统化、科学化、特色化的老年教育教材,提高教育教学质量。

3. 建立完善的老年教育监管服务供给

逐步建立完善的老年教育评估监督机制。完善老年教育主体管理机制,各责任主体有效联动、职责分明,扭转老年教育多元化管理失位、错位等问题,形成良性的管理运营模式和规则。改善老年教育的监督评估机制,对各部门的工作进行标准化评估和监督,成立老年教育监察委员会,由老年教育专家、省市等政府人员共同参与,对老年教育规划的落实、经费的管理、办学的质量与效率等进行多元化的督察,逐步形成自我监督与外部监督相结合的监督管理体系,以生态化的监督机制促进老年教育的可持续发展。

4. 形成有效的老年教育出口服务供给

政府和有关部门要建立老年教育成果的转化机制,保证老年教育产品的优质输出,尤其要注重老年人的社会参与,实现老年教育服务成果的落地实施,使得老年教育产品在生产生活领域得到充分的利用。首先,搭建老年教育成果展示平台,根据老年群体实际需要,创办优秀的团队性实体,鼓励老年教育机构组织策划老年人比赛,着力推动区域性、省级国家级比赛,为老年群体搭建学以致用、体现价值的展示平台,让老年群体将所学的课程内容、技术技巧通过平台的方式展示出来,使老年人的学习成果形象化、直观化,既能够愉悦个人,提升个人的价值,也能够服务大众,激发并吸引更多的老年群体参与,形成良好的老年学习与教育氛围。其次,建立老年人力资源库,对退休后的人力资源进行整合,并通过老年义工制度的设立使闲置的老年人力资源得到合理的利用。尤其是建立离退休教师的"人才智库",提高老年人的自我效能感,缓解退休造成的心理落差。再次,针对政府或市场提供的老年教育产品,能够在校园、社区等机构中得到有效应用,促进教育产品的落地实施,推动老年教育产业的进一步发展。最后,2018 年 1 月中共中央、国务院印发《关于全面深化新时代教师队伍建设改革的意见》明确指出要实施银龄讲学计划,鼓励支持乐于奉献、身体健康的退休优秀教师到乡村和基层学校支教讲学。接着 7 月份教育部、财政部关于印发《银龄讲学计划实施方案》指出充分利用退休教师优势资源,调动优秀退休教师继续投身教育的积极性,提高农村教育质量。通过该计划给那些业务水平高、师德高尚并且愿意投身于老年教育的教师更多的机会去发挥自己的专业能力,实现个人价值,缓解农村学校优秀师资稀缺、结构不合理等矛盾,充分发挥老年人的知识、智慧和创造力,让老年人的老年生活更有意义,老年生活更加幸福。

5. 其他服务供给

建立健全科学完善的管理体制和良好的管理与运营机制是老年教育有序发展、可持续发展的根本保障。要坚持纵向管理与横向管理相结合的原则,形成上下联动的协同管理机制,明确老年教育的主要管理部门,上下级针对老年教育问题及时地调节与提出相应对策,多元化的管理,注重部门的协同创新,形成良好的组织管理规则。要坚持内部管理与外部管理相结合,老年教育负责部门加强对老年学院的档案管理、学业管理和日常管理,协调各部门负责老年全体的教育教学问题,满足老年群体的学习需求。在外部管理方面,明确管理主体及职权分工,做到职权分明,解决之前管理上错位、越位和缺位现象。要坚持统一管理与对口管理相结合的原则。建立老年教育专门的管理服务机构,由上级教育行政部门进行统一管理与科学规划,明确规范各部门的工作内容与业务,做到“事事有人做,人人有事做”,确保老年教育工作规范有序地开展。从老年教育供给侧的视角,加强顶层管理与设计,成立老年教育管理机构,建立老年教育行政事务管理委员会,做好老年教育的整体规划和统筹协调,加强对老年教育的管理,形成老年教育的合力。此外,还要建立良好的沟通协商机制、利益分配的激励机制。

五、构建民族地区老年教育服务供给体系

老年教育服务是终身学习和构建学习型社会的应有之义。民族地区老年教育服务事关民族地区社会主义精神文明建设和养老服务体系的规划与布局。但是民族地区老年教育服务供给体系建设困难重重。一方面民族地区老年教育服务体系本身起步晚、整体供给体系机制不成熟,同其他地区相比整体滞后;另一方面受民族文化习俗的制约,民族地区老年群体缺乏终身

学习意识。因此,在洞悉民族地区老年教育服务供给重要性的同时,加强民族地区老年教育服务供给体系的建构迫在眉睫。

(一)民族地区老年教育服务供给体系建构的价值

近年来,国家高度重视老年教育服务的整体布局与规划,[①]民族地区老年教育服务供给体系的构建事关重大。究其缘由:一则民族地区老年教育服务体系的建构是加快民族地区社会主义精神文明建设的重要举措,是民族地区精神文明建设总布局的有机组成。二则民族地区老年教育服务体系的建构是推进民族地区民生改善的惠民工程,是完善民族地区教育服务机制的关键点,是创新民族公共养老服务体系的新动力。三则民族地区老年教育服务体系的建构是本着增进民族老年群体福祉,满足民族老年群体的生活需求,是满足民族老年群体精神需求的新创举。但是我国民族地区老年教育服务供给困境重重,因而加快推进民族地区老年教育服务供给体系的建构就显得十分重要和必要。

(二)民族地区老年教育服务供给体系建构面临的问题

1. 新时期民族地区老年教育服务的基本现状

一方面,少数民族群众在传统文化习俗和宗教观念的影响下尤为主张"实用主义",在社会实践中注重实用性技能的学习。比如:黎族、苗族群众聚居区老年人利用农闲时间相互模仿织锦、刺绣成为传统。换言之,少数民族传统理念同新时期老年教育服务中"老有所教,老有所学"的目标不谋而合,这是推动民族地区老年教育服务供给体系建构的基础。另一方面,民族群众在长期群居生活中逐渐形成了个人本位主义精神信念,在民族传统节日中以民族仪式为主的精神理念释放,民族老年群体一般以"元老""头人""毕魔"

① 嵇雅楠:《我国老年教育实证研究发展述评与展望》,《内蒙古电大学刊》2018 年第 1 期。

的角色参与其中,成为民族地区精神文明建设的骨干力量。[①] 这同老年教育服务“老有所为,老有所乐”的内在要求具有一致性,使得民族地区老年群体开展老年教育服务具有先天优越性。但是受诸多因素的制约民族地区整体教育服务供给体系还不够健全完善,特别是以教育行政为主导的老年大学的服务机制始终难以满足民族老年群体的需求。比如:西藏老年大学在原退休干部活动中心的基础上于 2005 年挂牌成立,明显落后于其他地区。因此,民族地区老年教育要在突出优势的同时,以践行国家老年教育实施规划纲要为契机,针对民族地区老年教育服务供给体系的困境,在彰显民族地区老年教育服务供给体系重要性的基础上,统筹民族地区老年教育服务供给体系的构建,这已成为深化民族地区精神文明建设、加快民族老年养老体系建设、增进民族老年人福祉的内在要求。

民族地区老年教育服务起步晚、各种机制不成熟是基本现状。具体而言:民族地区老年教育服务体系基本形式化,民族特色难以寻觅。纵观民族地区老年教育服务供给的现状。一是民族地区老年教育机构相对单一,特别是云贵地区边远山区民族群众基本以老年活动中心为老年教育的服务场所,在具体教育活动方面缺乏实际。[②] 城镇地区民族老年教育服务基本以老年干休所和企业中老年活动中心为主,老年学校等老年教育资源主要集中在省会城市,山区老年教育服务活动荡然无存。二是民族地区老年教育内容和形式相对松散,以老年活动中心为主要场所的教育互动主要利用周末闲暇时间由民族老年群众自发组织、自主学习。[③] 三是民族地区老年教育内容不固定,基本上以培养老年群体的业余爱好为主,兼顾老年基本医疗救生技能的培训。

① 张译之:《积极老龄化背景下社区老年教育模式的建构》,《吉林广播电视大学学报》2018 年第 3 期。

② 郑丹丹:《互联共融视野下的全域老年教育模式实证研究——以浙江省为例》,《科技创新导报》2017 年第 31 期。

③ 周怡:《幼儿园参与老年教育的可行性、价值和模式》,《河北大学成人教育学院学报》2017 年第 4 期。

此外,西南民族地区老年大学开展相关民族传统文化的研究。总之,民族地区老年教育服务受社会发展水平和社会文化习俗的制约起步晚、机制不成熟,在发展中面临着诸多挑战。

2. 民族地区老年教育服务供给体系建构的困境

民族地区老年教育服务体系受诸多因素的影响,除起步晚、机制不完善的先天缺陷外,民族地区老年教育服务供给体系的建构面临诸多困境。首先,民族地区老年教育服务供给体系滞后,在教学场所方面依托民族地区老年活动中心、民族老年干部休养所,在老年学校、老年大学建设方面尤为滞后。在教学内容与模式方面依然格外生硬毫无特色,特别是西部民族地区老年活动中心教学目标不明确、教学手段简单,个别老年活动中心基本以棋牌活动为主。在教学模式方面两极化严重,或注重讲授型教学,或以自主学习为主,养教结合的教学模式难以融入实际教学活动。其次,民族地区老年教育服务主体意识缺失、民族地区老年教育服务供给意识淡化。民族地区老年教育机构权责不明导致意识淡化,老年教育机构主管部门五花八门,机构主体意识缺失。最后,民族地区老年教育服务供给机制缺乏。一方面民族地区老年教育服务缺乏明确的规划,大多数地区将老年教育服务纳入养老保障领域,导致政策错位。[①] 另一方面就具体老年教育服务也缺乏规范性管理机制。

(三)民族地区老年教育服务供给体系的建构

1. 立足老年教育规划,健全教育服务供给体系

立足老年教育规划,健全教育服务供给体系是民族地区老年教育服务供给体系构建的基础。[②] 一方面民族地区老年教育服务供给体系要以《老年教

① 黄小云:《困境与方向:温州老年教育发展路径探索》,《成人教育》2018 年第 1 期。

② 杨初楠:《数字化社区老年教育模式的实践及发展思路》,《内蒙古电大学刊》2018 年第 1 期。

育发展规划(2016—2020年)》和《大力发展老年教育　重视农村居民的教育培训》为导向,健全民族老年教育服务体系的基础性建设,以国家对老年教育服务体系的规划与布局为标本健全民族教育服务供给体系。一是要结合民族地区城乡发展状况和老年教育资源,不断完善民族地区老年教育服务供给体系的制度性建设,确保民族地区开展老年教育服务有规可循。二是要依托民族村寨元老会、头人组织等老年人活动组织,积极开展以养教结合为主的老年教育服务。同时立足民族地区传统手工技术推动民族地区以老年人为主体的教育培训,扩大民族老年教育服务的影响力和经济效应,促进更多民族老年群众参与其中。[①]三是在民族老年教育场所供给中,既要注重民族地区老干部休养所、村寨老年活动中心的教育功能,又要注重现代化老年学校的建设。四是要依托养教结合的老年教育服务供给模式,在对民族老年人进行宗教文化、乡约寨规教育等精神层次的教育培训的同时,应做好民族老年群体的医疗技能、养生保健的培训,特别是民族老年群体深受巫术等宗教神秘主义的影响在养生中易入歧途,因而加强民族老年群体医疗技能教育、提高民族老年群体幸福指数势在必行。五是扩充民族老年教育服务体系的师资力量,在依托老年大学等公共教育师资力量的同时注重多元化社会师资力量的吸纳。六是民族地区老年教育模式要依托民族地区文化资源,以养教模式为主体针对民族老年的需求,进行课程安排与设置,避免民族老年课程教育资源供给的模式化、僵硬化。另一方面立足民族地区老年教育服务现状,以政府为主导不断加强民族地区老年教育服务成果的制度性巩固。[②]换言之,民族地区老年教育服务供给体系的建构要以法律规范为基石,实现民族地区老年教育服务供给体系规范化构建、制度化推进。

---

① 任超:《包头老年教育的实践研究》,《内蒙古电大学刊》2018年第1期。

② 陈志兰:《促进奉化农村老年教育的五点思考》,《新农村》2018年第2期。

2. 立足民族区域文化，突出民族老年教育特色

立足民族区域文化，突出民族老年教育服务供给特色是民族地区老年教育服务供给体系建构的关键。民族地区传统文化资源丰富，在推动老年教育服务体系时要突出民族老年教育的特色。首先，民族地区要赋予老年教育服务新的内涵。一方面针对民族老年群体开展学习教育活动务必要以民族老年为主体，在进行教育互动时要以民族老年习以为常的、乐于学习的资源为主，特别是民族群体普遍具有宗教信仰的习俗、能歌善舞的本能，在民族地区老年教育服务课程设置中要不断植入民族宗教文化活动、民族歌舞艺术活动。[①] 另一方面民族老年作为传统民族文化的守护者和传承者，在民族地区老年教育服务体系建构中，可以充分发挥老年群体的特长，使民族老年以教师的角色相互总结归纳民族传统文化艺术，在特定场所以老年教育服务的形式向青年一代传承民族文化艺术，实现民族老年群众真正的"老有所为"。其次，民族地区老年教育服务供给平台建设也要依托地区特色。一方面民族地区老年教育机构要紧紧依托民族村寨社会老年活动中心、城镇老年大学，不断实现民族老年教育服务供给平台建设的基层延伸。另一方面民族地区老年教育供给场所还可以利用民族宗教场所、祭祀场所、头人组织等开展老年教育，使民族地区老年教育平台成为民族老年群体实实在在的角色家园。再次，民族地区老年教育服务模式要同民族养老体系对接，在实现民族老年养老服务机制完善的同时，推动民族老年教育体系的完善，从而在满足民族老年群体物质需求的基础上推进老年群体的精神建设[②]。最后，民族地区老年群体受教育程度不高，在老年教育服务供给中要循序渐进，避免僵硬化的教育活动挫伤民族老年群体的积极性。总之，民族地区老年教育服务供给体系的

① 李淑娟:《移动互联网技术在社区老年教育中的应用探索》,《当代继续教育》2018 年第 1 期。

② 岳燕:《对甘肃等 6 省市老年教育的现状分析及发展对策建议》,《当代继续教育》2018 年第 1 期。

建构要始终立足民族区域文化,突出民族老年教育内容和形式的民族性。

3. 依托民族教育布局,构建老年教育支持体系

依托民族教育布局,构建老年教育服务供给支持体系是民族地区老年教育服务供给体系建构的核心。民族地区老年教育服务供给支持体系的构建是系统性、全局性工程。一是要拓宽民族地区老年教育服务路径。一方面要丰富民族地区老年教育服务资源的供给。民族地区老年教育服务不仅要以老年大学、老年活动中心为平台,还要依托民族地区广播电视大学、高等院校的教育资源,对民族老年教育服务开辟绿色通道,满足老年群体的学习需求。特别是民族院校要积极迎合地方做好民族地区老年教育的辅助工作,尤其是对师资资源和课程资源的帮扶,使老年教育成为国民教育的有机组成部分。另一方面要推动民族地区老年教育服务供给市场化运作。当前民族地区老年教育基本上以教育行政机构为主导,以民族老年干休所为辅助。在民族地区老年教育服务供给体系建设中要注重市场的调节,推动社会力量特别是公益力量在民族老年教育中的植入,推动民族地区老年教育服务社会性、公益性发展。[①] 二是要积极推动民族地区老年教育服务供给体系资金支持的多元化发展。一方面民族地区老年教育服务资金供给要在坚持以政府拨款为前提的基础上实现不同形式的自筹,避免单一资金供给下的教育服务形式化。另一方面要不断推动民族地区以养老为中心的老年教育的志愿活动和公益活动的开展,确保民族地区老年教育服务体系资金保障的多元化。三是要务实发展,以民族老年需求为主导,兼顾社会发展的老年教育内容支持体系。民族地区老年教育服务起步晚,老年教育主导机构以教育部门、老干部

① 马良生:《探索远程教育服务老年人群新模式——开放大学发展老年教育的实践》,《中国远程教育》2015 年第 9 期。

管理机构、基层社区(村寨)为主,老年教育开展活动较为单一。[①] 民族地区老年教育服务供给体系的构建就是从办学主体出发,构建多元化的办学体系,在鼓励社会力量介入的同时积极扶持民族地区中小型企业内部开展不同形式的老年教育服务,从而活跃民族地区老年教育服务支持体系。四是要统筹民族地区养老事业和社会主义精神文明建设,使民族地区老年教育成为惠及民族群体的惠民工程。一方面要将民族地区老年教育服务纳入养老保障体系,使得民族老年教育服务融入民族地区养老事业当中。另一方面要将民族地区老年教育服务同民族地区精神文明建设结合,使之成为开展魅力村寨的名片,从而得到社会力量的支持,确保民族老年教育服务的永续发展。

4. 依托老年教育规划,推动老年教育的持续发展

依托老年教育规划,推动老年教育的持续发展是民族地区老年教育服务供给体系构建的必然趋势。首先,要依托科技和互联网技术推动老年教育服务供给的可持续发展。一方面通过科技和物联网等媒介实现民族老年教育服务向边远山区的覆盖,有助于民族老年教育服务的全民共享。另一方面民族老年教育采纳网络技术既是民族老年教育服务的创新,又是推动老年教育可持续发展的必然创举。网络技术有助于实现民族群体老年教育服务线上线下一体化推进,是实现老年教育服务门对门服务和可持续发展的内在要求[②]。其次,要整合民族地区关联产业,推动民族地区老年教育服务供给的产业化发展。一是要将民族地区老年教育服务同民族地区体卫艺事业密切关联,使其成为民族地区体卫艺事业的有机组成。二是要将民族传统手工艺同民族老年教育结合,在拉动民族地区老年教育手工艺培训的同时实现经济效

① 罗彤彤、乐传永:《论老年教育支持服务体系的构建——基于社会支持理论》,《中国成人教育》2015 年第 2 期。

② 郑青:《终身教育背景下开放大学开展老年教育的实践与思考——以江苏开放大学为例》,《福建广播电视大学学报》2014 年第 4 期。

能的转化。三是要以民族地区老年教育服务供给为基础，推动民族地区老年教育服务的产业化发展。再次，构建民族地区老年教育服务体系全方位多元化的老年教育格局，在优化民族地区老年教育服务布局的同时扩大民族老年教育的范围，提高普及程度。最后，确保民族地区老年教育服务供给开展的制度化推进，扩大民族教育服务的交流，实现民族老年教育成果的共享。总之，推动民族地区老年教育服务供给体系的可持续发展成为开展民族地区老年教育的必然趋势。

综上所述，民族地区老年教育服务供给体系的建构，要以民族地区老年教育现状为基础，以当前民族地区老年教育服务体系存在的问题为出发点，立足民族地区老年教育的先天优势，以传统民族文化和传统民俗节日为载体，结合互联网技术推进民族地区老年教育服务供给体系的构建，加快民族地区老年教育服务，完善民族地区养老保障机制，进而不断深化民族地区社会主义精神文明建设，推动公共养老服务保障体系的健全完善，积极应对老龄化社会带来的新的机遇与挑战。

结　论

综上所述,本书在深切地观照我国老年群体日益增长的多元化、多样性、个性化的终身教育诉求满足的前提下,主要围绕如何建构我国老年教育服务供给体系理想模型展开,从供需关系和供给侧改革的视角,从国内现状和国际对比等方面,剖析老年教育服务供给的主要构成要素,对要素进行逐一解析、解构与建构,建立一套相对完善的具有较强操作性的服务供给模型;讨论政府、社会组织、市场组织及个人等多元主体提供老年教育服务供给的合法性和合理性;研究完善和丰富老年教育服务供给的内容,改善和创新老年教育服务供给的方式;构建全方位的老年教育服务供给的保障体系,提出相应的对策意见,以期促进老年教育服务供给问题的有效解决。

本书主要研究结论如下。

1. 老年教育服务供给是供给主体为满足老年群体终身教育诉求,采取多元化供给方式,提供内容丰富多样的教育服务,以充分促进老年人全面、个性化发展,丰富老年人精神文化生活的一种双向互动、有机循环的动态过程。老年教育服务多元供给主体主要包括政府、社会组织、市场组织以及个体等,其提供的内容是丰富多样的,主要包括学历教育、职业教育、技能培训、家庭教育、心理健康教育、法律教育、卫生保健教育、文体娱乐休闲、人际合作教育、科普教育等。

2. 老年教育服务作为一种准公共产品，政府在服务供给过程中居于核心主导地位，社会组织、市场组织以及个体等主体作用和实际功能的发挥都有赖于政府的鼓励和引导，特别是面对庞大的老年教育产品需求，政府必须采用购买服务、委托授权、合同外包、特许经营等为主的供给方式，建立良好的市场供应保障机制。

3. 老年教育服务供给体系理论模型主要包括供给主体、供给内容、供给方式、需求主体以及供给保障机制等五个要素，整个老年教育服务供给体系的最终的目标是要满足老年人在教育服务方面多层次、多样化的需求。

4. 通过问卷调查和访谈发现政府仍是老年教育最主要的供给主体，老年教育服务供给主要存在主体缺位、供给内容不够充分、供给方式多样性不足、保障机制供给难以维系老年教育服务有效运行等突出问题。

5. 我国老年教育服务供给问题产生的原因是老年教育服务供给各主体理念滞后、服务内容供需匹配失衡、政府探索实施多元化供给方式存在行政缺位、服务保障机制不够健全完善等。

6. 提升新时代老年教育服务供给应该从以下四个方面着手开展：一是要积极构建一主多元的老年教育服务供给主体体系。政府要发挥老年教育供给主体的主导和统领作用，并注重引导社会组织、市场组织和个体的重要作用发挥。二是完善和丰富老年教育服务供给的内容。要以需求为导向完善内容满足老年群体基本诉求，以供给为导向丰富内容拓展老年教育服务产品市场。三是政府要创新方式加强老年教育服务供给。包括加大政府购买服务，通过委托授权充分发挥第三方参与供给的积极性，利用合同外包不断推进老年教育服务供给的市场化，通过特许经营促进老年教育资源的合理配置，同时将志愿服务等新兴方式作为老年教育服务供给的有益补充等。四是构建全方位的老年教育服务保障供给。重点要加快老年教育服务政策"废改立"工作，继续扩大老年教育服务经费投入，强化老年教育教师队伍的数量补给和水平提高，建立健全老年教育多重管理服务保障供给等方面。

7. 在对现行老年教育政策进行评估的基础上，建议对现有政策进行“废改立”，在建构新时代老年教育服务供给体系时提出了要注意健全老年教育法规制度，完善教育经费投入机制，优化城乡老年教育布局，扶持社会老年教育产业，加强老年教育队伍建设等政策建议。

由于研究者自身能力有限和被试群体的特殊性，问卷调查被试样本未能覆盖全国范围，取样的广泛性和代表性还不够，因此在一定程度上可能会造成调查结果的局限性，可能会影响到研究结论的精准性。在问卷调查和访谈的过程中深切地感受到老年群体接受科学调研的态度和能力的差异性，很多老年人因不会操作智能手机或无法使用微信而导致根本不能完成网络问卷的作答。加之自身财力和新冠疫情的影响，无法去往外地分发纸质版问卷搜集数据，一直心有遗憾。此外，本课题较为宏大，很多问题需要深挖细研，但由于自身理论功底不深和研究能力不强，未能将本书的理论研究提升到更高层次，尚待补充和完善。我将在后续研究中不断加强和改进，以期为我国老年教育事业略尽一份绵薄之力，也希望有更多的专家学者加入其中，共同为这份面向“夕阳人”的“朝阳事业”发展贡献一份力量！

附　　录

1　我国老年教育服务供给现状调查问卷

（老年教育服务从业人员版）

尊敬的领导：

您好！为了解当前我国老年群体(60岁及以上)教育服务供给的现状，进一步提升和优化老年教育服务供给的质量和水平，积极构建新时代我国老年教育服务供给体系，我们特开展此项问卷调查。该问卷不记名，不外传，仅供科学研究使用，请您根据个人实际和工作经验认真填写。为了我们身边日益增多的老年朋友能够享受更高质量的教育服务供给，衷心地感谢您的支持与帮助，祝您工作顺利，万事顺意！

说明：请在符合您意愿的答案处打"√"(可以多选)，遇到有的，请直接在横线上填写答案。

1. 您认为老年教育服务供给主体都包括谁?

A. 政府部门　　B. 社会组织　　C. 市场组织　　D. 个体

2. 您认为以下这些老年教育服务的供给主体中发挥主导作用的是谁?

A. 政府部门　　B. 社会组织　　C. 市场组织　　D. 个体

3. 您认为老年教育服务供给的内容应该有哪些?

A. 学历教育　　B. 职业教育　　C. 技能培训　　D. 家庭教育

E. 心理健康教育　F. 人际合作教育　G. 科普教育　　H. 法律教育

I. 卫生保健教育　J. 文娱活动　　K. 其他________________

请您根据重要性对以上老年教育服务供给内容进行排序(从高到低):

____

4. 您认为政府提供老年教育服务供给的方式有哪些?

A. 购买服务　　B. 委托授权　　C. 特许经营　　D. 合同外包

E. 其他________________________________

请您根据主次关系对以上老年教育服务供给方式进行排序(从主到次):

____

5. 您是否了解老年教育的相关法律法规和规章制度?

A. 非常了解　　B. 了解　　C. 一般　　D. 不了解

E. 非常不了解

6. 您所在地区是否有针对老年教育服务的相关政策法规?

A. 有　　B. 不确定　　C. 没有

7. 您所了解的老年教育服务经费来源是:

A. 政府拨款　　B. 社区或街道的管理经费　　C. 企业赞助

D. 商业赞助　　E. 参与活动的老年人自己缴费　　F. 其他__________

8. 您所了解的老年教育的师资情况如何?

A. 有专职教师进行相关的教育教学　　是(　)否(　)

B. 基本是兼职教师在进行教学或讲座　　是(　)否(　)

C. 专兼职教师都有　　是(　)否(　)

D. 没有教师进行相关的教育教学　　是(　)否(　)

E. 老年人之间相互学习　是(　)否(　)

F. 老年人自主学习　是(　)否(　)

9. 您认为现有老年教育机构工作开展情况如何?

A. 能够按照课程设置按时进行相关的课程　是(　)否(　)

B. 有专门的人员负责老年教育活动　是(　)否(　)

C. 老年教育机构比较规范　是(　)否(　)

D. 定期开展一些老年教育活动　是(　)否(　)

E. 没有相关的老年教育机构　是(　)否(　)

10. 您认为老年教育服务应以何种形式展开?

A. 专门的老年大学　B. 高等院校的老年教育

C. 社区教育服务中心　D. 老年活动中心

E. 电视网络学习　F. 其他________________

11. 您认为现有的老年教育服务人员可能存在的问题有:

A. 人员太少　B. 兼顾的工作太多

C. 对老年教育管理的重视程度不够

D. 待遇较低　E. 专业化程度不够　F. 其他__________

12. 您知道提供给老年人现有的学习资源有哪些?

A. 老年教育的图书资料　B. 老年教育的影音资料

C. 老年教育的公众号　D. 老年教育的宣传海报

E. 报纸上有关于老年教育的专栏

F. 小区宣传栏有老年教育的专门板块

G. 电视、电台有老年教育的专门节目

H. 专门的老年教育网络资源　I. 其他__________________________

13. 您认为老年教育服务工作应由谁来监管?

A. 政府职能部门　B. 所在辖区主管教育的部门

C. 社区、街道的居委会　D. 小区业主委员会自行管理

E. 群众自发管理　　　　　　　F. 不知道该由谁负责监管

G. 其他________

14. 您认为对老年教育服务的监管是否到位?　　　　是(　)否(　)

如果监管不到位,您认为应该如何做?请写出您的意见及建议________

____

15. 您所在单位是否为接受过老年教育的人提供再发展的机会?

是(　)否(　)

如果有,主要是什么?

A. 再就业机会　　　　　　　B. 服务社区活动

C. 参与展演　　　　　　　　D. 创新创业孵化平台

E. 志愿服务活动　　　　　　F. 其他________

16. 关于老年教育服务供给您还有什么好的意见及建议,请写在下面的横线上。

____

____

2　我国老年教育服务供给的满意度及需求调查问卷

尊敬的老年朋友及其家人或朋友:

您好！为了解当前我国老年群体(60岁及以上)教育服务供给的现状,进一步提升和优化老年教育服务供给的质量和水平,积极构建新时代我国老年教育服务供给体系,我们特开展此项问卷调查。该问卷不记名,不外传,仅供科学研究使用,请您根据个人实际情况或者家里老人、身边老年朋友的实际情况认真填写。为了我们身边日益增多的老年群体能够享受更高质量的教育服务供给,衷心地感谢您的支持与帮助,祝您万事顺意,福寿安康!

说明:请在符合您实际情况和意愿的答案处打"√",遇到有的,请直接在横线上填写答案。

一、基本情况

1. 您的性别:　A. 男　B. 女

2. 您的年龄:　A. 60—65岁　B. 66—70岁　C. 71—75岁　D. 76—80岁　E. 81岁及以上

3. 您的文化程度:

A. 文盲　B. 小学　C. 初中　D. 高中或中专　E. 大专　F. 本科　G. 研究生

4. 您离退休之前的工作:

A. 公务员　B. 自由职业者　C. 警察　D. 干部　E. 教师　F. 医生　G. 工程师　H. 工人　I. 军人　J. 其他

5. 您的月收入情况:

A. 500元以下　B. 501—1000元

C. 1001—1500 元　　D. 1501—2000 元

E. 2001—2500 元　　F. 2501—3000 元

G. 3001 元及以上

6. 您的婚姻状况:

A. 未婚　　B. 已婚　　C. 离婚　　D. 丧偶

7. 您的居住情况:

A. 单独居住　　B. 夫妻居住　　C. 与子女一起居住

D. 与父母一起居住　　E. 养老院居住　　F. 其他__________

8. 您所在的地区:

A. 东部　　B. 中部　　C. 西部

9. 您居住的地方:

A. 城市　　B. 农村　　C. 少数民族聚集地　　D. 偏远山区

二、满意度及需求调查

1. 您对老年教育服务供给整体情况是否满意?

A. 非常满意　　B. 满意　　C. 一般

D. 不满意　　E. 非常不满意

如果不满意,您还有什么具体的需求和建议__________________________

2. 您对老年教育机构的服务功能是否满意?

A. 非常满意　　B. 满意　　C. 一般

D. 不满意　　E. 非常不满意

如果不满意,您还有什么建议______________________________________

3. 您对老年教育活动的设备及设施是否满意?

A. 非常满意　　B. 满意　　C. 一般

D. 不满意　　E. 非常不满意

如果不满意,您还有什么建议______________________________________

4. 您对老年教育服务的内容是否满意?

A. 非常满意　B. 满意　C. 一般

D. 不满意　E. 非常不满意

如果不满意,您认为老年教育服务供给的内容应该有哪些?

A. 学历教育　B. 职业教育　C. 技能培训　D. 家庭教育

E. 心理健康教育　F. 人际合作教育　G. 科普教育　H. 法律教育

I. 卫生保健教育　J. 文娱活动　K. 其他＿＿＿＿＿＿

请根据您的需要程度对以上老年教育服务供给内容进行排序:＿＿＿＿

5. 您对政府提供的老年教育服务供给方式是否满意?

A. 非常满意　B. 满意　C. 一般

D. 不满意　E. 非常不满意

如果不满意,您还有什么建议＿＿＿＿＿＿

6. 您是通过什么途径了解到老年教育机构及老年教育活动的?

A. 国家及地方关于老年教育的政策法规　B. 社区公告栏

C. 来自老年教育管理人员的宣传　D. 相关的宣传资料及标语

E. 听邻居或小区其他人说的　F. 通过网络　G. 其他＿＿＿＿

7. 您对现有老年教育供给的政策是否满意?

A. 非常满意　B. 满意　C. 一般

D. 不满意　E. 非常不满意

如果不满意,您还有什么建议＿＿＿＿＿＿

8. 您对现有老年教育服务人员是否满意?

A. 非常满意　B. 满意　C. 一般

D. 不满意　E. 非常不满意

如果不满意,您还有什么建议＿＿＿＿＿＿

9. 您对现有老年教育教学服务是否满意?

A. 非常满意　B. 满意　C. 一般

D. 不满意　　　　E. 非常不满意

如果不满意,您还有什么建议＿＿＿＿＿＿＿＿＿＿＿＿＿＿＿＿＿＿＿＿

10. 您对现有老年教育服务供给的资源分配是否满意?

A. 非常满意　　　　B. 满意　　　　C. 一般

D. 不满意　　　　E. 非常不满意

如果不满意,您还有什么建议＿＿＿＿＿＿＿＿＿＿＿＿＿＿＿＿＿＿＿＿

11. 您对现有老年教育服务供给的监管是否满意?

A. 非常满意　　　　B. 满意　　　　C. 一般

D. 不满意　　　　E. 非常不满意

如果不满意,您还有什么建议＿＿＿＿＿＿＿＿＿＿＿＿＿＿＿＿＿＿＿＿

12. 您对接受完老年教育之后的现状是否满意?

A. 非常满意　　　　B. 满意　　　　C. 一般

D. 不满意　　　　E. 非常不满意

如果不满意,您还有什么建议＿＿＿＿＿＿＿＿＿＿＿＿＿＿＿＿＿＿＿＿

3　我国老年教育服务供给相关问题访谈提纲(老年人)

1. 在我们的走访与调查中发现,很多老年人并不了解,甚至不知道老年教育以及老年教育的供给服务,您认为主要的原因是什么?针对这种现象应该如何去解决?

2. 我国正处于老龄化快速发展的时期,老年教育的完善与发展在一定程度上能够缓解因老龄化而引起的一些问题,您认为老年教育的普及程度如何?

3. 您是否参加过老年教育活动,如果参加过,是什么原因促使您参加的?您觉得效果如何?如果没有参加过,是因为什么?

4. 据您所知,您所在地区开展老年教育的形式有哪些?

5. 您是否知道或是否了解相关的老年教育的法律法规或当地是否有相关的老年教育的政策法规?如果您知道或是了解,那么您是通过何种途径了解到的?

6. 关于老年教育服务供给,您期望相关的主管部门如何做?

4　我国老年教育服务供给相关问题访谈提纲(从业人员)

1. 在我们的走访与调查中发现,很多老年人并不了解,甚至不知道老年教育以及老年教育的供给服务,您认为主要的原因是什么?针对这种现象应该如何去解决?

2. 我国正处于老龄化快速发展的时期,老年教育的完善与发展在一定程度上能够缓解因老龄化而引起的一些问题,您认为现有老年教育的服务供给是否到位?依据是什么?

3. 作为主管老年教育的部门或机构,您是否定期举办过一些老年教育活动,如果举办过,那么请说明一下举办过的活动内容,您觉得效果如何?如果没有举办过,是因为什么?

4. 据您所知,您所在地区进行老年教育服务供给的方式有哪些?

5. 作为老年教育供给的主要部门,您是通过何种途径将老年教育相关的法律法规宣传告知给老年人的?

6. 关于老年教育服务供给,您认为还需要在哪些地方或环节加强或改进?

参考文献

期刊类:

[1] 王英:《中外老年教育比较研究》,《学术论坛》2009 年第 8 期。

[2] 张冲:《多元化老年教育模式构建路径探析——以江苏开展老年教育示范点建设项目为例》,《湖北广播电视大学学报》2019 年第 6 期。

[3] 江颖、夏海鹰:《改革开放以来中国老年教育发展研究:脉络分析、理论样态和学术支撑》,《成人教育》2021 年第 1 期。

[4] 李嫣然:《新世纪以来我国老年教育模式研究述评》,《西北成人教育学院学报》2020 年第 1 期。

[5] 王中华、王娟、贾颖:《我国老年教育的回顾、反思与展望》,《现代教育管理》2020 年第 12 期。

[6] 吕崇文:《老年开放大学美育课程探索——以四平老年开放大学为例》,《吉林广播电视大学学报》2020 年第 12 期。

[7] 李学书:《发达城市老年大学课程适切性研究》,《职教论坛》2016 年第 33 期。

[8] 李盼道、徐芙蓉:《公共产品供给的理论逻辑与实践》,《西安石油大学学报(社会科学版)》2019 年第 4 期。

[9] 吴遵民:《关于完善现代国民教育体系和构建终身教育体系的研究》,《中国教育学刊》2004 年第 11 期。

[10] 丁红玲、张婷:《老年教育服务体系:内涵、价值意义及构建策略》,《中国成人教育》2020 年第 12 期。

[11] 张开、顾梦佳、王声啸:《理解习近平新时代中国特色社会主义经济思想的六个维度》,《政治经济学评论》2019 年第 1 期。

[12] 程仙平:《精准化:老年教育公共服务体系构建的实施框架》,《教育理论与实践》2019 年第 31 期。

[13] 张玉龙、尹奎杰:《受教育权能的多维面向及其实现》,《东北师大学报(哲学社会科学版)》2021 年第 2 期。

[14] 申素平:《重申受教育人权:意义、内涵与国家义务》,《清华大学教育研究》2020 年第 6 期。

[15] 米海敏、郭胜:《终身教育视阈下社区教育的社会功能探析》,《经济研究导刊》2021 年第 6 期。

[16] 查有梁:《从大教育观看生涯教育》,《教育与教学研究》2021 年第 2 期。

[17] 吴雨桐、何红、周晨:《基于终身教育的老年开放教育体系构建研究》,《黑龙江教师发展学院学报》2021 年第 2 期。

[18] 曾建权、郑丕谔:《我国人力资本发展战略研究》,《天津大学学报(社会科学版)》2001 年第 2 期。

[19] 田应奎:《资本理论的历史演进》,《理论探索》2001 年第 4 期。

[20] 李妍菲、唐 · E. 舒尔茨:《舒尔茨的理论回顾》,《企业管理》2020 年第 10 期。

[21] 李舟、周超:《对舒尔茨人力资本理论的理解与思考》,《江南论坛》2019 年第 6 期。

[22] 姜猛:《舒尔茨人力资本投资理论对我国的启示》,《现代经济信息》2016 年第 10 期。

[23] 李现刚:《从马克思的劳动力——资本理论审视舒尔茨的人力资本理论》,《中共成都市委党校学报》2013 年第 1 期。

[24] 江涛:《舒尔茨人力资本理论的核心思想及其启示》,《扬州大学学报(人文社会科学版)》2008 年第 6 期。

[25] 车卉淳、周学勤:《加里 · 贝克尔的人力资本理论述评——微观基础的构建及其对发展中国家教育政策的经验分析》,《外国经济学说与中国研究报告》2011 年第 00 期。

[26] 袁瑞雪:《基于人力资本理论的终身职业技能培训制度研究》,《中国成人教育》2019 年第 17 期。

[27] 王连伟、夏文强:《新公共治理理论的形成、演进及进路探析》,《北方论丛》2021 年第 1 期。

［28］康路:《批判者的格言——专访管理学家、〈企业再造〉作者詹姆斯·钱皮》,《商学院》2009 年第 12 期。

［29］芦苇:《公共文化服务评估中的公民参与度探讨——基于乌克·霍哲的公民介入框架》,《新余学院学报》2012 年第 6 期。

［30］吴红梅:《论霍哲政府绩效管理思想的内涵与启示》,《云南行政学院学报》2011 年第 5 期。

［31］杜育红、赵冉:《教育对经济增长的贡献——理论与方法的演变及其启示》,《北京师范大学学报(社会科学版)》2020 年第 4 期。

［32］旷毓君、纪建强:《深入推进供给侧结构性改革的意义和成效》,《科教文汇(中旬刊)》2021 年第 3 期。

［33］谢帆:《公共政策评估的理论与方法》,《经济研究导刊》2020 年第 7 期。

［34］鄞益奋:《公共政策评估:理性主义和建构主义的耦合》,《中国行政管理》2019 年第 11 期。

［35］李琪、王兴杰、武京军:《新时期我国公共政策评估的原则、标准和要点》,《干旱区资源与环境》2019 年第 10 期。

［36］高寒:《政府公共政策绩效评估中的问题与应对措施研究》,《党史博采(下)》2019 年第 4 期。

［37］王民:《走向公民社会——我国社会组织发展的历史及趋势》,《吉林大学社会科学学报》2009 年第 3 期。

［38］吴思孝:《我国老年教育的历史追溯与未来展望》,《成人教育》2019 年第 6 期。

［39］曹继东:《我国科普出版企业创新发展的理念、路径和战略选择》,《科技传播》2014 年第 1 期。

［40］张忠:《我国老年教育服务供给的困境、准则与路径研究》,《职教论坛》2020 年第 12 期。

［41］庞国防、胡才友、杨泽:《中国人口老龄化趋势与对策》,《中国老年保健医学》2021 年第 1 期。

［42］张欣悦:《我国人口老龄化的现状特点和发展趋势及其对策研究》,《中国管理信息化》2020 年第 5 期。

［43］赵文君、钱荷娣:《老年教育供给侧改革的方向、路径及保障机制探索》,《职教

论坛》2018年第6期。

[44] 张博:《王争录"互联网+"战略下老年教育供给的转型与变革》,《成人教育》2018年第12期。

[45] 李永民、郭昌炤:《中国多层次老年服务教育的人才培养——以马斯洛需求层次论为基础的分析》,《社会福利》2012年第2期。

[46] 万蓉:《社区教育与老年教育的融合:以开放教育机构参与老年教育为突破》,《教育发展研究》2020年第17期。

[47] 丁建定:《居家养老服务:认识误区、理性原则及完善对策》,《中国人民大学学报》2013年第2期。

[48] 陈乐人:《〈北京市"十二五"时期档案事业发展规划〉解读》,《北京档案》2011年第9期。

[49]《北京市人民政府办公厅关于印发本市中长期教育改革和发展规划纲要(2010—2020年)任务分工的通知》,《北京市人民政府公报》2012年第3期。

[50]《上海市杨浦区人民政府关于印发〈上海市杨浦区教育发展"十三五"规划〉的通知》,《上海市杨浦区人民政府公报》2016年第11期。

[51]《山东省人民政府关于印发山东省"十三五"教育事业发展规划的通知》,《山东省人民政府公报》2017年第30期。

[52] 陈薇:《老有所为:日本和香港老年人力资源开发的经验和启示》,《天水行政学院学报》2018年第4期。

[53] 田诗晴、冯秀强、关晶:《以老年教育促进社区环保——美国RISE项目窥探》,《中国成人教育》2020年第12期。

[54] 罗志强:《二十世纪六七十年代美国社区学院老年教育研究》,《当代继续教育》2019年第1期。

[55] 明卫红:《新媒体时代老年教育服务体系的建设研究》,《南通职业大学学报》2017年第3期。

[56] 刘海珍、张鹤:《浅论中美老年教育服务供给对比》,《黑河学院学报》2017年第9期。

[57] 高茜、许玲:《"互联网+"时代美国老年教育服务供给模式探析》,《中国职业技术教育》2020年第33期。

[58] 张宸豪、徐雄伟:《美国老年教育研究——基于老龄化理论演变分析》,《成人教育》2020 年第 3 期。

[59] 甘永涛:《从“消极福利”走向“积极教育”——美国老年教育政策的演变》,《继续教育研究》2020 年第 1 期。

[60] 贾敏:《国外教育养老模式发展研究及启示》,《世界教育信息》2017 年第 19 期。

[61] 朱金山:《美国老年教育发展的经验及启示》,《现代教育》2013 年第 Z3 期。

[62] 马莉:《国外“自助型”老年教育模式的经验及启示——以英国和澳大利亚为例》,《成人教育》2019 年第 10 期。

[63] 徐君、单雅欣:《英国第三年龄大学研究》,《河北大学成人教育学院学报》2016 年第 2 期。

[64] 顾凤佳:《国外老年教育信息化的发展及启示——基于澳大利亚、美国和英国的经验》,《江苏开放大学学报》2015 年第 2 期。

[65] 陈文君、谢景懿:《英国社区老年人再学习现象浅析与启示》,《广州城市职业学院学报》2013 年第 4 期。

[66]《英国:苏格兰老人建立老年教育团体》,《成才与就业》2012 年第 5 期。

[67] 王旭:《英国老年教育及其借鉴》,《成人教育》2011 年第 12 期。

[68] 岳瑛:《英国的老年教育概况》,《中国老年学杂志》2009 年第 15 期。

[69] 宋其辉:《英国老年教育研究》,《比较教育研究》2008 年第 5 期。

[70] 王旭:《英国老年教育及其对我国的启示》,《世界教育信息》2007 年第 5 期。

[71] 廖紫琳、张妙华:《提高老年远程学习支持服务的策略研究》,《中国成人教育》2019 年第 12 期。

[72] 欧阳忠明、葛晓彤:《澳大利亚第三年龄大学发展的个案研究》,《中国职业技术教育》2019 年第 3 期。

[73] 丹尼斯·雷赫扎尼·卡恩斯、张馨邈:《澳大利亚老年教育研究:内涵及价值阐释》,《开放学习研究》2018 年第 5 期。

[74] 孙连越、张鸣:《世界老年教育的发展现状与趋势》,《成人教育》2003 年第 4 期。

[75] 刘述:《积极老龄化视角下我国香港老年人数字融入路径研究》,《中国远程教育》2021 年第 3 期。

[76] 刘述:《香港长者学苑:特色与启示》,《现代远距离教育》2020 年第 4 期。

[77] 张晓琴:《香港老年社区教育服务概观》,《中国成人教育》2014 年第 10 期。

[78] 张伟远:《研究范例:关于老人对远程教育需求的研究》,《中国远程教育》2004 年第 9 期。

[79] 刘晴:《老年教育供给侧改革的“四则运算”》,《高等继续教育学报》2018 年第 5 期。

[80] 张红卫、刘红燕:《系统论视域下推进养教结合老年教育的路径与对策》,《职业教育(中旬刊)》2018 年第 4 期。

[81] 杨树雨:《中国老年教育政策法规的演化与发展研究》,《高等继续教育学报》2020 年第 3 期。

[82] 张俊浦:《供给侧结构性改革视角下老年教育多元化发展研究》,《当代继续教育》2019 年第 2 期。

[83] 杨德广:《建立老年教育学刍议》,《教育研究》2018 年第 6 期。

[84] 田晓伟:《促进民间资本参与教育服务供给的治理分析与机制构建》,《清华大学教育研究》2017 年第 5 期。

[85] 胡国华、刘春惠:《老年教育供给侧改革与发展研究——基于河北省老年教育的供需分析》,《继续教育研究》2019 年第 5 期。

[86] 谭绍华、谭莉莎:《职业教育开发老年人力资源的价值认知、原则遵循与策略建构》,《重庆广播电视大学学报》2018 年第 5 期。

[87] 钱柘、吴杰:《成功老龄化视阈下老年人职业教育补偿:困境与策略》,《成人教育》2017 年第 3 期。

[88] 程仙平:《精准化:老年教育公共服务体系构建的实施框架》,《教育理论与实践》2019 年第 31 期。

[89] 贾敏:《国外教育养老模式发展研究及启示》,《世界教育信息》2017 年第 19 期。

[90] 饶丽、卢德生:《改革开放 40 年我国老年教育的发展历程》,《中国成人教育》2019 年第 1 期。

[91] 李洁:《我国老年教育政策法规:回顾、反思与建议》,《终身教育研究》2019 年第 4 期。

[92] 周素琼:《在城乡统筹中发展老年教育办好老年教育服务城乡建设》,《老年教育(老年大学)》2017 年第 4 期。

[93] 郭风英:《社区居家养老服务供给机制研究——以宁波市江东区社区服务为例》,《新疆社科论坛》2011 年第 1 期。

[94] 郭风英:《城市社区居家养老服务多元供给机制探析——以宁波市江东区社区服务为例》,《中国城市经济》2010 年第 11 期。

[95] 魏艳春:《我国人才就业公共服务供给体系的构成要素初探》,《中国人才》2008 年第 7 期。

[96] 张旸:《新时代高等教育供给的实践逻辑》,《内蒙古社会科学(汉文版)》2018 年第 3 期。

[97] 李学书:《中外老年教育发展和研究的反思与借鉴》,《比较教育研究》2014 年第 11 期。

[98] 张鹤、刘海珍:《民族地区老年教育服务供给体系建构》,《贵州民族研究》2019 年第 3 期。

学位论文:

[1] 龙洋:《我国教育法学理论体系研究——基于“受教育权”逻辑起点论》,博士学位论文,西南大学,2011 年。

[2] 夏志文:《受教育权救济问题研究——政府责任与司法保障》,博士学位论文,苏州大学,2008 年。

[3] 高淑贞:《论受教育权》,博士学位论文,吉林大学,2007 年。

[4] 范履冰:《受教育权法律救济制度研究》,博士学位论文,西南大学,2006 年。

[5] 荀人民:《高等教育领域的平等权问题研究》,博士学位论文,吉林大学,2006 年。

[6] 孙霄兵:《受教育权主体范式论——关于教育法理的哲学和历史发展的研究》,博士学位论文,华中师范大学,2003 年。

[7] 郑爽:《人权教育权的法治保障研究》,硕士学位论文,广州大学,2019 年。

[8] 刁伶俐:《受教育权的人格权法保护研究》,硕士学位论文,中南财经政法大学,2019 年。

[9] 宋谱:《人口老龄化视域下我国老年教育推进研究》,硕士学位论文,山西大学,2020 年。

[10] 安亚卓:《西方的国家治理思想研究》,博士学位论文,黑龙江大学,2020 年。

[11] 陈景华:《马克思的供求理论及其当代价值研究》,博士学位论文,福建师范大学,2019 年。

[12] 蔡晓喆:《晋江市老年教育的现状及发展对策研究——基于准公共物品多元供给的视角》,硕士学位论文,华侨大学,2015 年。

[13] 成舟:《社会组织开展环境公益诉讼的协同机制探究》,硕士学位论文,山西大学,2020 年。

[14] 徐诗琪:《社会组织参与湖东社区治理的困境及对策研究》,硕士学位论文,苏州大学,2020 年。

[15] 高云天:《社会资本视角下社会组织参与社区治理研究》,硕士学位论文,苏州大学,2020 年。

[16] 朱梦笛:《中国社会组织参与"一带一路"公共外交的机制研究》,硕士学位论文,外交学院,2020 年。

[17] 刘雨晨:《民国关中地区职业教育研究(1912—1945)》,硕士学位论文,河北大学,2020 年。

[18] 张新岩:《新时代农村劳动力职业教育培训研究》,硕士学位论文,吉林大学,2020 年。

[19] 周东:《新中国成立 70 年来我国职业教育政策沿革研究》,硕士学位论文,四川师范大学,2020 年。

[20] 郎军:《职业教育产教融合人才培养问题及对策研究》,硕士学位论文,沈阳师范大学,2020 年。

[21] 程宇:《中国职业教育与经济发展互动效应研究》,博士学位论文,吉林大学,2020 年。

[22] 马小华:《小组工作介入少数民族流动妇女就业技能培训研究》,硕士学位论文,甘肃政法学院,2017 年。

[23] 何静:《小组工作在西北农村妇女非农就业技能培训中的介入研究》,硕士学位论文,甘肃政法学院,2017 年。

[24] 李丹杨:《社会工作介入随迁青少年家庭教育实务研究》,硕士学位论文,华南理工大学,2020 年。

[25] 谢盼盼:《新疆维吾尔族 3—6 岁女童家庭教育现状研究》,硕士学位论文,安庆

师范大学,2020 年。

［26］陆伟骥:《无锡市滨湖区高中生心理健康教育状况调查及对策研究》,硕士学位论文,苏州大学,2010 年。

［27］王蕾玲:《初中学校心理健康教育课程实施现状与对策研究》,硕士学位论文,陕西理工大学,2020 年。

［28］闫方圆:《高校女硕士研究生心理健康教育研究》,硕士学位论文,中国矿业大学,2020 年。

［29］谢禧:《语文教育中的合作教育》,硕士学位论文,湖南师范大学,2004 年。

［30］吴凤娇:《动物园科普教育在小学科学"特色课程"中的实践研究》,硕士学位论文,广州大学,2020 年。

［31］黄睿:《长春市示范高中科普教育的开展与对策研究》,硕士学位论文,长春师范大学,2020 年。

［32］韩永征:《基于约束的委托授权研究》,硕士学位论文,重庆大学,2011 年。

［33］孙卓君:《我国志愿服务发展中的政府责任研究》,硕士学位论文,曲阜师范大学,2020 年。

［34］黄清峰:《中国养老服务产业发展研究》,博士学位论文,武汉大学,2014 年。

［35］李振兴:《社区老年教育教师队伍建设研究》,硕士学位论文,上海师范大学,2017 年。

［36］罗彤彤:《宁波市老年教育支持服务体系研究》,硕士学位论文,宁波大学,2015 年。

［37］孔丹丹:《合肥市老年教育问题研究》,硕士学位论文,安徽大学,2010 年。

［38］陈淑锦:《台湾老年休闲教育研究》,硕士学位论文,福建师范大学,2019 年。

［39］杜鑫:《大连市老年教育服务体系改进研究》,硕士学位论文,大连理工大学,2018 年。

［40］于枫:《青岛市城阳区老年教育服务供给存在的问题及对策研究》,硕士学位论文,山东大学,2020 年。

［41］牛长华:《老龄化背景下我国社区养老服务问题研究》,硕士学位论文,山东财经大学,2012 年。

［42］常晶:《澳大利亚第三龄大学实施状况案例研究》,硕士学位论文,哈尔滨师范大

学,2016 年。

［43］段寅雪:《我国城市社区老年教育模式构建研究》,硕士学位论文,江西师范大学,2013 年。

［44］刘青峰:《当代中国教育服务公私合作中的地方政府管理研究》,博士学位论文,云南大学,2015 年。

［45］刘璐:《上海市享受性发展型老年教育供给研究》,硕士学位论文,华东师范大学,2015 年。

外文类:

［1］Gibson S., *Critical Theory and Education*, London: Hodder and Stoughton, 1986.

［2］C. Browning, "Psychological Aspects of Ageing", in V.Minichiello et al, eds. *Gerontology: A Multidisciplinary Approach*, Sydney: Prentice Hall, 1992, pp.75–117.

［3］Gil Stan, "Education for Retirement", *European Journal of Education*, 1980(2).

［4］Silvestro, R.Frank, "Continuing Higher Education and Older Adults: A Growing Challenge and Golden Opportunity" in *New Directions for Adult & Continuing Education*. Winter 2013, pp.79–87.

［5］D. Boud, R. Keogh, D. Walker, "Promoting Reflection in Learning: A Model", in D. Boud , R. Keogh and D. Walker(eds.) *Reflection: Turning Experience into Learning*, Kogan Page: London, 1985.

［6］Jan W. Weaver, "Special Issue: Aging Education: Preparing for the 21st Century Introduction", *Educational Gerontology*, 1999(6).

［7］Jiusheng Li, "A tribute to Bart Schultz's career dedicated to ICID", *Irrigation and Drainage*, 2020, 70(1).

［8］C. Carvalho Sindoval, A. S. Junior Paulo, S. Pereira Poliana, A. Sarmento Renato, S. Farias Elizeu, H. O. Lima Carlos, R. Santos Gil, C. Picanço Marcelo, "Spatial Distribution of Frankliniella schultzei (Thysanoptera: Thripidae) in Open–Field Yellow Melon, With Emphasis on the Role of Surrounding Vegetation as a Source of Initial Infestation", *Journal of Economic Entomology*, 2020, 113(6).

［9］István Stumpf, "Reinventing Government and the Separation of Powers", *Akadémiai*

Kiadó, 2016, 57(1).

[10] Jiapeng Zhang, Qi Meng, Jingzi Zhong, Min Zhang, Xiao Qin, Xiaohua Ni, Jiawen Ma, Yangwen He, Dan Zeng, Dan Lan, "Corrigendum: Serum MyomiRs as Biomarkers for Female Carriers of Duchenne/Becker Muscular Dystrophy", *Frontiers in Neurology*, 2020.

后　记

在拙作即将付梓之际,回首漫漫来时路,种种过往,涌上心头,思绪翻腾。有人说:“写作是一个慢火煎熬的过程。”在这个过程中,我深深体会到了痛苦与挣扎,也收获了快乐与成长。于我而言,研究与写作更像是一场专业的修行和一次人性的洗礼。我发现了自己的才疏学浅和能力不足,我洞见了自身性格当中的弱点与缺陷,我见证了师恩的伟大和友情的温暖,我享受了亲情的无私和奉献,我窥见了宇宙的浩瀚和无边。我在淬炼中反思着、成长着……在这里,我最想表达的就是感激之情。

首先,我要感谢我的恩师陈鹏教授。是恩师不嫌弃我天资愚钝,资质不足,将我收于门下,使我有机会感受浓厚的学术氛围,领略各位大师的学者风范和学术风采,结识一批学识渊博、意气相投的同窗好友,也让我在教育政策与法律研究的广阔世界里找寻到自己攀登的路径和快乐的种子。本书的写作是在恩师的悉心指导和点拨下完成的,每一个环节都凝结着恩师的心血。恩师开阔的学术视野、敏锐的学术思维、严谨的治学态度、崇高的学术追求,已深深地印刻在我的脑海里,是我一生学习的榜样。

其次,我要感谢我的领导和授业老师们。感谢宝鸡文理学院、陕西省社会科学院的各级领导和陕西师范大学的司晓宏老师、郝文武老师、栗洪武老师、张立昌老师、田建荣老师、胡卫平老师、王振宏老师、杨建华老师、龙宝新老师、袁利平老师等。感谢各位领导给予我的栽培和厚爱，感谢各位“学术大咖”为我们奉献了一堂堂精彩的讲授，使我如饮甘霖，茅塞顿开。特别要感谢司晓宏老师对我个人的关爱和帮助。缘分使然，司晓宏老师曾在我工作的宝鸡文理学院任校长近四载，作为党政办副主任的我“近水楼台”，有幸得到了司老师耳提面命式的谆谆教诲。司老师精湛的学术造诣、卓越的治校能力、儒雅的人格魅力、严谨的治学态度，都让我深深折服，受益终身。同时我还要特别感谢祁占勇老师、王鹏炜老师等曾给予我文章写作的具体指导和建议。

再次，我要感谢我的同窗好友和同事们。感谢冯东经常和我一起讨论学术、探讨人生，他将成为我一生的挚友。感谢梁鹤、杨令平、张根健、张莉莉、郑权、袁智斌、王一喆、曾庆玫、管华、刘璞、王雅荔、田虎、孙宏恩、蔡军、路娟、雷伟、文慧、李威、桂还官尚、李莹、魏平西、杨亚强、孙小军、张笑予、赵小刚等同人们的鼎力相助！感谢王富平老师、杨科正老师、彭志启老师、李周让老师、王参军老师、杨亚强老师一直以来的鼓励和帮助！感谢宝鸡文理学院各位同人的关心和支持！感谢我们结下的深厚情谊。同时也要感谢张晓娟、杨奕、尹向艳、徐小琳、刘月、肖美娟、张烨、王鑫蕊、赵苗苗、尤亮等同学为我收集资料提供的大力支持和帮助。

我还要衷心地感谢我的家人。感谢我的妻子为支持我的学业和工作，多年来默默地付出，一个人既要带孩子，操持家务，还要完成繁重的教学科研工作任务，操劳辛苦。感谢岳父母，当我们夫妻分身乏术之时，你们总是毫无怨言地替我们解决后顾之忧。感谢我的父母，你们总是用“善意的谎言”，隐瞒了身体的不适和疾病的痛苦，好让我安心求学、工作，大爱无私。感谢我聪明伶俐的女儿，她是我回到家的“开心果”，让我一切烦恼都会抛至脑后，可是爸爸陪伴你的时间太少了！每每念及他（她）们，我都心怀愧疚，唯愿有生之年，我能好好给予弥补。

最后，我还要特别感谢人民出版社领导和相关编校老师的大力支持，特别是侯俊智老师在本书的编校过程中给予本人的指导和帮助，使得本书得以尽早付梓。对各位编校老师在本书出版过程中做出的贡献表示由衷的钦佩和感激。

凡是过往,皆为序章。我将坚持自己的教育理想,尽我所能,继续去分析和探究教育现象和问题,提升研究能力和水平,将学术作为一种生活,坚持下去!

张　鹤

2023 年 1 月 25 日